BGB-AT II
Das Scheitern des Primäranspruchs

Hemmer/Wüst/Tyroller

Dezember 2004

Juristisches Repetitorium hemmer

examenstypisch - anspruchsvoll - umfassend

Augsburg
Wüst/Schneider/Mielke/Quirling
Mergentheimer Str. 44
97082 Würzburg
Tel.: (0931) 79 78 2-30
Fax: (0931) 79 78 2-34
www.hemmer.de/augsburg

Bayreuth
Daxhammer
Jägerstr. 9a
97204 Höchberg
Tel.: (0931) 400 337
Fax: (0931) 404 3109
www.hemmer.de/bayreuth

Berlin-Dahlem
Gast
Alte Jakobstraße 78
10179 Berlin
Tel.: (030) 240 45 738
Fax: (030) 240 47 671
www.hemmer.de/berlin-dahlem

Berlin-Mitte
Gast
Alte Jakobstraße 78
10179 Berlin
Tel.: (030) 240 45 738
Fax: (030) 240 47 671
www.hemmer.de/berlin-mitte

Bielefeld
Knoll/Sperl
Hinter dem Zehnthofe 18a
38173 Sickte
Tel.: (05305) 91 25 77
Fax: (05305) 91 25 88
www.hemmer.de/bielefeld

Bochum
Schlegel/Schlömer/Sperl
Buddenstr. 6
48143 Münster
Tel.: (0251) 67 49 89 70
Fax.: (0251) 67 49 89 71
www.hemmer.de/bochum

Bonn
Ronneberg/Christensen/Clobes
Vennerstr. 7a
53177 Bonn
Tel.: (0228) 23 90 71
Fax: (0228) 23 90 71
www.hemmer.de/bonn

Bremen
Kulke
Mergentheimer Str. 44
97082 Würzbuzrg
Tel.: (0931) 79 78 230
Fax: (0931) 79 78 234
www.hemmer.de/bremen

Dresden
Stock
Zweinaundorfer Str. 2
04318 Leipzig
Tel.: (0341) 6 88 44 90
Fax: (0341) 6 88 44 96
www.hemmer.de/dresden

Düsseldorf
Ronneberg/Christensen/Clob
Vennerstr. 7a
53177 Bonn
Tel.: (0228) 23 90 71
Fax: (0228) 23 90 71
www.hemmer.de/duesseldorf

Erlangen
Grieger/Tyroller
Mergentheimer Str. 44
97082 Würzburg
Tel.: (0931) 79 78 2-30
Fax: (0931) 79 78 2-34
www.hemmer.de/erlangen

Frankfurt/M.
Geron
Dreifaltigkeitsweg 49
53489 Sinzig
Tel.: (02642) 61 44
Fax: (02642) 61 44
www.hemmer.de/frankfurt

Frankfurt/O.
Neugebauer/ Vieth
Holzmarkt 4a
15230 Frankfurt/O.
Tel.: (0335) 52 29 87
Fax: (0335) 52 37 88
www.hemmer.de/frankfurtoder

Freiburg
Behler/Rausch
Rohrbacher Str. 3
69115 Heidelberg
Tel.: (06221) 65 33 66
Fax: (06221) 65 33 30
www.hemmer.de/freiburg

Gießen
Knoll/Sperl
Hinter dem Zehnthofe 18a
38173 Sickte
Tel.: (05305) 91 25 77
Fax: (05305) 91 25 88
www.hemmer.de/giessen

Göttingen
Sperl/Schlömer
Kirchhofgärten 22
74635 Kupferzell
Tel.: (07944) 94 11 05
Fax: (07944) 94 11 08
www.hemmer.de/goettingen

Greifswald
Burke/Lück
Heilgeiststr. 30
18439 Stralsund
Tel.: (03831) 30 91 73
Fax: (03831) 30 92 42
www.hemmer.de/greifswald

Halle
Luke
Helgolandstr. 9b
01097 Dresden
Tel.: (0351) 4 22 55 01
Tel.: (0351) 4 22 55 02
www.hemmer.de/halle

Hamburg
Clobes/Sperl/Schlömer
Kirchhofgärten 22
74635 Kupferzell
Tel.: (07944) 94 11 05
Fax: (07944) 94 11 08
www.hemmer.de/hamburg

Hannover
Daxhammer/Sperl
Jägerstr. 9a
97204 Höchberg
Tel.: (0931) 400 337
Fax: (0931) 404 3109
www.hemmer.de/hannover

Heidelberg
Behler/Rausch
Rohrbacher Str. 3
69115 Heidelberg
Tel.: (06221) 65 33 66
Fax: (06221) 65 33 30
www.hemmer.de/heidelberg

Jena
Hannich
Parkweg 7
97944 Boxberg
Tel.: (07930) 99 23 38
Fax: (07930) 99 22 51
www.hemmer.de/jena

Kiel
Sperl/Schlömer
Kirchhofgärten 22
74635 Kupferzell
Tel.: (07944) 94 11 05
Fax: (07944) 94 11 08
www.hemmer.de/kiel

Köln
Ronneberg/Christensen/Clobes
Vennerstr. 7a
53177 Bonn
Tel.: (0228) 23 90 71
Fax: (0228) 23 90 71
www.hemmer.de/koeln

Konstanz
Guldin/Kaiser
Hindenburgstr. 15
78467 Konstanz
Tel.: (07531) 69 63 63
Fax: (07531) 69 63 64
www.hemmer.de/konstanz

Leipzig
Luke
Helgolandstr. 9b
01097 Dresden
Tel.: (0351) 4 22 55 01
Fax: (0351) 4 22 55 02
www.hemmer.de/leipzig

Mainz
Geron
Dreifaltigkeitsweg 49
53489 Sinzig
Tel.: (02642) 61 44
Fax: (02642) 61 44
www.hemmer.de/mainz

Mannheim
Behler/Rausch
Rohrbacher Str. 3
69115 Heidelberg
Tel.: (06221) 65 33 66
Fax: (06221) 65 33 30
www.hemmer.de/mannheim

Marburg
Knoll/Sperl
Hinter dem Zehnthofe 18a
38173 Sickte
Tel.: (05305) 91 25 77
Fax: (05305) 91 25 88
www.hemmer.de/marburg

München
Wüst
Mergentheimer Str. 44
97082 Würzburg
Tel.: (0931) 79 78 2-30
Fax: (0931) 79 78 2-34
www.hemmer.de/muenchen

Münster
Schlegel/Sperl/Schlömer
Buddenstr. 6
48143 Münster
Tel.: (0251) 67 49 89 70
Fax.: (0251) 67 49 89 71
www.hemmer.de/muenster

Osnabrück
Schlömer/Sperl/Knoll
Kirchhofgärten 22
74635 Kupferzell
Tel.: (07944) 94 11 05
Fax: (07944) 94 11 08
www.hemmer.de/osnabrueck

Passau
Mielke/Schneider
Schlesierstr. 4
86919 Utting a.A.
Tel.: (08806) 74 27
Fax: (08806) 94 92
www.hemmer.de/passau

Potsdam
Gast
Alte Jakobstraße 78
10179 Berlin
Tel.: (030) 240 45 738
Fax: (030) 240 47 671
www.hemmer.de/potsdam

Regensburg
Daxhammer
Jägerstr. 9a
97204 Höchberg
Tel.: (0931) 400 337
Fax: (0931) 404 3109
www.hemmer.de/regensburg

Rostock
Burke/Lück
Heilgeiststr. 30
18439 Stralsund
Tel.: (03831) 30 91 73
Fax: (03831) 30 92 42
www.hemmer.de/rostock

Saarbrücken
Geron
Dreifaltigkeitsweg 49
53489 Sinzig
Tel.: (02642) 61 44
Fax: (02642) 61 44
www.hemmer.de/saarbruecken

Trier
Geron
Dreifaltigkeitsweg 49
53489 Sinzig
Tel.: (02642) 61 44
Fax: (02642) 61 44
www.hemmer.de/trier

Tübingen
Guldin/Kaiser
Hindenburgstr. 15
78465 Konstanz
Tel.: (07531) 69 63 63
Fax: (07531) 69 63 64
www.hemmer.de/tuebingen

Würzburg
- ZENTRALE -
Mergentheimer Str. 44
97082 Würzburg
Tel.: (0931) 79 78 230
Fax: (0931) 79 78 234
www.hemmer.de/wuerzburg

Wer in vier Jahren sein Studium erfolgreich abschließen will, kann sich einen Irrtum im Hinblick auf Examensvorbereitung und Ausbildungsmaterial nicht leisten!

Stellen Sie frühzeitig Ihre Weichen richtig. Trainieren Sie unter professioneller Anleitung das, was Sie im Examen erwartet.

www.hemmer.de

www.lifeandlaw.de

Online-Artikel
Die Online-Ausgabe der Life&LAW
Entscheidungen, Berichte, News...

Inhaltsverzeichnisse aller Ausgaben
Eine Übersicht aller Ausgaben der Life & LAW

Mitgliederlogin

Suchfunktion für alle Bereiche

Abo & Service
Life&LAW abonnieren,
Probeabo, Adress-Daten
ändern, etc.

Entscheidungen im Volltext
Hier finden Sie die Volltexte zu
Entscheidungen in der Life&LAW

Pressemitteilungen
Aktuelle Pressemitteilungen

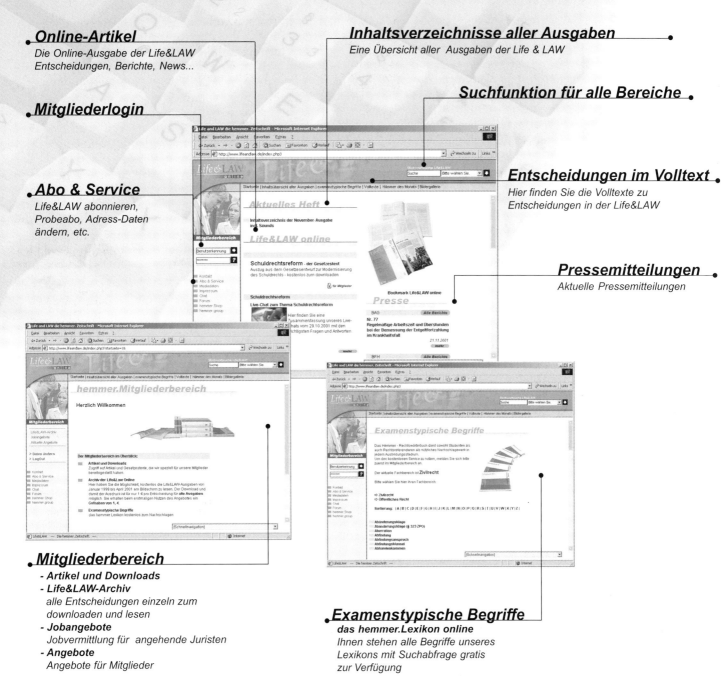

Mitgliederbereich
- **Artikel und Downloads**
- **Life&LAW-Archiv**
  alle Entscheidungen einzeln zum
  downloaden und lesen
- **Jobangebote**
  Jobvermittlung für angehende Juristen
- **Angebote**
  Angebote für Mitglieder

Examenstypische Begriffe
das hemmer.Lexikon online
Ihnen stehen alle Begriffe unseres
Lexikons mit Suchabfrage gratis
zur Verfügung

Assessorkurse

Bayern:		RA I. Gold, Mergentheimer Str. 44, 97082 Würzburg; Tel.: (0931) 79 78 2-50
Baden-Württemberg:	Konstanz/Tübingen	RAe F. Guldin/B. Kaiser, Hindenburgstr. 15, 78467 Konstanz; Tel.: (07531) 69 63 63
	Heidelberg/Freiburg/Stuttgart	RAe Behler/Rausch, Rohrbacher Str. 3, 69115 Heidelberg; Tel.: (06221) 65 33 66
Berlin/Potsdam:		RA L. Gast, Alte Jakobstraße 78, 10179 Berlin, Tel. (030) 24 04 57 38
Brandenburg:		RA Neugebauer/Vieth, Holzmarkt 4a, 15230 Frankfurt/Oder, Tel.:(0335) 52 29 32
Bremen/Hamburg:		RAe M. Sperl/Clobes/Dr. Schlömer, Kirchhofgärten 22, 74635 Kupferzell; Tel. (07944) 94 11 05
Hessen:	Frankfurt	RA J. Pfeuffer, Beethovenstr. 35, 60325 Frankfurt; Tel.: (069) 97 12 44-0
	Marburg/Kassel	RAe M. Sperl/Clobes/Dr. Schlömer, Hinter dem Zehnthofe 18a, 38173 Sickte, Tel. (05305) 91 25 77
Mecklenburg-Vorp.:		Ludger Burke/Johannes Lück, Heilgeiststraße 30, 18439 Stralsund, Tel: (03831) 30 91 73
Niedersachsen:		RAe M. Sperl/Dr. M. Knoll, Hinter dem Zehnthofe 18a, 38173 Sickte, Tel. (05305) 91 25 77
Nordrhein-Westfalen:		Dr. A. Ronneberg, Venner Str. 7a, 53177 Bonn; Tel.: (0228) 23 90 71
Rheinland-Pfalz:		RA A. Geron, Dreifaltigkeitsweg 49, 53489 Sinzig; Tel.: (02642) 6144
Saarland:		RA A. Geron, Dreifaltigkeitsweg 49, 53489 Sinzig; Tel.: (02642) 6144
Thüringen:		RA J. Luke, Helgolandstr. 9B, 01097 Dresden; Tel.: (0351) 4 22 55 01
Sachsen:		RA J. Luke, Helgolandstr. 9B, 01097 Dresden; Tel.: (0351) 4 22 55 01
Schleswig-Holstein:		RAe M. Sperl/Clobes/Dr. Schlömer, Kirchhofgärten 22, 74635 Kupferzell; Tel. (07944) 94 1

Vorwort

Neues Lernen mit der "HEMMER-METHODE"

Wer in vier Jahren sein Studium abschließen will, kann sich einen Irrtum in bezug auf Stoffauswahl und -aneignung **nicht leisten**. Hoffen Sie nicht auf die leichten Rezepte, die Schemata und den einfachen Rechtsprechungsfall. Die unnatürlich klare Zielsetzung der Schemata läßt keine Frage offen und suggeriert eine Einfachheit, die in der Prüfung nicht besteht. Hüten Sie sich vor Übervereinfachung beim Lernen.

Im Examen gibt es nur zwei Möglichkeiten: Entweder der Vertrag ist wirksam, dann entsteht ein Primäranspruch. Oder er scheitert, dann entfallen Erfüllungsansprüche. Dies ist insbesondere dann der Fall, wenn dem Anspruch rechtshindernde Einwendungen entgegenstehen, dieser also gar nicht erst zur Entstehung gelangt. Alle wichtigen rechtshindernden Einwendungen des BGB werden im Skript **BGB-AT/SCHR-AT, Der Primäranspruch II**, dargestellt: §§ 104ff. (Geschäftsfähigkeit), §§ 116ff. (insbes. Scheingeschäft), § 125 (Formnichtigkeit), §§ 134, 138 I/II (gesetzliches Verbot, Sittenwidrigkeit) sowie eine Reihe weiterer wichtiger Vorschriften, werden in gewohnt examenstypischer Weise erklärt.

Die **"HEMMER-METHODE"** vermittelt Ihnen die **erste richtige Einordnung** und das **Problembewußtsein**, welches Sie brauchen, um an einer Klausur bzw. dem Ersteller nicht vorbeizuschreiben. Häufig ist dem Studenten nicht klar, warum er schlechte Klausuren schreibt. Wir geben Ihnen **gezielte Tips**! Vertrauen Sie auf unsere **Expertenkniffe**.

Durch die ständige Diskussion mit unseren Kursteilnehmern ist uns als erfahrenen Repetitoren klar geworden, welche **Probleme** der Student hat, sein **Wissen anzuwenden**. Wir haben aber auch von unseren Kursteilnehmern profitiert und von Ihnen erfahren, welche **Argumentationsketten** in der Prüfung zum Erfolg geführt haben.

Die **"HEMMER-METHODE"** gibt **jahrelange Erfahrung** weiter, erspart Ihnen viele schmerzliche Irrtümer, setzt richtungsweisende Maßstäbe und begleitet Sie als **Gebrauchsanweisung** in Ihrer Ausbildung:

1. Basics:

Das *Grundwerk* für Studium und Examen. Es schafft **Grundwissen** und mittels der **"HEMMER-METHODE"** richtige Einordnung für Klausur und Hausarbeit.

2. Skriptenreihe:

Vertiefend: Über 1.000 Prüfungsklausuren wurden auf ihre "essentials" abgeklopft.

Anwendungsorientiert werden die für die Prüfung nötigen Zusammenhänge umfassend aufgezeigt und wiederkehrende Argumentationsketten eingeübt.

Gleichzeitig wird durch die **"HEMMER-METHODE"** auf **anspruchsvollem Niveau** vermittelt, nach welchen Kriterien Prüfungsfälle beurteilt werden. Spaß und Motivation beim Lernen entstehen erst durch Verständnis. Lernen Sie, durch Verstehen am juristischen Sprachspiel teilzunehmen. Wir schaffen den "background", mit dem Sie

die innere Struktur von Klausur und Hausarbeit erkennen: **„Problem erkannt, Gefahr gebannt"**. Profitieren Sie von unserem **technischen know how**. Wir werden Sie auf das Anforderungsprofil einstimmen, das Sie in Klausur und Hausarbeit erwartet.

Die **studentenfreundliche Preisgestaltung** ermöglicht auch den **Erwerb als Gesamtwerk**.

3. Hauptkurs:

Schulung am examenstypischen Fall mit der Assoziationsmethode. Trainieren Sie unter professioneller Anleitung, was Sie im Examen erwartet und wie Sie bestmöglich mit dem Examensfall umgehen.

Nur wer die Dramaturgie eines Falles verstanden hat, ist in Klausur und Hausarbeit auf der sicheren Seite! Häufig hören wir von unseren Kursteilnehmern: **„Erst jetzt hat Jura richtig Spaß gemacht"**.

Die Ergebnisse unserer Kursteilnehmer geben uns recht. Der **Bewährungsgrad** einer Theorie ist der **Erfolg**. Die Examensergebnisse zeigen, daß unsere Kursteilnehmer überdurchschnittlich abschneiden.

Z.B.: **Zentrale in Würzburg**: Von '91 bis '97 6x sehr gut, 50x gut, darunter mehrere Landesbeste, einer mit 15,08 (Achtsemester), z.B. '97: 14,79; '96: 14,08. Auch '95: Die 6 Besten, alle Freischüßler, <u>Schnitt</u> von 13,39, einer davon mit sehr gut; Sommer '97: Von 9 x gut, 8x Hemmer! In den Terminen 95/96/97 5x Platzziffer 1, 1x Platzziffer 2, alles spätere Mitarbeiter. Landesbester in Augsburg 15,25 (Achtsemester). **München Frühjahr '97 (ein Termin!):** 36x über Neun: 2x sehr gut, 14x gut, 20x vollbefriedigend.

Bereits in unserem ersten Durchgang in Berlin, Göttingen, Konstanz die Landesbesten mit "sehr gut". "Sehr gut" auch in Freiburg, Bayreuth, Köln (2x), Bonn, Regensburg (15,54;14,2; 14,00) Erlangen (15,4; 15,0; 14,4), Heidelberg (14,7; Termin 97 I: 14,77) und München (14,25; 14,04; 14,04; 14,00). Augsburg: Schon im ersten Freischuß 91 I erzielten 4 Siebtsemester (!) einen Schnitt von 12,01. Auch in Thüringen '97 I 2x 12, 65 waren die Landesbesten Kursteilnehmer. Von 6x gut, 5 Hemmer-Teilnehmer. Fragen Sie auch in anderen Städten nach unseren Ergebnissen.

Lassen Sie sich aber nicht von diesen Supernoten verschrecken, sehen Sie dieses Niveau als Ansporn für Ihre Ausbildung. Denn: Wer auf 4 Punkte lernt, landet leicht bei 3!

Basics, Skriptenreihe und Hauptkurs sind als **modernes, offenes und flexibles Lernsystem** aufeinander abgestimmt und ergänzen sich ideal.

Wir hoffen, als Repetitoren mit unserem Gesamtangebot bei der Konkretisierung des Rechts mitzuwirken und wünschen Ihnen **viel Spaß beim Durcharbeiten** unserer Skripten.

Wir würden uns freuen, mit Ihnen später als Hauptkursteilnehmer mit der **"HEMMER-METHODE"** gemeinsam Verständnis an der Juristerei im Hinblick auf Examina zu trainieren.

Hemmer   *Wüst*

BGB-AT II
Das Scheitern des Primäranspruchs

Hemmer/Wüst/Tyroller

Dezember 2004

Hemmer/Wüst Verlagsgesellschaft
Hemmer/Wüst/Tyroller, BGB-AT II; Das Scheitern des Primäranspruchs

ISBN 3-89634-511-7

8. Auflage, Dezember 2004

gedruckt auf chlorfrei gebleichtem Papier
von Schleunungdruck GmbH, Marktheidenfeld

Kommentare

Erman	Bürgerliches Gesetzbuch,
Jauernig	Bürgerliches Gesetzbuch,
Münchener Kommentar	Kommentar zum Bürgerlichen Gesetzbuch,
Palandt	Kommentar zum Bürgerlichen Gesetzbuch, 63. Auflage 2004
Soergel	Bürgerliches Gesetzbuch mit Einführungs- und Nebengesetzen,
Staudinger	Kommentar zum Bürgerlichen Gesetzbuch,

Lehrbücher

Fikentscher	Schuldrecht/AT, 9. Auflage 1997
Larenz	Lehrbuch des Schuldrechts Band 1, Allgemeiner Teil, 14. Auflage 1987
Medicus	Bürgerliches Recht 19. Auflage 2002
Schmidt	Handelsrecht 5. Auflage 1999

Weitere Nachweise (insbesondere auf Aufsätze) in den Fußnoten.

§ 1 EINLEITUNG

A. Mängel des Rechtsgeschäfts

Mängel des Rechtsgeschäfts auf drei Ebenen möglich

Haben die Parteien eine rechtsgeschäftliche Vereinbarung geschlossen, so ist damit noch lange nicht gesagt, dass die daraus resultierenden Forderungsrechte auch tatsächlich entstanden sind oder erfolgreich durchgesetzt werden können. Das Rechtsgeschäft kann mit Mängeln von unterschiedlicher Art und Schwere behaftet sein. Diesen Mängeln trägt das Zivilrecht in Form von Einreden und Einwendungen Rechnung.

1

> **hemmer-Methode:** Der Unterschied zwischen Einwendungen und Einreden wird allgemein darin gesehen, dass Erstere von Amts wegen zu berücksichtigen sind, Einreden dagegen vom Schuldner geltend gemacht werden müssen. Jedoch werden Einreden und Einwendungen auch unter dem Oberbegriff der Einwendungen i.w.S. zusammengefasst. Der Sprachgebrauch ist nicht immer einheitlich.
> Die Einwendungen unterteilt man in rechtshindernde und rechtsvernichtende Einwendungen, während man bei den Einreden zwischen dauernd und nur vorübergehend rechtshemmenden Einreden unterscheidet. Letztere Unterscheidung erlangt Bedeutung für den Kondiktionsanspruch aus § 813 I S.1 BGB, welcher nur bei dauernden Einreden gegeben ist.[1]
> Beachten Sie aber bitte, dass das Gesetz teilweise diese Begriffe nicht sauber verwendet. So sprechen z.B. die §§ 404, 359 BGB, 129 I HGB von *Einwendungen*. Nach allgemeiner Ansicht gelten diese Vorschriften auch bzw. gerade für die *Einreden*.

• Rechtshindernde Einwendung

rechtshindernde Einwendungen:
⇨ Ein Anspruch gelangt gar nicht erst zur Entstehung

Auf der ersten Ebene stehen rechtshindernde Einwendungen. Rechtsfolge von rechtshindernden Einwendungen ist die Nichtigkeit des Rechtsgeschäfts, d.h. der Anspruch gelangt erst gar nicht zur Entstehung.

2

> *Bsp.: Ein Anspruch aus § 433 BGB entsteht nicht, sofern eine gesetzliche Formvorschrift nicht eingehalten wurde, § 125 I BGB, falls eine der Vertragsparteien geschäftsunfähig war, §§ 104, 105 BGB, oder der Vertrag gegen die guten Sitten verstößt, § 138 BGB.*

zwingender Schutzzweck, aber ggf. Heilung möglich

Rechtshindernde Einwendungen entstehen aus Normen mit einem zwingenden Schutzzweck. Der Schutzzweck dieser Normen steht aufgrund seines zwingenden Charakters auch *nicht zur Disposition* der Parteien. Gleichwohl können diese Mängel ihre Beachtlichkeit verlieren, wenn die Parteien *später* einen Tatbestand verwirklichen, hinter welchem der Schutzzweck der Vorschrift dann zurücktritt, vgl. § 311b I S.2 BGB, §§ 766 S.3, 518 II, 2301 II BGB. Mit dem heilenden Vorgang verliert der Formmangel seine Relevanz; das Rechtsgeschäft wird voll wirksam.

3

> **hemmer-Methode:** Rechtshindernde Einwendungen stören den Anspruch bereits in seiner Entstehung. Der BGB-AT ist gescheitert. Im Prozess sind rechtshindernde Einwendungen *von Amts wegen* zu beachten. Es ist nicht notwendig, dass sich die Partei darauf beruft. Die tatsächlichen Umstände der Einwendung allein bewirken, dass das geltend gemachte Recht untergraben wird.

---

1   Vgl. HEMMER/WÜST/GOLD, Bereicherungsrecht, Rn. 292.

rechtsvernichtende Einwendungen:

⇨ *Der Anspruch geht nach Entstehen wieder unter*

- ● **Rechtsvernichtende Einwendung**

Während rechtshindernde Einwendungen den Anspruch nicht entstehen lassen, führen rechtsvernichtende Einwendungen zur nachträglichen Zerstörung eines zunächst wirksam entstandenen Anspruchs.

Rechtsfolge einer rechtsvernichtenden Einwendung ist, dass ein zunächst entstandener Anspruch nachträglich untergeht.

Bsp.: Ein Anspruch aus einem Kaufvertrag auf Zahlung des Kaufpreises nach § 433 II BGB geht unter, wenn der Schuldner zahlt, § 362 I BGB, wenn der Gläubiger dem Schuldner die Schuld erlassen hat, § 397 BGB, oder wenn der Schuldner gegen den geltend gemachten Anspruch mit einer eigenen Forderung aufgerechnet hat, §§ 387-389 BGB.

LEHRE VON DER DOPPELNICHTIGKEIT

> **hemmer-Methode: Da rechtshindernde Einwendungen einen Anspruch gar nicht erst entstehen lassen, sind sie in der Klausur stets *vor* den rechtsvernichtenden Einwendungen zu prüfen: Grundsätzlich kann nur ein bestehender und wirksamer Anspruch wieder vernichtet werden. Eine scheinbare Ausnahme von diesem Grundsatz bildet jedoch der Fall der sog. Doppelnichtigkeit (bzw. der sog. Kipp´schen Lehre von der Doppelwirkung im Recht):[2] Danach kann auch ein nichtiges Rechtsgeschäft noch angefochten werden, was insbesondere in der Praxis dann von Bedeutung ist, wenn die Anfechtbarkeit (z.B. arglistige Täuschung) leicht zu beweisen ist, die Nichtigkeit (z.B. wegen Sittenwidrigkeit, § 138 BGB) jedoch nicht. Auch bei Fragen des gutgläubigen Erwerbs §§ 932, 142 II BGB wirkt die Anfechtung stärker als die Nichtigkeit wegen fehlender Geschäftsfähigkeit. Sie sollten aber auch in diesem Fall der Systematik entsprechend die rechtshindernden vor den rechtsvernichtenden Einwendungen prüfen.**

ebenfalls von Amts wegen zu beachten

Die rechtsvernichtende Einwendung ist ebenfalls *von Amts wegen* zu beachten. Dennoch haben einige Einwendungen ihre Grundlage in subjektiven (Gestaltungs-)Rechten.

aber:
subjektive Komponente

So steht die Aufrechnung im Belieben des Schuldners. Er kann sich von der gegen ihn gerichteten Forderung durch Erklärung der Aufrechnung befreien. Diese Befugnis ist *Inhalt seines Gestaltungsrechts*, das er mittels einer empfangsbedürftigen Willenserklärung ausüben kann, § 388 S.1 BGB. Hat er aber eine solche Aufrechnungserklärung abgegeben, dann bewirkt diese das Erlöschen der Forderung in dem Umfang, in welchem sie sich mit der Gegenforderung summenmäßig deckt, § 389 BGB. Diese Zerstörung der Forderung ist eine Tatsache, die der Richter von Amts wegen zu beachten hat.

> **hemmer-Methode: Soweit rechtsvernichtende Einwendungen einer Handlung bedürfen (z.B. Anfechtungs- oder Aufrechnungserklärung), kommt es auf die geschickte Auslegung des Sachverhaltes an: Meistens ergibt sich aus dem Parteivorbringen ein Anhaltspunkt. Sofern die Klausur auf die entsprechenden Folgeprobleme angelegt ist, sollten Sie aber eine Anfechtung z.B. nicht einfach an der fehlenden Anfechtungserklärung scheitern lassen. Liegt überhaupt keine Erklärung vor, ergeben sich Folgeprobleme, wie §§ 812 ff. BGB, nur durch die dann zu unterstellende Anfechtungserklärung.**
> **Denken Sie auch an die so genannte laiengünstige Auslegung, §§ 133, 157 BGB. Erklärt z.B. der Anfechtende, "ich fechte den Kaufvertrag an und verlange Rückgabe", so bezieht sich die Anfechtungserklärung auch auf die dingliche Einigung als selbständigen Vertrag. Der Laie will durch seine Erklärung nicht nur die Rückabwicklung gem. §§ 812 ff. BGB. Ihm ist vielmehr auch an dem dinglichen Anspruch aus § 985 BGB gelegen.**
> **Wer das BGB nur „von vorne nach hinten" durcharbeitet, um einzelne Paragraphen und deren Voraussetzungen auswendig zu lernen, entwickelt kein Verständnis für Zusammenhänge. Hüten Sie sich deshalb vor einer Übervereinfachung beim Lernen! Das BGB ist eine komplexe Materie, die anwendungsspezifisch verstanden sein will.**

4

5

---

2   Dazu näher PALANDT, Überblick vor § 104, Rn. 35.

Wichtig ist deshalb, im Rechtsfolgesystem zu denken und - vor allem in der Klausur - im Rechtsfolgesystem den Fall nachvollziehbar zu strukturieren! Dazu gehört auch die Verwendung der richtigen Begrifflichkeiten wie die Unterscheidung von "Einwendungen" und "Einreden". Die Skripten Hemmer/Wüst, BGB-AT II und III orientieren sich genau an diesen Begrifflichkeiten und schaffen damit das für eine erfolgreiche Klausurbearbeitung notwendige Know-how!

Übersicht zur Prüfungsreihenfolge von Einwendungen und Einreden:

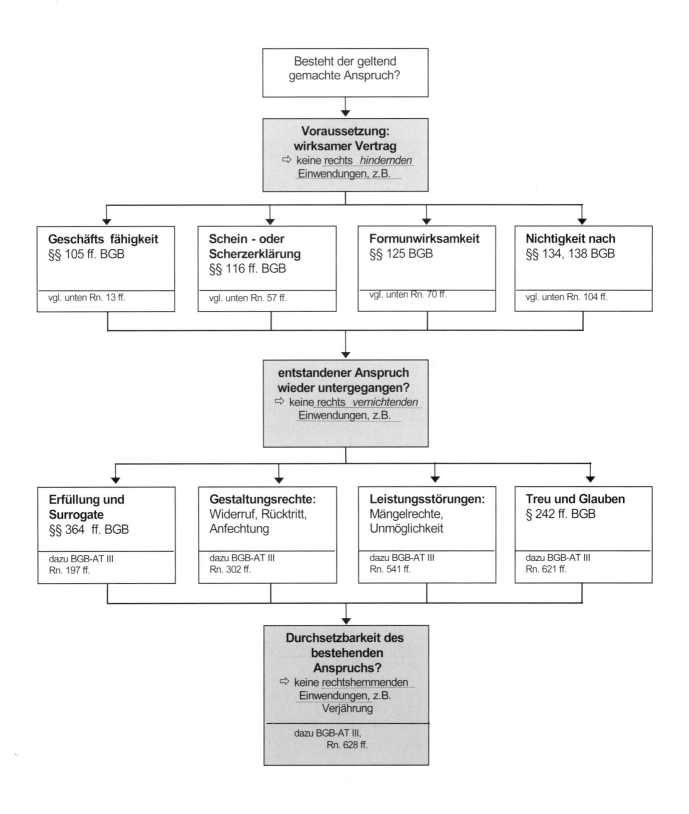

• Rechtshemmende Einreden

Einreden:
⇨ Negative Gestaltungsrechte

Im Gegensatz zu den Einwendungen zerstört eine Einrede den Anspruch nicht. Sie stellt ein subjektives Recht dar, um die *Durchsetzung* eines Anspruchs gegen den Schuldner zu hindern. *Die Einrede ist ein negatives Gestaltungsrecht.* In der Hand des Einredeberechtigten wird sie zu einem Verteidigungsinstrument, mit welchem er einen gegen ihn gerichteten Anspruch abwehren kann. Der Anspruch ist nicht durchsetzbar und damit gescheitert.

6

nicht von Amts wegen im Prozess zu berücksichtigen

Während die Einwendungen von Amts wegen zu berücksichtigen sind, werden Einreden im Prozess *nur* berücksichtigt, wenn sich der Berechtigte, zu dessen Gunsten die Einrede gegeben ist, ausdrücklich darauf beruft. Ein Indiz für das Vorliegen einer Einrede ist in der Regel bereits die Formulierung des Tatbestands: Im Gesetz heißt es dann, der Verpflichtete "kann ... verweigern" oder "ist berechtigt, ... zu verweigern".

Lesen Sie diesbezüglich z.B. § 214 I BGB, § 853 BGB (Einreden) und im Gegensatz dazu §§ 105 I, 362 I, 125 BGB (Einwendungen).

> *Bsp.: Innerhalb eines gegenseitigen Vertrages, wie zum Beispiel dem Kauf, braucht der Käufer nur Zug um Zug gegen Lieferung der Kaufsache zu zahlen, § 320 I S.1 BGB.*

> *Fehlt ein gegenseitiges Austauschverhältnis, so gewährt § 273 BGB dem in Anspruch genommenen Schuldner ein Zurückbehaltungsrecht.*

> *Der Bürge kann die Befriedigung des Gläubigers verweigern, solange der Gläubiger nicht versucht hat, die Hauptschuld einzutreiben, § 771 BGB.*

Kondizierung bei einredebehafteter Forderung, § 813 BGB;
Ausnahme: § 214 I BGB

Die Einrede richtet sich nur gegen die Geltendmachung des Rechts. Sie entkräftet das Recht, bewirkt dagegen nicht seinen Untergang. Die auf einen einredebehafteten Anspruch erbrachte Leistung kann daher nicht mit der Begründung zurückgefordert werden, sie sei rechtsgrundlos erfolgt. Jedoch gewährt § 813 I BGB einen speziellen Kondiktionsanspruch, falls dem Anspruch als Rechtsgrund eine dauernde Einrede (z.B. §§ 821, 853 BGB; nicht jedoch § 214 I BGB, vgl. §§ 813 I S.2, 214 II BGB!) entgegenstand.

7

> *Bsp.: Einen ursprünglich verjährten Anspruch kann man befriedigen, etwa weil es einem peinlich ist, sich wegen Bezugnahme auf den bloßen Ablauf einer gewissen Zeit seiner Leistungspflicht zu entziehen. Hat man auf einen verjährten Anspruch geleistet, so kann man die Leistung nicht zurückverlangen, §§ 813 I 2, 214 II S.1 BGB Der Schuldner hat eine bloße Naturalobligation erfüllt. Beruft er sich dagegen sofort auf die Einrede der Verjährung, so ist er nicht zur Leistung verpflichtet. Eine Klage würde abgewiesen.*

> *Leistet der Schuldner dagegen auf einen formnichtigen Kaufvertrag (§ 125 BGB ist Einwendung) oder zahlt nach Erfüllung nochmals, so kann der Schuldner das Geleistete grundsätzlich nach § 812 I S.1, 1.Alt. BGB zurückverlangen.*

Hemmung des Anspruchs steht im Belieben des Schuldners

Zusammenfassung: Einreden sind selbständige Gegenrechte mit dem Zweck, die Hemmung des Anspruchs in das Belieben des Schuldners zu stellen.

8

> *Bsp.: Der Gläubiger stundet dem Schuldner eine bereits am 02.07.2002 fällige Forderung bis zum 10.10.2002. Verlangt der Gläubiger vor Ablauf der Stundungsfrist Zahlung, kann sich der Schuldner selbständig entscheiden, ob er sich auf die Stundung berufen oder lieber zahlen will. Der Richter darf im Prozess die Stundungsabrede nur berücksichtigen, wenn sie vom Schuldner in der mündlichen Verhandlung (vgl. § 128 I ZPO) geltend gemacht wird; andernfalls hat der Richter ihn entsprechend dem Klageantrag zur Zahlung zu verurteilen.*

B. Prüfung von Einwendungen und Einreden im Anspruchsaufbau

I. Rechtshindernde Einwendungen

Anspruchsaufbau:
Einwendung = negative Anspruchsvoraussetzung

Beim Anspruchsaufbau werden an erster Stelle die anspruchsbegründenden Normen erörtert. (Frage: Ist zwischen den Parteien ein Vertrag zustande gekommen? Ist der Primäranspruch entstanden?). Neben den positiven Anspruchsvoraussetzungen[3] stellen die Einwendungen *negative Anspruchsvoraussetzungen* dar: So darf für die Wirksamkeit eines vertraglichen Anspruchs neben den übereinstimmenden Willenserklärungen der Vertragspartner (positive Voraussetzungen) auch nicht auf einer der Seiten z.B. Geschäftsunfähigkeit (negative Voraussetzung) vorliegen.

9

geht SV von entstandenem Anspruch aus
⇨ kein Vorliegen rechtshindernder Einwendungen

Rechtshindernde Einwendungen betreffen direkt die Anspruchsgrundlage und können nicht vorliegen, wenn der Sachverhalt den Anspruch als entstanden angibt. Geht der Sachverhalt also von einem entstandenen Anspruch aus, so ist für die Prüfung von rechtshindernden Einwendungen kein Raum mehr. In diesem Fall beschränkt sich die Prüfung auf die Verteidigungsmöglichkeiten des Schuldners, auf rechtsvernichtende Einwendungen und rechtshemmende Einreden.

II. Rechtvernichtende Einwendungen und rechtshemmende Einreden

Prüfungsreihenfolge:
i.d.R. Einwendungen vor Einreden prüfen

Eine feststehende Regel für die Reihenfolge bei der Prüfung von rechtsvernichtenden Einwendungen und rechtshemmenden Einreden gibt es nicht.

10

> **hemmer-Methode: Denken und argumentieren Sie *immer* von der Rechtsfolge aus. Wichtig ist, bei der Prüfung von Einwendungen und Einreden stets von der Norm auszugehen, die die rechtsvernichtende oder rechtshemmende Wirkung begründet (Bsp.: § 142 I BGB, § 214 BGB) und nicht von der Norm, aufgrund derer z.B. die Anfechtung erfolgen (§ 123 BGB) oder die Verjährungseinrede erhoben werden kann (§ 195 BGB).**
> **Ziehen Sie die Rechtsfolge in Ihrer Prüfung vor. Geben Sie so dem Korrektor den einzuschlagenden Weg vor. So wurde bspw. in einer Examensklausur eine Überschrift *„Anspruch infolge Rücktritts gem. § 323 I BGB"* als „Anfängerfehler abgestraft. Zitiert werden müsste § 346 I BGB, da dort der Rückabwicklungs*anspruch* steht und nicht im Rücktritts*recht* des § 323 I BGB.**

Wegen ihrer stärkeren Wirkung sind regelmäßig Einwendungen den Einreden vorrangig. Denn eine Forderung, die durch Erfüllung erloschen ist, kann nicht mehr verjähren. In Zweifelsfällen, insbesondere wenn Gestaltungsrechte noch nicht ausgeübt sind, kann man sich merken:

bzw. das dem Schuldner günstigste Verteidigungsmittel zuerst

Das dem Schuldner *günstigste* Verteidigungsmittel ist *zuerst* zu erörtern. Dies ergibt sich i.d.R. nicht aus dem Sachverhalt. Unter diesem Gesichtspunkt kann eine Einrede auch einmal einer rechtsvernichtenden Einwendung vorrangig sein: So kostet z.B. die Aufrechnung als rechtsvernichtende Einwendung den Schuldner seine Forderung. Die Erhebung der Verjährungseinrede verlangt dem Schuldner dagegen keine Opfer ab.

---

3   Vgl. ganz allgemein dazu HEMMER/WÜST, BGB-AT I, Rn. 1 ff.

WAS FÜR S ÄLKUSTIGE IST

□ *Bsp.: Gebrauchtwagenhändler V verlangt nach fünf Jahren von K den Kaufpreis für einen Oldtimer (§ 433 II BGB). Umgekehrt verlangt K von V Schadensersatz statt der Leistung nach §§ 437 Nr.3, 280 I, III, 281 I BGB, da V den K - wie er gerade erst bemerkte - arglistig über einen Mangel des Pkw getäuscht hat. K, der den Wagen behalten will, fragt Rechtsanwalt R, ob es günstiger ist, den Vertrag nach § 123 BGB anzufechten oder ob es seinen Interessen entspricht, wenn er sich gemäß § 214 i.V.m. § 195 BGB auf Verjährung der Kaufpreisforderung beruft.*

Würde K den Kaufvertrag nach §§ 142, 143, 123, 124 BGB anfechten, so würde der Rechtsgrund für die Eigentumsübertragung des Fahrzeugs entfallen. V könnte den Wagen somit von K nach § 812 BGB kondizieren. Das entspricht aber nicht der Interessenlage des K, denn er will den Wagen behalten.

Es ist für ihn auch günstiger, den Vertrag nicht anzufechten. Nur so kann er auch nach §§ 437 Nr.3, 280 I, III, 281 I BGB Schadensersatz verlangen. Dieser Anspruch ist wegen § 438 III i.V.m. § 199 I, III BGB auch noch nicht verjährt[4], denn V hat den Mangel arglistig verschwiegen. Im Ergebnis sollte sich K folglich nur auf die Verjährung berufen.[5]

III. Aufbauschema

Aufbautechnisch ist die Lösung aufgrund der Unterschiede von Einwendungen und Einreden durch eine Art *gedankliche Pendelbewegung* zwischen subjektiven Rechten und von Amts wegen zu berücksichtigenden Einwendungen zu erarbeiten.

11

Es empfiehlt sich dabei folgender Prüfungsaufbau:

1. Ist der Anspruch wirksam entstanden?

Liegen alle <u>positiven Anspruchsvoraussetzungen</u> vor? - VERTRAG

Fehlen alle <u>negativen Anspruchsvoraussetzungen</u>? - RECHTSHINDERNDE EINREDUNGEN

⇨ *Wenn ja*:

2. Ist der entstandene Anspruch ggf. erloschen?

Bestehen rechtsvernichtende Einwendungen?

⇨ *Wenn nein*:

3. Kann der Schuldner gegen die Durchsetzung des Anspruchs Gegenrechte geltend machen?

Bestehen Einreden?

WAS FÜR S ÄLKUSTIGE IST

---

4   vgl. zum Mängelrecht im Kauf- und Werkvertragsrecht HEMMER/WÜST, Schuldrecht II und zum Gewährleistungsrecht im Miet- und Reisevertragsrecht HEMMER/WÜST, Schuldrecht III.

5   Zu den Fragen der Verjährung vgl. HEMMER/WÜST, BGB-AT III, Rn. 649.

§ 2 DIE RECHTSHINDERNDEN EINWENDUNGEN IM EINZELNEN

rechtshindernde Einwendungen:
z.B. §§ 105, 125, 134 BGB
⇨ Nichtigkeit von Anfang an

Ein vertraglicher Anspruch kann aus verschiedenen Gründen nicht zur Entstehung gekommen sein: So kann z.B. der Wirksamkeit einer Willenserklärung die rechtshindernde Einwendung der Geschäftsunfähigkeit (§ 105 BGB), der fehlenden Genehmigung des von einem beschränkt Geschäftsfähigen vorgenommenen Rechtsgeschäftes (§ 108 BGB), die Einwendung, bei dem getätigten Rechtsgeschäft handele es sich um ein Scheingeschäft (§ 117 BGB), der Einwand der Formnichtigkeit (§ 125 BGB), des Verstoßes gegen ein Verbotsgesetz (§ 134 BGB), der Sittenwidrigkeit (§ 138 BGB) neben anderen möglichen Einwendungen entgegenstehen. Das getätigte Rechtsgeschäft ist dann von Anfang an nichtig.

12

> **hemmer-Methode: Systematischer Standort für die Prüfung rechtshindernder Einwendungen ist die Frage, ob der geltend gemachte Anspruch überhaupt entstanden ist: Sofern eine rechtshindernde Einwendung besteht, existiert schon gar kein Anspruch.**
> **Die Nichtigkeit des Rechtsgeschäfts bedeutet aber nicht, dass sich an dieses gar keine Rechtsfolgen anknüpfen können: Besteht beispielsweise der zur Nichtigkeit führende Sittenverstoß in einem Verhalten gegenüber dem Geschäftspartner, hat dieser in der Regel einen Schadensersatzanspruch aus § 826 BGB und aus § 280 I i.V.m. § 311 II BGB**

A. § 105 BGB

I. Nichtigkeit nach § 105 I BGB

§ 105 I BGB:
WE'en von Geschäftsunfähigen sind nichtig

Nach § 105 I BGB sind die Willenserklärungen eines Geschäftsunfähigen nichtig. Das bedeutet, dass das von oder mit einem Geschäftsunfähigen vorgenommene Rechtsgeschäft die nach seinem Inhalt bezweckten Wirkungen von Anfang an nicht hervorbringen kann.[6]

13

WE = Vertrags? NICHTIG

Hat der Geschäftsunfähige z.B. einen Dritten bevollmächtigt, so ist die Vollmacht nichtig, § 105 I BGB. Der Dritte handelt dann gemäß §§ 177 ff. BGB als Vertreter ohne Vertretungsmacht. Zwar wird durch die Nichtigkeit der Willenserklärung eines Geschäftsunfähigen der Verkehrsschutz, d.h. das Vertrauen des Rechtsverkehrs in die Wirksamkeit einer abgegebenen Willenserklärung, durchbrochen. Dies gilt insbesondere für die Fälle, in denen der Grund der Geschäftsunfähigkeit nicht erkennbar ist (z.B. unerkannte Geisteskrankheit).[7] Aber dies muss hingenommen werden, da der Schutz des Geschäftsunfähigen Vorrang vor den Belangen der Geschäftspartner verdient.

⇨ gilt sowohl für schuldrechtliches als auch dingliches Rechtsgeschäft

§ 105 I BGB erfasst jedes von dem Geschäftsunfähigen getätigte Rechtsgeschäft. Die Unwirksamkeit betrifft damit sowohl das Verpflichtungsgeschäft als auch das Erfüllungsgeschäft. Auch nach Wegfall des Nichtigkeitsgrundes bleibt das Rechtsgeschäft unwirksam. Um es gültig zu machen, bedarf es einer Neuvornahme oder Bestätigung i.S.v. § 141 BGB. Eine rückwirkende Kraft hat § 141 BGB nicht.

Sind Willenserklärungen gegenüber einem Geschäftsunfähigem abzugeben, werden sie erst mit Zugang an den gesetzlichen Vertreter wirksam, § 131 I BGB.

Geschäftsunfähigkeit ⇨ § 104 BGB

Wer geschäftsunfähig ist, ist *abschließend* in § 104 BGB bestimmt.

---

6   PALANDT, Überblick vor § 104, Rn. 27.

7   Vgl. BGH, NJW 1991, 2566 in einem Fall der unerkannten Geisteskrankheit eines GmbH-Geschäftsführers.

Nr.1:
Mj. unter 7 Jahren

a) Geschäftsunfähig ist der Minderjährige, der das 7. Lebensjahr noch nicht vollendet hat, § 104 Nr.1 BGB.

14

Die Geschäftsunfähigkeit von Kindern unter sieben Jahren besteht unabhängig von deren geistiger Entwicklung und endet mit dem Beginn des Geburtstages, an dem das Kind 7 Jahre alt wird, § 187 II S.2 BGB.[8]

Nr.2:
bei dauerhaft krankhafter Störung

b) Geschäftsunfähig ist nach § 104 Nr.2 BGB auch derjenige, der sich wegen krankhafter Störung der Geistestätigkeit in einem **_dauerhaften_**, die freie Willensbestimmung ausschließenden Zustand befindet. Gleichgültig ist, unter welchen medizinischen Begriff die Geistesstörung fällt.[9]

bei vorübergehender Störung gilt jedoch § 105 II BGB

aa) § 104 Nr.2 BGB greift nur ein, wenn ein *dauernder* Zustand krankhafter Störung der Geistestätigkeit vorliegt. Ist der Zustand vorübergehender Natur, so gilt § 105 II BGB.

15

Während § 104 Nr.2 BGB die völlige Geschäftsunfähigkeit für die gesamte Dauer des Störungszustandes zur Folge hat, ist im Fall des § 105 II BGB nur die im Zustand vorübergehender Störung der Geistestätigkeit abgegebene Willenserklärung nichtig. Insofern lässt sich im Fall des § 105 II BGB allenfalls von punktueller Geschäftsunfähigkeit sprechen.

dauernde Störung auch als Folge äußerer Verletzung möglich

Eine dauerhafte Störung ist auch dann anzunehmen, wenn ein die freie Willensbildung ausschließender Zustand als Folge schwerer, durch Einwirkung von außen hervorgerufener Verletzungen eingetreten ist.

> *Bsp.: Ein Verkehrsunfall des B hat ein Schädeltrauma zur Folge, sodass wochenlange Bewusstlosigkeit besteht, während der eine künstliche Beatmung und Ernährung erfolgt.[10]*

auch bei heilbaren, aber nicht "vorübergehenden" Störungen

Von § 104 Nr.2 BGB werden auch Störungen erfasst, die heilbar sind, deren Behandlung aber längere Zeit in Anspruch nimmt. In diesen Fällen fehlt das z.B. einer Bewusstlosigkeit und Ohnmacht innewohnende Merkmal „vorübergehend". Eine schwere Hirnverletzung mit anschließender wochenlanger Intensivbehandlung ist nicht mehr von vorübergehender Natur.

aber keine Geschäftsunfähigkeit nach Nr.2 in lichten Momenten

bb) Die Geschäftsunfähigkeit nach § 104 Nr.2 BGB ist zu verneinen, wenn der Handelnde einen *lichten Augenblick* (lucidum intervallum) hat. Dann befindet er sich nicht - wie von § 104 Nr.2 BGB gefordert - in einem die freie Willensbestimmung ausschließenden Zustand. In diesem Falle besteht volle Geschäftsfähigkeit.[11]

16

Beachten Sie jedoch, dass die Voraussetzungen des § 104 Nr.2 BGB schon gar nicht vorliegen, wenn die Störung der Geistestätigkeit ohnehin nur periodisch auftritt, da es dann an dem Erfordernis des dauerhaften Zustandes fehlt.

> *Bsp.: K leidet an Zyklomanie. Dies ist eine Krankheit, bei der der Betroffene abwechselnd in mehr oder weniger regelmäßigen Abständen in Phasen übersteigerter Euphorie und Depression gerät. K kauft bei V ein Fahrrad.*

Die Wirksamkeit des Vertragsschlusses könnte an §§ 105 I, 104 Nr.2 BGB scheitern. Dazu müsste sich K in einem dauerhaften Zustand der Geistesstörung befinden.

---

8   PALANDT, § 104, Rn. 2.

9   PALANDT, § 104, Rn. 3.

10   OLG München, MDR 1989, 361.

11   PALANDT, § 104, Rn. 4.

Da K jedoch zwischen den Krankheitsphasen völlig normale intellektuelle Funktionen aufweist, ist er auch nicht nach § 104 Nr.2 BGB geschäftsunfähig. Die Wirksamkeit der Willenserklärung des K hängt somit gem. § 105 II BGB davon ab, ob er diese während oder außerhalb einer Krankheitsphase abgegeben hat. Sofern dies außerhalb einer solchen geschah, ist der Kaufvertrag wirksam zustande gekommen.

— auch partielle Geschäftsunfähigkeit möglich

cc) Die Geschäftsunfähigkeit im Sinne des § 104 Nr.2 BGB gilt grundsätzlich für jedes Rechtsgeschäft. Anerkannt ist aber, dass sich die Geschäftsunfähigkeit auf einen bestimmten gegenständlichen abgegrenzten Kreis von Angelegenheiten beschränken kann *(partielle Geschäftsunfähigkeit).*   **17**

> *Bsp.: Querulantenwahn führt zur Geschäftsunfähigkeit bei der Führung von Prozessen. Krankhafte Eifersucht hat Geschäftsunfähigkeit für Fragen der Ehe zur Folge.*[12]

bei fehlender Freiheit der Willensbildung auf bestimmten Gebiet

Für alle übrigen Geschäfte besteht volle Geschäftsfähigkeit. Ein Fall der partiellen Geschäftsunfähigkeit liegt vor, wenn es um eine Angelegenheit geht, bei der der Betroffene auf Grund einer geistigen Störung außerstande ist, seinen Willen frei und unbeeinflusst von ihr zu bilden und nach zutreffend gewonnenen Einsichten zu handeln. Ausschlaggebend ist hierbei nicht so sehr die Verstandesfähigkeit der Person, sondern vor allem die fehlende Freiheit der Willensbildung auf einem bestimmten Gebiet.

Partielle Geschäftsfähigkeit liegt vor, wenn sich die Geschäftsunfähigkeit auf die Erledigung einzelner Angelegenheiten beschränkt und es sich gerade um eine Angelegenheit aus diesem Gebiet handelt.

abzugrenzen von relativer Geschäftsunfähigkeit

Abzugrenzen ist die partielle von der *relativen Geschäftsunfähigkeit,* deren Existenz lediglich von einer Mindermeinung angenommen wird.[13] Relative Geschäftsunfähigkeit ist in dem Sinne zu verstehen, dass eine Person für besonders schwierige wirtschaftliche Entscheidungen geschäftsunfähig, für einfache jedoch geschäftsfähig wäre.   **18**

> *Bsp.: Der geistig geschwächte X, dessen Geschäftsfähigkeit erheblichen Schwankungen unterliegt, schließt mit C einen Kaufvertrag über ein Baugrundstück für 250.000 € ab. Als C den Kaufpreis einfordert beruft sich X darauf, dass er die komplizierten Einzelbestimmungen nicht hätte begreifen können und der Vertrag deshalb nichtig sei.*

Ein Anspruch des C könnte sich aus § 433 II BGB ergeben. Dann müsste ein wirksamer Kaufvertrag zwischen C und X geschlossen worden sein.

Sichere Hinweise dafür, dass der Vertrag nach § 105 II BGB wegen vorübergehender Geistesschwäche des X nichtig wäre,[14] liegen nicht vor.

Problemfall: schwierige Rechtsgeschäfte

Der Vertrag könnte aber nach § 105 I, 104 Nr.2 BGB nichtig sein. Von § 104 Nr.2 BGB kann aber vorliegend nur ausgegangen werden, wenn eine dauernde, also nicht nur vorübergehende krankhafte Störung vorlag. Für den Fall besteht die Möglichkeit einer nur teilweisen Geschäftsunfähigkeit des X, wenn diese auch die Unfähigkeit umfassen würde, besonders schwierige Geschäfte - so wie im Fall - abzuschließen. Man spricht dabei von so genannter relativer Geschäftsunfähigkeit.

h.M.: Rechtsunsicherheit, deshalb abzulehnen

Die relative Geschäftsunfähigkeit ist von der h.M.[15] aber nicht anerkannt: Wer unklug oder kurzsichtig handelt, müsse noch nicht geschäftsunfähig sein. Die relative Geschäftsunfähigkeit würde außerdem zu Abgrenzungsproblemen und damit zu Unsicherheiten für den Rechtsverkehr führen. Daneben biete die Möglichkeit der Anfechtung ausreichend Schutz für die Betroffenen. Demnach kann für einen bestimmten, gegenständlich abgegrenzten Bereich eine Person immer nur insgesamt geschäftsunfähig oder geschäftsfähig sein.

---

12   PALANDT, § 104, Rn. 6.

13   Z.B. OLG Köln, NJW 1960, 1389.

14   Vgl. dazu im Einzelnen unten, Rn. 21.

15   BGH, NJW 1970, 1680.

> **hemmer-Methode: Eine relative Geschäftsunfähigkeit nur für beson-
> ders schwierige Geschäfte gibt es nach h.M. im Zivilrecht nicht.**[16]

2 Eine Mindermeinung[17] versucht dagegen die relative Geschäftsfähigkeit insbesondere über folgenden Umkehrschluss zu begründen: Wenn schon die Geschäfte eines Geistesschwachen, die er in einem lichten Moment abschließt, wirksam sind,[18] dann muss er umgekehrt dadurch geschützt werden, dass jene Geschäfte, die er aufgrund geistiger Schwäche nicht voll erfassen kann, nichtig sind. Unsicherheiten im Rechtsverkehr wären auch im Falle des § 105 II BGB gegeben; das diesbezügliche Argument der h.M. sei folglich nicht ausreichend.

Je nachdem, welcher Ansicht man im Fall folgt, ist der Anspruch des C gegeben oder nicht.[19]

> **hemmer-Methode: Grundsätzlich überzeugender ist in diesem Fall die
> h.M. Berücksichtigen Sie aber bei Ihrer Entscheidung für die eine oder
> andere Meinung weitere Einzelheiten des Sachverhalts. Unter Umstän-
> den ist es aus klausurtaktischen Gründen erforderlich, sich der M.M.
> anzuschließen, wenn sich mit der h.M. bestimmte Folgeprobleme (z.B.
> Ansprüche aus §§ 812 ff. BGB) nicht eröffnen würden. Anders als im
> richtigen Leben gilt: Probleme schaffen, nicht wegschaffen.**

c) Die Betreuung volljähriger Geschäftsunfähiger

Betreuung ᴵ᪲₃₆ᴬ ¬ ᴳᶠᴱ

¬ ᴮᵃᵗᵉᵘᵘⁿᵍ ᵘⁿᵗᵉʳ ᵉᵛ ᴵ᪲₀₃ ¬ ᴳᶠᴱ

Mit dem Inkrafttreten des Betreuungsgesetzes zum 1.1.1992[20] wur-   **19**
de die früher in § 104 Nr.3 BGB geregelte Entmündigung abgeschafft. Nunmehr gibt es nur noch das Institut der *Betreuung*, geregelt in §§ 1896 ff. BGB: Wesentliche Änderung ist, dass auch ein unter Betreuung Stehender grundsätzlich *geschäftsfähig* bleibt. Selbst
im Fall der sog. Betreuung unter Einwilligungsvorbehalt gem. § 1903
BGB wird der Betreute lediglich wie ein beschränkt Geschäftsfähiger
behandelt.

> **hemmer-Methode: Entmündigungen, die vor 1991 angeordnet worden
> waren, gelten nun gem. Art. 9, § 1 III S.2 BetrG automatisch als Betreu-
> ung unter Einwilligungsvorbehalt.**

Verhältnis § 1903 BGB zu § 104   Probleme können sich beim Zusammentreffen von Betreuung unter   **20**
Nr.2 BGB   Einwilligungsvorbehalt (§ 1903 BGB) und § 104 Nr.2 BGB ergeben,
                                     da das Inkrafttreten des Betreuungsgesetzes nichts an der Existenz
                                     des § 104 Nr.2 BGB geändert hat.

Wichtig ist dabei, dass § 1903 BGB die §§ 104 Nr.2, 105 II BGB nicht überwinden kann: War der Betreute zum Zeitpunkt der Abgabe der Willenserklärung nicht im Vollbesitz seiner geistigen Kräfte, ist die Willenserklärung gem. § 105 II BGB *nichtig* und wird auch durch eine Einwilligung des Betreuers nicht wirksam.

Diese kann nur die schwebende Unwirksamkeit überwinden, die Folge des angeordneten Einwilligungsvorbehaltes ist.

---

16   BayObLG, MDR 1989, 352.

17   Z.B. OLG Köln, a.a.O.

18   S.o. Rn. 16.

19   Zum Ganzen ausführlich WERNER, BGB-AT, S.13f.

20   Zum BetreuungsG vgl. TAUPITZ, JuS 1992, 9 ff; CYPIONKA, NJW 1992, 207.

> **hemmer-Methode:** Denkbar wäre eine Umdeutung (§ 140 BGB) der Einwilligung des Betreuers in die Abgabe einer eigenen Willenserklärung des Betreuers. Dieser hat gemäß § 1902 BGB die Stellung eines gesetzlichen Vertreters für den Betreuten; er kann somit selbständig für den Betreuten Geschäfte abschließen. Bei der Prüfung einer Umdeutung ergeben sich dann aber zwei Probleme:
>
> Zum einen würde die Umdeutung nur dann funktionieren, wenn die Neuvornahme gegenüber dem Geschäftspartner des Betreuten erklärt wurde. Regelmäßig wird die Einwilligung aber allein dem Betreuten gegenüber erklärt worden sein. Der Betreute müsste also quasi nachträglich zum Boten der Erklärung des Betreuers umfunktioniert werden, damit eine eigene Erklärung des Betreuers gegenüber dem Dritten angenommen werden könnte. Dies ist nicht anzunehmen.
>
> Zum anderen müsste eine Umdeutung eines „weniger" (Einwilligung) in ein „mehr" (Neuvornahme des Betreuers) vorgenommen werden, was den Grundprinzipien des § 140 BGB zuwiderliefe.[21]
>
> Dem Gesetzgeber wird daher Täuschung des Rechtsverkehrs vorgeworfen.

d) Geschäfte des täglichen Lebens volljähriger Geschäftsunfähiger, § 105a BGB[22]

Geschäfte des täglichen Lebens volljähriger Geschäftsunfähiger, § 105a BGB

aa) Mit Wirkung zum 01.08.2002 ist § 105a BGB in Kraft getreten. Nach dieser Vorschrift, die durch das „OLG-Vertretungsänderungsgesetz" ins BGB eingefügt wurde[23], sind Geschäfte des täglichen Lebens, die ein volljähriger Geschäftsunfähiger mit geringwertigen Mitteln bewirken kann, in Ansehung von Leistung (und evtl. Gegenleistung) als wirksam anzusehen, wenn Leistung (und ggfs. Gegenleistung) bewirkt sind. Unerheblich ist dabei, ob der Geschäftsunfähige als Käufer oder Verkäufer auftritt.

20a

> **hemmer-Methode:** Es bleibt damit zwar grundsätzlich bei der Nichtigkeit des Vertrags. Nach der Erbringung von Leistung und Gegenleistung gilt der Vertrag jedoch in Ansehung eben dieser Leistungen als wirksam.

Auf Minderjährige, die gem. § 104 Nr. 1 BGB geschäftsunfähig sind, kann § 105a BGB angesichts des eindeutigen Wortlautes auch nicht analog angewendet werden[24].

> **hemmer-Methode:** Fraglich ist, ob § 105a BGB auch dann eingreift, wenn zwei volljährige Geschäftsunfähige miteinander einen alltäglichen Vertrag schließen. Dies ist etwa dann denkbar, wenn der Geschäftsunfähige dem unerkannt geisteskranken Nachbarn einen Teebeutel abkauft. Man wird diese Frage bejahen können, da Schutzzweckerwägungen nicht entgegenstehen.

Dies gilt jedoch nicht, wenn dadurch eine erhebliche Gefahr für die Person oder das Vermögen des Geschäftsunfähigen besteht, § 105a S.2 BGB.

> **hemmer-Methode:** Dadurch wird der aus § 1903 I BGB bekannte Grundgedanke übernommen, dass der Betreute unter Umständen vor sich selbst geschützt werden muss. Ein denkbares Anwendungsbeispiel könnte der Kauf billiger, aber gefährlicher Feuerwerkskörper darstellen bzw. der Kauf von Alkohol durch einen Alkoholkranken[25].

---

21 Diesbezüglich scheinen die Ansichten aber nicht einheitlich zu sein, vgl. PALANDT, § 1903, Rn. 19.

22 vgl. dazu auch SCHNEIDER, Gedanken zum neuen § 105a BGB in **Life & Law 2003, 51 ff.**; JOUSSEN, Die Rechtsgeschäfte des Geschäftsunfähigen – der neue § 105a BGB in ZGS 2003, 101 ff.; sehr anschaulich auch CASPER in NJW 2002, 3425 ff.

23 Diese Neuregelung im Recht der Geschäftsfähigkeit, mit der die soziale Integration erwachsener, geistig behinderter Menschen gefördert werden soll, befand sich zunächst in einer ausführlicheren Variante mit drei Absätzen im Diskussionsentwurf über das Antidiskriminierungsgesetz

24 Vgl. PALANDT, § 105a, Rn. 2.

25 Vgl. PALANDT, § 105a, Rn. 5 mit weiteren Beispielen.

sachlicher Anwendungsbereich des § 105a BGB

bb) Der sachliche Anwendungsbereich fordert zum einen, dass es sich um ein Geschäft des täglichen Lebens handelt. Insoweit wird man sich an der zu § 1903 III S.2 BGB entwickelten Kasuistik orientieren können, in der es um die Entbehrlichkeit des Einwilligungsvorbehalts bei alltäglichen Geschäften des Betreuten geht.

20b

> **hemmer-Methode:** Unter den Begriff des Geschäfts sind Verträge zu subsumieren. Einseitige Rechtsgeschäfte dürften wohl nicht erfasst sein.

Für die Bewirkbarkeit mit *geringfügigen Mitteln* stellt die amtliche Begründung im Interesse der Rechtssicherheit auf das durchschnittliche Preis- und Einkommensgefälle und nicht auf die individuellen Vermögensverhältnisse beim Geschäftsunfähigen ab.

Die Bewirkung von Leistung und Gegenleistung muss so erfolgen, wie eine wirksame Erfüllung vorzunehmen wäre. Auf die Wirksamkeit der Erfüllung, die dem Geschäftsunfähigen bislang nicht möglich war, kommt es nicht an, da ansonsten die Vorschrift leer laufen würde.

Bei gegenseitig verpflichtenden Verträgen müssen sowohl die Leistung als auch die Gegenleistung bewirkt werden, bevor die Wirksamkeitsfiktion des § 105a BGB eingreift.

> **hemmer-Methode:** Dies kann in Vorleistungsfällen zu Wertungswidersprüchen führen. Kauft der Geschäftsunfähige beispielsweise[26] ein im Schaufenster ausgestelltes Buch und übereignet sofort das Geld, vereinbart aber mit dem Verkäufer, dass das Buch erst zwei Wochen später abgeholt werden soll, so könnte der Verkäufer anschließend die Übereignung des Buchs noch mit Hinweis auf die Nichtigkeit des Vertrages (§ 105 I BGB) verneinen.
> Dies wäre aber ein mit dem Schutzzweck des Gesetzes kaum zu vereinbarendes Reuerecht, insbesondere dann nicht, wenn das Geschäft für den Geschäftsunfähigen wirtschaftlich vorteilhaft war.
> Andererseits kann man angesichts des eindeutigen Gesetzeswortlauts nicht allein auf die Leistungserbringung durch den Geschäftsunfähigen abstellen.
> Ob die Rechtsprechung diese Unbilligkeit durch eine teleologische Reduktion des § 105a BGB korrigieren wird, bleibt abzuwarten. Entscheidungen zu dieser Norm werden aber eine gewisse Zeit auf sich warten lassen, da die praktische Bedeutung des § 105a BGB als äußerst gering einzustufen ist.

Rechtsfolgen:

bb) Die interessanteren Fragen der Neuregelung liegen auf der Rechtsfolgenseite.

20c

Vertrag bleibt nichtig

(1) Das Gesetz spricht davon, dass Leistung und Gegenleistung nach ihrer Bewirkung als wirksam gelten. Es soll also nicht zu einer Heilung des gesamten obligatorischen Vertrages kommen. Dieser bleibt vielmehr nichtig[27] (sog. *„partielle Wirksamkeitsfiktion")*.

Aber: Partielle Wirksamkeitsfiktion bzgl. Leistung und Gegenleistung ⇨ Rückforderungsausschluss

Es wird lediglich die Wirksamkeit der Leistungserbringung fingiert. Die Neuregelung ordnet also, wie sich auch aus ihrer Begründung ergibt[28], lediglich einen **Rückforderungsausschluss** der bewirkten Leistung und Gegenleistung an.

Problem: Vertragliche Folgeansprüche ?

Andere vertragliche Ansprüche, wie etwa Schadensersatz, sollen nicht begründet werden.

---

26   Vgl. CASPER, NJW 2002, 3425 [3426].

27   A.A. ohne Begründung PALANDT, § 105a, Rn. 6.

28   BT-DR 14/9266, S. 43.

jedenfalls nicht zu Lasten des Geschäftsunfähigen

Beispiel: Der Geschäftsunfähige V verkauft Vogelfutter für 3,- €, mit dem der Käufer seine wertvollen, exotischen Singvögel füttert, nachdem der Geschäftsunfähige behauptet hatte, das Futter eigne sich auch für exotische Singvögel.

Der Käufer kann nach der Konzeption des § 105a BGB den V nicht auf mehrere hundert Euro Schadensersatz nach §§ 437 Nr. 3, 280 I BGB in Anspruch nehmen, wenn seine Singvögel mangels Eignung des Futters alle verenden.

Um dieses Ergebnis zu erzielen, hätte es allerdings nicht einer partiellen Wirksamkeitsfiktion bedurft. Selbst bei einem Wirksamwerden des gesamten Vertrags wäre eine Haftung des Geschäftsunfähigen infolge seiner Deliktsunfähigkeit nach §§ 276 I S.2, 827 S. 1 BGB nicht in Betracht gekommen.

---

hemmer-Methode: Bereits jetzt umstritten ist die Frage, ob wenigstens *zugunsten* des volljährigen Geschäftsunfähigen vertragliche Folgeansprüche (Rücktrittsrecht wegen Schlechterfüllung; Schadensersatzansprüche etc.) bestehen können, wenn sich der Geschäftsunfähige in der Rolle des Käufers befindet.

Die in der Literatur zum Teil vertretene überzeugende Ansicht bejaht dies[29] und kommt damit zu einer *„halbseitigen Wirksamkeit"* des alltäglichen Vertrages *„zu Gunsten des Geschäftsunfähigen"[30]*.

Zu beachten ist allerdings, dass wegen § 433 I S.2 BGB der Verkäufer mit einer mangelhaften Leistung nicht erfüllen kann. Sollten dem geschäftsunfähigen Käufer Mängelrechte zustehen, dann müsste zunächst begründet werden, dass die mangelhafte Lieferung zwar keine Erfüllung, aber eine Bewirkung der Leistung darstellen soll.

Diese kurzen Überlegungen zeigen bereits, dass es sich bei § 105a BGB um eine nicht gerade sorgfältig durchdachte Vorschrift handelt.

Dingliche Rechtslage

(2) Unklar ist auch die Auswirkung des § 105a BGB auf die dingliche Rechtslage. Nach bisherigem Recht war der Geschäftsunfähige nicht nur unfähig, einen wirksamen Verpflichtungsvertrag zu schließen, sondern konnte diesen auch nicht wirksam erfüllen, da er weder die Leistung übereignen noch die Übereignung der Gegenleistung annehmen konnte.

20d

Dass sich die Fiktionswirkung des § 105a BGB im Ergebnis auch auf das Erfüllungsgeschäft beziehen muss, dürfte aber unstreitig sein. Der Zweck der Regelung würde nämlich ausgehebelt, wenn zwar die bereicherungsrechtlichen Rückabwicklungsansprüche ausgeschlossen sind, der Verkäufer vom geschäftsunfähigen Käufer aber weiterhin nach § 985 BGB den gekauften und bezahlten Gegenstand herausverlangen könnte.

Fraglich ist aber, ob infolge der in § 105a BGB enthaltenen Fiktion nur der dingliche Herausgabeanspruch gegenüber dem jeweiligen Vertragspartner ausgeschlossen ist, oder ob der Geschäftsunfähige nach der Neuregelung nunmehr seinem Kontrahenten wirksam Eigentum verschaffen kann.

Beispiel: Der Geschäftsunfähige tauscht eine CD gegen ein Buch. Die CD wird bei seinem Vertragspartner gestohlen.

Kann nach der Sicherstellung der Beute der Geschäftsunfähige, den das Tauschgeschäft inzwischen reut, Herausgabe der CD verlangen?

Wird nur das Nichtbestehen des Herausgabeanspruchs fingiert, so bleibt der Geschäftsunfähige Eigentümer der CD und kann sie vom Dieb herausverlangen.

---

29   Vgl. CASPER, NJW 2002, 3425 [3427 re.Sp.].

30   Auch PALANDT, § 105a, Rn. 6.

Geht man hingegen von einer dinglichen Wirkung aus, so könnte nur der andere Teil die Herausgabe verlangen, da ihm die CD infolge der Anwendung des § 105a BGB auf das Erfüllungsgeschäft wirksam übereignet worden ist.

Letzteres dürfte allein sachgerecht sein. Denn es kann nicht angehen, dass der Geschäftsunfähige die gestohlene CD zwar beim Dieb herausverlangen kann, aber nicht seinerseits das erhaltene Buch herausgeben muss oder infolge des Diebstahls den Tauschvertrag noch rückabwickeln kann.

Die dingliche Wirkung folgt zwanglos aus dem allgemeinen Fiktionsverständnis.

(3) Änderungen ergeben sich durch § 105a BGB auch besitzrechtlich.

Während nach bisherigem Recht der Geschäftsunfähige zwar seinem Kontrahenten Besitz verschaffen konnte, da auch der Geschäftsunfähige einen natürlichen Besitzwillen bilden kann, war es Dritten unmöglich, Gegenstände, die ein Geschäftsunfähiger aus der Hand gegeben hatte, nach § 932 BGB gutgläubig zu erwerben. Diese gelten vielmehr als abhanden gekommen, da der Geschäftsunfähige nach überwiegender Ansicht zu einer freiwilligen Besitzaufgabe i.S.d. BGB wegen deren rechtsgeschäftlicher Wirkung nicht in der Lage sei[31].

20e

Übereignet der Geschäftsunfähige nunmehr im Rahmen eines alltäglichen Geschäfts einen Gegenstand, so wird man selbst dann von einer freiwilligen Besitzaufgabe auszugehen haben, wenn man entgegen der hier vertretenen Auffassung eine Anwendung des § 105a BGB auf das dingliche Erfüllungsgeschäft verneint[32].

> **hemmer-Methode:** § 105a BGB wirft mehr Fragen auf, als mit dieser Vorschrift gelöst wurden. Aus diesem Grund wird diese Norm im Examen künftig sicherlich eine gewisse Rolle spielen, da sowohl auf vertraglicher als auch auf sachenrechtlicher Ebene Klausurprobleme konstruiert werden können, mit denen man das Verständnis dieser neuen Vorschrift abprüfen kann.

II. Nichtigkeit nach § 105 II BGB

§ 105 II BGB:
Nichtigkeit bei Bewusstlosigkeit oder vorübergehender Störung der Geistestätigkeit

Nichtig ist auch eine Willenserklärung, die im <u>Zustande der Bewusstlosigkeit oder vorübergehenden Störung der Geistestätigkeit</u> **_abgegeben_** wird, § 105 II BGB. Von § 105 II BGB werden neben der Bewusstlosigkeit auch Volltrunkenheit, Drogeneinfluss, Fieber, Hypnose und sonstige vorübergehende Bewusstseinseintrübungen erfasst. <u>Die Störung</u> der Geistestätigkeit muss die <u>freie Willensbildung ausschließen.</u>

21

§ 105 II BGB <u>lässt Zugang nicht</u>
<u>scheitern</u>

Der <u>Unterschied</u> zwischen einer Willensstörung, die zur Geschäftsunfähigkeit führt, und einer solchen nach § 105 II BGB liegt darin, dass dem <u>Bewusstlosen oder Volltrunkenen eine Willenserklärung wirksam zugehen kann.</u>

> *Bsp.: A liegt vom 1. - 5. Juni zu Hause im Zustand der Volltrunkenheit. Sein Arbeitgeber kündigt ihm. Die Kündigung geht dem A am 3. Juni zu.*

A selbst kann wegen § 105 II BGB keine verbindliche Willenserklärung abgeben. Dennoch geht dem A die Kündigung wirksam nach § 130 BGB am 03.06. zu. § 131 I BGB kommt nicht zur Anwendung. Nimmt A die Kündigung erst am 05.06. nüchtern zur Kenntnis, so kann er sie nicht wegen verspäteten Zugangs als unwirksam zurückweisen.

31   HEMMER/WÜST, Sachenrecht II, Rn. 79.

32   Vgl. CASPER, NJW 2002, 3425 [3428 li.Sp.].

Die Kündigung ist ihm bereits am 03.06. gem. § 130 BGB zugegangen. Zu diesem Zeitpunkt ist sie in den Machtbereich des A gelangt. Auf die tatsächliche Kenntnisnahme durch A kommt es nicht an. Für den Zugang ist ausreichend, wenn A die Möglichkeit der Kenntnisnahme hatte. Diese war bereits am 03.06. gegeben.

III. Vertretung und entsprechende Anwendung von § 105 BGB

Teilnahme am Rechtsverkehr durch gesetzlichen Vertreter

Der Geschäftsunfähige bleibt rechtsfähig. Deshalb muss er, wenngleich auf andere Weise, am Rechtsverkehr teilnehmen können. Aus diesem Grunde handelt für den Geschäftsunfähigen sein gesetzlicher Vertreter. Handelt der gesetzliche Vertreter im Namen des Geschäftsunfähigen, treffen die Rechtsfolgen den Geschäftsunfähigen *selbst.*

22

§ 105 BGB analog bei rechtsgeschäftsähnlichen Handlungen

Auf rechtsgeschäftsähnliche Handlungen wie Mahnungen, Fristsetzung und Aufforderungen ist *§ 105 BGB entsprechend* anzuwenden. Bei sonstigem rechtlich relevanten Verhalten hängt die entsprechende Anwendung der §§ 104 ff. BGB von der Eigenart des Verhaltens und der typischen Interessenlage ab.

> Bsp.: A ist geschäftsunfähig nach § 104 Nr. 2 BGB. Für ihn soll B zum gesetzlichen Vertreter bestellt werden. Das Gericht hat aber Zweifel an dessen Redlichkeit und bestellt deshalb C zum gesetzlichen Vertreter des A. In der Zwischenzeit hat B unter Hinweis auf das laufende Gerichtsverfahren bereits mehrere Geschäfte im Namen des A mit dessen Einverständnis getätigt.

- A war geschäftsunfähig, eine entsprechende Vollmachtserteilung ist gemäß §§ 105 I, 104 Nr. 2 BGB unwirksam.

- B war noch nicht wirksam zum gesetzlichen Vertreter des A bestellt, somit hatte B keine gesetzliche Vertretungsmacht, die ihn berechtigte, für und gegen A rechtsgeschäftliche Bindungen einzugehen.

- In Betracht kommt Vertretungsmacht nach den Grundsätzen der Rechtsscheinshaftung.

B hat mit dem Einverständnis des A die Geschäfte getätigt. Folglich könnte eine Duldungsvollmacht in Betracht kommen. Eine Rechtsscheinshaftung bzw. die daraus vorgenommene Zurechnung setzt aber Geschäftsfähigkeit voraus.[33]

Die durch die Rechtsscheinshaftung geschaffene Interessenlage ist mit derjenigen vergleichbar, die durch die §§ 104 ff. BGB gerade vermieden werden soll. Würde eine Zurechnung erfolgen, so würde der Geschäftsunfähige rechtsgeschäftlich gebunden. Eine solche Bindung will aber § 105 I BGB gerade verhindern. Da im Falle der Rechtsscheinshaftung dieselbe Interessenlage besteht, ist für die Zurechnung Geschäftsfähigkeit Voraussetzung. Diese liegt bei A nicht vor.

> **hemmer-Methode: Beachten Sie: Nicht alle Rechtsscheinshaftungen setzen Geschäftsfähigkeit voraus. So geht § 15 I HGB zu Lasten des Minderjährigen, da Anknüpfungspunkt der negativen Publizität nur die fehlende Eintragung ist.[34]**
> **Anders dagegen wiederum bei der positiven Publizität des § 15 III HGB.[35]**

Damit wirken die Erklärungen des B mangels Vertretungsmacht auch nicht gegenüber A, §§ 177 ff. BGB. In Betracht käme nur eine nachträgliche Genehmigung des von B getätigten Rechtsgeschäfts durch C als gesetzlichen Vertreter des A, § 177 BGB. Genehmigt C nicht, so haftet B aus § 179 BGB.

---

33   PALANDT, § 173, Rn. 12.

34   HEMMER/WÜST, Handelsrecht, Rn. 130.

35   HEMMER/WÜST, Handelsrecht, Rn. 148.

> hemmer-Methode: Achten Sie aber darauf, dass die Vorschriften über die Willenserklärungen gerade nicht bei bloßen Realakten gelten. So ist z.B. eine Besitzübertragung möglich. Als Folgeproblem könnte dann aber ein Abhandenkommen i.S.d. § 935 BGB vorliegen! Gleiches gilt auch bei der sog. Zwecksetzung im Bereicherungsrecht, da diese gerade keine geschäftsähnliche Handlung ist, vgl. HEMMER/WÜST, Bereicherungsrecht Rn. 133, 186.

IV. Exkurs: Prozessfähigkeit des Geschäftsunfähigen

§ 52 ZPO
⇨ *Prozessfähigkeit knüpft an Geschäftsfähigkeit an*

Im Zivilprozess und in Verfahren der Freiwilligen Gerichtsbarkeit knüpft die Prozessfähigkeit an die Geschäftsfähigkeit an, vgl. § 52 ZPO. Von diesem Grundsatz besteht aber eine Ausnahme:

Ausnahmen

Die gem. § 104 Nr.2 BGB Geschäftsunfähigen sind, wie sich aus Art. 1 I GG ergibt, zur Wahrung ihrer Rechte in allen Verfahren prozessfähig, die Maßnahmen aus Anlass ihres Geisteszustandes betreffen. Sie sind daher auch für alle Verfahren, die die Betreuung betreffen, voll handlungs- und prozessfähig,[36] vgl. auch § 66 FGG.

23

---

36   PALANDT, Einf. v. § 104, Rn. 9.

B. §§ 108 I, 111 BGB

I. Schwebende Unwirksamkeit

§ 108 I BGB:
bei beschränkter Geschäftsf. WE
nicht sofort nichtig, sondern
schwebend unwirksam

Während in den Fällen des § 105 I und II BGB der Mangel der Geschäftsfähigkeit stets zur Nichtigkeit führt, hat der Gesetzgeber im Falle der beschränkten Geschäftsfähigkeit anstelle der Nichtigkeit die Rechtsfolge der *schwebenden Unwirksamkeit* angeordnet: Erst wenn die Genehmigung durch den gesetzlichen Vertreter verweigert wird, ergibt sich die *endgültige Nichtigkeit* (vgl. § 108 I BGB).

   24

Aber:
rechtshindernde Einwendung

Da man aus einem schwebend unwirksamen Geschäft keine gegenwärtigen Rechte herleiten kann, ist der *Einwand der beschränkten Geschäftsfähigkeit* auf der Seite einer der vertragsschließenden Teile ebenfalls eine *rechtshindernde Einwendung*.

> **hemmer-Methode: Schwebende Unwirksamkeit ist (derzeitige) Unwirksamkeit!**

Die Vorschriften über die beschränkte Geschäftsfähigkeit werden angewandt auf:

- Minderjährige, die das siebte, aber noch nicht das 18. Lebensjahr vollendet haben, §§ 2, 106 BGB

- Personen, die gem. § 1903 BGB unter Betreuung mit Einwilligungsvorbehalt gestellt worden sind, soweit von der Betreuung erfasste Geschäfte betroffen sind, § 1903 I S.2 BGB.

   25

II. Rechtsfolgen bei Willenserklärungen beschränkt Geschäftsfähiger

Unterscheidung nach rechtlichem
Vor- oder Nachteil der WE, ein- o.
mehrseitiges Rechtsgeschäft

Welche Rechtsfolgen sich aus der beschränkten Geschäftsfähigkeit für die Wirksamkeit der von Minderjährigen[37] abgegebenen Willenserklärungen ergeben, ist vom Gesetzgeber unterschiedlich geregelt worden.

   26

Zu *unterscheiden* ist demnach sowohl zwischen rechtlich *vorteilhaften* und rechtlich *nachteiligen* Willenserklärungen, §§ 107, 108 BGB, sowie zwischen *einseitigen* oder *mehrseitigen* Rechtsgeschäften, §§ 111, 108 BGB.

- Bei *einseitigen* Rechtsgeschäften treten die Rechtsfolgen aufgrund einer *einseitigen Willenserklärung* ein (z.B. Anfechtung, Rücktritt, Kündigung, Auslobung).

- Bei *mehrseitigen* Rechtsgeschäften ist ein *Zusammenwirken* mehrerer Willenserklärungen erforderlich, so insbesondere bei Verträgen und bei Gesamtakten (z.B. Beschlussfassungen in Vereinsversammlungen).

⇨ *Rechtsfolgen*

Für die verschiedenen Rechtsfolgen der Willenserklärung eines beschränkt Geschäftsfähigen ergibt sich somit folgendes System:

---

37   Der Begriff des Minderjährigen soll zur Vereinfachung im Weiteren als Synonym für alle gelten, auf die die Vorschriften über die beschränkte Geschäftsfähigkeit anzuwenden sind.

1. Rechtlich vorteilhafte Willenserklärungen[38]

§ 107 BGB: rechtlich lediglich vor-
teilhafte WE sind auch ohne Ge-
nehmigung wirksam;
auch Zugang möglich, § 131 II S.2
BGB

Willenserklärungen, die dem Minderjährigen einen lediglich rechtlichen Vorteil[39] bringen, kann dieser selbst abgeben, § 107 BGB.
Auch der Zugang an den beschränkt Geschäftsfähigen selbst ist
wirksam, § 131 II S.2 BGB. Dies gilt für einseitige,[40] wie auch für
mehrseitige Rechtsgeschäfte. Der beschränkt Geschäftsfähige kann
also von Anfang an eine wirksame Willenserklärung abgeben, wenn
das Geschäft für ihn *lediglich rechtlich vorteilhaft* ist. Dann besteht
für ihn kein Schutzbedürfnis.

27

2. Rechtlich nachteilige Willenserklärungen

bei rechtlich nachteiligen WE ist zu
unterscheiden:
einseitige/mehrseitige Rechtsge-
schäfte

Während bei den rechtlich vorteilhaften Willenserklärungen eine Unterscheidung von einseitigen und mehrseitigen Rechtsgeschäften
nicht notwendig war, so gilt es, diese im Fall der *rechtlich nachteili-*
gen Willenserklärung dennoch *zu unterscheiden:*

28

a) Rechtsfolge bei einseitigen Rechtsgeschäften

einseitige Wirksamkeit nur bei vorhe-
riger Zustimmung zum Schutz des
Geschäftsgegners

Einseitige, rechtlich nachteilige Rechtsgeschäfte *von* und *gegenüber*
beschränkt Geschäftsfähigen können nur bei *vorheriger* Zustimmung
seines gesetzlichen Vertreters wirksam abgegeben werden, §§ 111,
183, 131 II BGB; eine *nachträgliche* Genehmigung kommt grundsätzlich *nicht* in Betracht.

29

> **hemmer-Methode: Hintergrund der Vorschrift ist, dass der Geschäfts-**
> **gegner der Ungewissheit über das Wirksamwerden eines Geschäftes,**
> **auf dessen Entstehen er keinen Einfluss hatte, nicht ausgesetzt sein**
> **soll.**

Von dieser Regel gibt es aber *Ausnahmen*:

Ausnahme:
Einverständnis des
Geschäftsgegners

Eine solche liegt z.B. vor, wenn sich der Geschäftsgegner mit der
Vornahme des einseitigen Rechtsgeschäfts ohne Einwilligung einverstanden erklärt hat. Dann gelten die für Verträge anzuwendenden
§§ 108, 109 BGB entsprechend.[41]

ebenso bei rechtlicher Einheit von
ein- und mehrseitigem Rechtsge-
schäft

Bsp.:[42] Der 16jährige A möchte bei B ein neues Mofa erwerben. Das ge-
brauchte Mofa gibt A in Zahlung. Im Kaufvertrag erteilt A dem B die Voll-
macht, das gebrauchte Mofa im Namen des A zu veräußern. Die gesetz-
lichen Vertreter erfahren erst nach Vertragsschluss von dem Geschäft. B
fordert die Eltern zur Genehmigung auf.

Ist der Vertrag bei Genehmigung durch die Eltern wirksam?

- Die Vollmachtserteilung durch A stellt ein einseitiges Rechtsgeschäft
  dar. Ein einseitiges Rechtsgeschäft ist nach § 111 BGB ohne vorherige Zustimmung der Eltern unwirksam.

- Folglich könnte der gesamte Vertrag nach § 139 BGB unwirksam
  sein. Für die Vollmachtserteilung als einseitiges Rechtsgeschäft
  kommt ja nach dem Wortlaut des § 111 BGB eine nachträgliche Genehmigung nicht mehr in Betracht.

- Aber die gesetzliche Ausgestaltung des Minderjährigenschutzes verbietet es, von der Unwirksamkeit des einseitigen Rechtsgeschäfts
  (Bevollmächtigung) über § 139 BGB auf die Genehmigungsfähigkeit
  des mit diesem verbundenen Vertrags zu schließen.

---

38   Näher unter, Rn. 32.
39   Zum rechtlich lediglich vorteilhaften Geschäft vgl. unten, Rn. 32 sowie HEMMER/WÜST, BGB-AT I, Rn. 120 ff.
40   PALANDT, § 111, Rn. 1.
41   PALANDT, § 111, Rn. 3.
42   BGH, MDR 1990, 705.

Würde man § 139 BGB anwenden, so ginge dem A die ihm einge-räumte Möglichkeit verloren, B an dem als Vertrag ausgestalteten Teil des einheitlichen Geschäfts festzuhalten. Vielmehr ist in diesem Fall § 108 BGB auf das einseitige Rechtsgeschäft des Minderjährigen entsprechend anzuwenden.

Damit erstreckt sich die grundsätzliche Genehmigungsfähigkeit des Vertrages dann auch auf das einseitige Rechtsgeschäft: Bildet die von einem Minderjährigen erteilte Vollmacht mit einem Vertrag eine rechtliche Einheit, nimmt die Bevollmächtigung an der Genehmi-gungsfähigkeit des Vertrages teil.[43]

Im Ergebnis liegt im Falle der Genehmigung ein wirksamer Kaufvertrag vor.

> **hemmer-Methode: Ein Festhalten am Wortlaut des § 111 BGB ist in diesem Fall kaum vertretbar. Achten Sie deshalb stets auf die hinter dem Minderjährigenrecht stehenden Wertungsaspekte und beziehen Sie diese bei der Ausarbeitung Ihrer Lösung immer mit ein!**

Umdeutung der Genehmigung in Neuvornahme möglich, § 140 BGB

Bei der Vornahme eines einseitigen Rechtsgeschäfts durch den Minderjährigen kann die Genehmigung durch den gesetzlichen Ver-treter gemäß § 140 BGB auch in eine Neuvornahme des Rechtsge-schäftes durch den gesetzlichen Vertreter umgedeutet werden.

30

Zugang einer WE auch ggü. nur ei-nem Elternteil ausreichend

Für die Zustimmung zu einem einseitigen Rechtsgeschäft ist beim Minderjährigen grundsätzlich die beider Eltern notwendig (§ 1629 I S.2, 1.Alt. BGB), dagegen genügt es für den Zugang der Willenserklärung (§ 131 II S.1 BGB), dass diese nur *einem* vertre-tungsberechtigten Elternteil zugeht (vgl. § 1629 I S.2, 2.Alt. BGB).[44]

> **hemmer-Methode: Achten Sie darauf, dass bei der Klausurbearbeitung keine praxisfremden Ergebnisse entstehen: Die Gesamtvertretung wird nämlich im täglichen Leben durch die sog. *Funktionsteilung* zwischen den Eltern weitgehend relativiert. So kann z.B. der erziehende Teil in regelmäßig wiederkehrenden Problemstellungen häufig allein ent-scheiden, weil eine (konkludente) Übertragung des Erziehungsrechts stattgefunden hat.**
>
> **Lassen Sie deshalb einen Kaufvertrag des Kindes über Bonbons nicht daran scheitern, dass allein die Mutter dem Geschäft zugestimmt hat. Etwas anderes wird hingegen dann anzunehmen sein, wenn das min-derjährige Kind ein neuwertiges Mofa oder eine Stereoanlage ohne die elterliche Genehmigung gekauft hat: Hier wird dann wohl die Zustim-mung beider Elternteile gefordert werden müssen.**

b) Rechtsfolge bei mehrseitigen Rechtsgeschäften

bei mehrseitigen Rechtsgeschäften sowohl Zustimmung als auch Genehmigung möglich

Bei *mehrseitigen* Rechtsgeschäften können rechtlich *nachteilige* Wil-lenserklärungen, die von oder gegenüber einem beschränkt Ge-schäftsfähigen abgegeben wurden, sowohl bei *vorheriger Zustim-mung* als auch bei *nachträglicher Genehmigung* des gesetzlichen Vertreters wirksam werden, §§ 107, 108, 131 II BGB.

31

auch bei Zugang nach h.M. nachtr. Genehmigung möglich

Zwar sieht § 131 II BGB für den Zugang nur eine Einwilligung vor, aber nach h.M. ist im Wege berichtigender Auslegung eine nachträg-liche Genehmigung möglich.[45] Andernfalls würde die Bestimmung des § 108 leer laufen. Dies widerspricht auch nicht dem Grundsatz der Rechtssicherheit, da nur bei einseitigen Rechtsgeschäften ein Schwebezustand bis zur nachträglichen Genehmigung unzumutbar ist.

---

43   Vgl. dazu auch die hemmer-Methode unter Rn. 38.

44   Vgl. dazu die sehr lehrreiche Arbeitsrechts-Klausur von OETKER, JuS 1990, S.739f (741).

45   BGHZ 47, 358.

III. Zustimmungsfreie Geschäfte nach § 107 BGB

1. Höchstpersönliche Rechtsgeschäfte

keine Zustimmung bei höchstpersön-
lichen Rechtsgeschäften möglich

Keiner Zustimmung bedarf der beschränkt Geschäftsfähige zunächst bei der Vornahme von *höchstpersönlichen* Rechtsgeschäften. Denn bei allen höchstpersönlichen Rechtsgeschäften kommt *keine Vertretung* in Betracht.

32

> **hemmer-Methode: Sonderproblem in diesem Zusammenhang ist die Frage der Verlöbnisfähigkeit des Minderjährigen. Diese ist umstritten aber mit der h.M. (Vertragstheorie) abzulehnen. Demnach ist für das Verlöbnis des Minderjährigen die Zustimmung der Eltern notwendig; zu diesem Problemkreis ausführlich HEMMER/WÜST, Familienrecht, Rn. 14 ff.**

Ausnahmen:
Ehemündigkeit und Testierfähigkeit

Eine Ausnahme sieht § 1303 I BGB für die Ehemündigkeit und § 2229 BGB für die Testierfähigkeit vor.[46]

2. Rechtlich vorteilhafte Rechtsgeschäfte[47]

ebenfalls keine Zustimmung bei
rechtlich vorteilhaften WE notwendig

Nach § 107 BGB bedarf der Minderjährige der Einwilligung seines gesetzlichen Vertreters zu solchen Willenserklärungen nicht, *„durch die er lediglich einen rechtlichen Vorteil erlangt".*

⇨ *kein unmittelbarer rechtlicher*
Nachteil

Rechtlich vorteilhaft im Sinne der §§ 107, 108 BGB ist jedes Rechtsgeschäft, durch das der Minderjährige nicht *unmittelbar* einen rechtlichen Nachteil erleidet. Wollte man auch mittelbare Nachteile berücksichtigen, so gäbe es praktisch keine zustimmungsfreien Rechtsgeschäfte.

— *Bsp.: Schenkung und Übereignung eines Fahrrades, eines Hundes oder eines Grundstücks. Mittelbare Nachteile sind unerheblich, so z.B. öffentliche Lasten, die Grunderwerbssteuern, Hundesteuern, Abgaben, aber auch Tierhalterhaftung usw.*

— *Unbeachtlich ist auch die Belastung des Grundstücks mit Grundpfandrechten oder Nießbrauch. Der Erwerb eines vermieteten Grundstücks ist dagegen wegen §§ 566, 578 I BGB nicht rechtlich vorteilhaft (str.). Die Annahme der Erbschaft gem. § 1943 BGB setzt volle Geschäftsfähigkeit oder aber die Einwilligung der gesetzlichen Vertreter voraus. Eine Genehmigung durch das Vormundschaftsgericht ist in letzterem Fall nicht notwendig.[48]*

Ob ein Geschäft nach § 107 BGB zustimmungsfrei ist oder nicht, beurteilt sich dabei allein nach den *rechtlichen* Folgen eines Geschäftes. Auf eine *wirtschaftliche oder sonstige* Betrachtungsweise kommt es nicht an.

So ist auch die Übereignung eines Gewehrs wirksam, da es nur auf rechtliche Nachteile ankommt.

Einen rechtlichen Nachteil begründet die Willenserklärung für den Minderjährigen bereits dadurch, dass für ihn eine Verpflichtung begründet wird.

---

46   Dazu auch HEMMER/WÜST, Erbrecht, Rn. 50.

47   Zu Einzelheiten vgl. HEMMER/WÜST, BGB-AT I, Rn. 120 ff.

48   PALANDT, § 1943, Rn. 4.

> **hemmer-Methode:** Klassische Fallkonstellation: Wegen der Minderjährigkeit scheitert zwar die schuldrechtliche Verpflichtung (rechtlicher Nachteil), nicht aber die dingliche Einigung. Der Minderjährige erwirbt damit Eigentum, ist aber bereicherungsrechtlich zur Rückübereignung verpflichtet.
>
> Denken Sie daran: In diesen Fällen kommt außer § 812 I S.1, 1.Alt. BGB als Anspruchsgrundlage zusätzlich § 812 I S.2, 2.Alt. BGB in Betracht, nämlich dann, wenn sowohl der Minderjährige als auch der Vertragspartner von der Minderjährigkeit wissen und davon ausgehen, dass die Eltern ihr Einverständnis erklären, welches allerdings ausbleibt. Dies ist dann wohl kein Fall von § 812 I S.1, 1.Alt. BGB, da nicht solvendi causa geleistet wird. Bezweckter Erfolg i.S.d. § 812 I S.2, 2.Alt. BGB war das Einverständnis der Eltern. Es handelt sich dabei um eine Fallgestaltung, die den sog. Vorleistungsfällen vergleichbar ist (z.B. Hingabe einer Quittung in Erwartung der Zahlung).[49]

⇨ *auch rechtlich neutrale Geschäfte*

Im Wege der teleologischen Reduktion des § 107 BGB (bzw. § 165 BGB analog) sind nach der h.M. aber auch rechtlich neutrale Geschäfte genehmigungsfrei, da es insoweit an der Schutzbedürftigkeit des Minderjährigen fehlt.[50]

> **hemmer-Methode:** Passt der Wortlaut einer Norm nicht, jedoch deren Sinn und Zweck, spricht man von einer *Analogie*. Wenn man dagegen eine vom Wortlaut her einschlägige Norm nicht anwenden möchte, weil deren Sinn und Zweck nicht passt, handelt es sich um eine *teleologische* Reduktion.

Bsp.: Rechtsgeschäfte die der Minderjährige als Vertreter eines anderen vornimmt, sind gem. § 165 BGB zustimmungsfrei, da die rechtlichen Folgen nicht den Minderjährigen, sondern den Vertretenen treffen. Aus dem gleichen Grund ist auch die Veräußerung einer fremden Sache an einen gutgläubigen Dritten durch den Minderjährigen wirksam: der Rechtsverlust tritt nur in der Person des Dritten ein.[51]

> **hemmer-Methode:** Probleme des Minderjährigenrechts sind beliebter Prüfungsstoff für Examensklausuren, insbesondere, weil hier ein sauberes Arbeiten mit dem „Regel-Ausnahme-Mechanismus" erforderlich ist: Grundsätzlich bedürfen Rechtshandlungen Minderjähriger der Zustimmung des gesetzlichen Vertreters, es sei denn, es liegt ein lediglich rechtlicher Vorteil vor.
>
> Davon bilden die sog. neutralen Geschäfte eine weitere Ausnahme, die der Kandidat kennen muss. Lesen Sie zu diesem ganzen Problemkomplex HEMMER/WÜST, BGB-AT I, Rn. 120 ff.
>
> Merken Sie sich: Veräußert der Minderjährige fremdes Eigentum, dann scheitert nach h.M. die dingliche Einigung nicht an §§ 107, 108 BGB. Aus dem Rechtsgedanken des § 165 BGB ergibt sich, dass die dingliche Einigung wirksam ist (anderer Ansicht *Medicus*,[52] der den Erwerber nicht besser stehen lassen will, als wenn der Minderjährige tatsächlich Eigentümer gewesen wäre). Nur die schuldrechtliche causa ist wegen §§ 107, 108 BGB unwirksam, sodass eine bereicherungsrechtliche Rückabwicklung in Betracht kommt. Allerdings scheidet eine Durchgriffskondiktion gem. § 816 I S.2 BGB nach h.M. aus (keine Gleichstellung von "unentgeltlich" und "rechtsgrundlos").[53]

---

49   Vgl. HEMMER/WÜST/GOLD, Bereicherungsrecht, Rn. 280 ff.

50   PALANDT, § 107, Rn. 7.

51   Vgl. HEMMER/WÜST, BGB-AT I, Rn. 124; a.A. MEDICUS, BR, Rn. 540, 542 mit dem Argument, der gute Glaube könne nicht mehr verschaffen, als bei tatsächlichem Vorliegen der angenommenen Rechtslage verschafft worden wäre.

52   MEDICUS, BR, Rn. 542.

53   HEMMER/WÜST, Bereicherungsrecht, Rn. 394.

IV. Zustimmungsbedürftige Geschäfte

bei zustimmungsbedürftigen Geschäften ist Vertretungsmacht Voraussetzung

Willenserklärungen eines beschränkt Geschäftsfähigen, durch die er nicht lediglich einen rechtlichen Vorteil erlangt, bedürfen der Zustimmung des gesetzlichen Vertreters, §§ 107, 108 I BGB.

33

1. Vertretungsmacht des Zustimmenden

insbesondere zu beachten:
§ 1643 BGB

Voraussetzung für die Wirksamkeit der Zustimmung ist, dass der gesetzliche Vertreter hinsichtlich des betreffenden Rechtsgeschäfts überhaupt Vertretungsmacht hatte. Dies ist nicht der Fall, soweit nach §§ 1643, 1821, 1822 BGB[54] die Eltern die Genehmigung des *Familien*gerichts[55] einholen müssen oder soweit sie gemäß §§ 1629 II i.V.m. 1795 BGB von der Vertretung schlechthin ausgeschlossen sind.

> *Bsp: Arbeitsverträge der Eltern mit ihren Kindern sind gem. §§ 1629 II, 1795 II, 181 BGB unwirksam.*

In den letztgenannten Fällen muss dann gem. §§ 1693, 1909 BGB ein Ergänzungspfleger bestellt werden.

34

---
hemmer-Methode: Daneben kann ein Vertrag, der ein Kind zur Arbeit verpflichten soll, noch nach § 134 i.V.m. dem JArbSchG nichtig sein.[56]
---

2. Formen der Zustimmung

Zustimmung als Einwilligung oder Genehmigung möglich

Die Zustimmung der gesetzlichen Vertreter kann auf zwei Arten erteilt werden: Im Voraus in Form der *Einwilligung* oder nachträglich durch *Genehmigung*.

a) Einwilligung

Einwilligung ist die *vorherige* Zustimmung der gesetzlichen Vertreter zu dem Rechtsgeschäft des Minderjährigen.

35

Sie stellt eine einseitige, empfangsbedürftige Willenserklärung dar und kann bis zur Vornahme des entsprechenden Rechtsgeschäftes grds. frei widerrufen werden, vgl. § 183 BGB.[57]

Erteilung ggü. Minderjährigem o. Gegner

Einwilligung und Widerruf können sowohl dem beschränkt Geschäftsfähigen als auch dem Vertragspartner gegenüber erklärt werden, §§ 182 I, 183 S.2 BGB.

> *Bsp.: Die Eltern geben ihrem minderjährigen Sohn K die Einwilligung zum Kauf eines Fahrrades. K kann deshalb selbst mit dem Händler einen wirksamen Kaufvertrag abschließen. Bekommen die Eltern Bedenken und widerrufen sie noch vor Vertragsschluss die erteilte Einwilligung telefonisch dem Händler gegenüber, so kann K keine wirksame Willenserklärung zum Abschluss eines Kaufvertrags abgeben.*

Die Einwilligung kann dabei - je nach Umfang - als *Spezial-* oder als *beschränkte Generaleinwilligung* erteilt werden.

aa) Spezialeinwilligung

Umfasst die Einwilligung nur die Vornahme eines bestimmten Rechtsgeschäftes, so ist nur dieses spezielle Rechtsgeschäft wirksam.

36

---

54   Dazu ausführlich unten, Rn. 49 ff.

55   Nach Art. 1 Nr. 46 des KindRG vom 16.12.1997 wurde die Zuständigkeit des Vormundschaftsgerichts gegen die des Familiengerichts ausgetauscht!

56   Dazu auch unten, Rn. 112a.

57   PALANDT, § 107, Rn. 8.

Die Einwilligung umfasst dann auch nicht die wiederholte Vornahme ähnlicher Rechtsgeschäfte.

Bsp.: Wenn die Eltern ihrem 8-jährigen Sohn auf dem Jahrmarkt erlauben, sich ein Los für 1 € zu kaufen, so umfasst diese Einwilligung nur diesen bestimmten Lotterievertrag. Kauft sich S ohne Wissen seiner Eltern weitere Lose, so sind die dabei abgeschlossenen Verträge schwebend unwirksam.

> **hemmer-Methode:** Davon zu unterscheiden ist die Wirksamkeit des sog. Surrogatsgeschäftes, welches der Minderjährige mit dem eventuell erzielten Lotteriegewinn aus dem konsentierten Loskauf vornimmt, vgl. hierzu unten Rn. 40.

bb) Beschränkter Generalkonsens

beschränkter Generalkonsens ⇨ abgrenzbarer Bereich

Die Einwilligung kann sich aber von vornherein auch auf eine bestimmte Art oder einen abgrenzbaren Bereich von Rechtsgeschäften beziehen (sog. beschränkter Generalkonsens).

37

Bsp.: Die Eltern erlauben der 16-jährigen K, alleine auf Ibiza in den Urlaub zu fahren. Darin ist ein beschränkter Generalkonsens zu erblicken, der alle mit der Reise zusammenhängenden Geschäfte deckt, wie z.B. Buchung des Fluges, Anmietung einer Unterkunft, Essen, Getränke usw.

Nicht von der Einwilligung erfasst ist dagegen z.B. der Besuch eines VHS-Kurses "Spanisch für Anfänger".

unbeschränkte Generaleinwilligung unzulässig ⇨ sonst Umgehung von Minderjährigenschutz

Unzulässig ist dagegen eine unbeschränkte Generaleinwilligung zu einem Kreis zunächst noch nicht individualisierter Geschäfte. Diese würde praktisch die volle Geschäftsfähigkeit des Minderjährigen begründen und die Verpflichtung des gesetzlichen Vertreters zur Überprüfung der konkreten Rechtsgeschäfte beseitigen.

Im Interesse eines wirksamen Minderjährigenschutzes ist daher eine *unbeschränkte Generaleinwilligung unzulässig*, aber auch eine beschränkte Generaleinwilligung stets eng auszulegen.[58]

cc) § 110 BGB: „Taschengeld-Paragraph"

§ 110 BGB; Taschengeld-Paragraph

Sofern der Minderjährige eine ohne Einwilligung seines gesetzlichen Vertreters eingegangene vertragliche Verpflichtung mit Mitteln erfüllt, die ihm zu diesem bestimmten Zweck oder zur freien Verfügung von seinem gesetzlichen Vertreter oder mit dessen Zustimmung von einem Dritten überlassen worden sind (wichtig: nicht nur Taschengeld!), wird gem. § 110 BGB der zunächst schwebend unwirksame Vertrag rückwirkend wirksam.

38

> **hemmer-Methode:** Beauftragt der Minderjährige einen anderen damit, von seinem Taschengeld Süßigkeiten zu kaufen, so besteht auch hier eine Einheit von einseitigem und zweiseitigem Rechtsgeschäft. Die Vertretung des Minderjährigen ist damit selbstverständlich auch über § 110 BGB zulässig (vgl. dazu schon oben Rn 29).
> Problematisch wird es hingegen dann, wenn der Vertreter das Geld des Minderjährigen abredewidrig ausgibt und die Voraussetzungen des § 110 BGB nicht mehr vorliegen: Damit wäre nicht nur das vorgenommene Rechtsgeschäft, sondern auch die Vertretung selbst schwebend unwirksam.
> Bei endgültiger Verweigerung durch die Eltern wäre der Handelnde als Vertreter ohne Vertretungsmacht dem Dritten gegenüber zum Schadensersatz verpflichtet. Die Grundsätze des Missbrauchs der Vertretungsmacht könnten hingegen nicht angewendet werden, weil eine Vertretungsmacht nicht bestanden hat.[59]

---

58   PALANDT, § 107, Rn. 9.

59   Vgl. zum Missbrauch der Vertretungsmacht vgl HEMMER/WÜST, BGB-AT I, Rn. 285.

h.M.:
Sonderfall von § 107

Von der h.M. wird § 110 BGB als gesetzlich geregelter Fall des beschränkten Generalkonsenses, d.h. als besonderer Anwendungsfall des § 107 BGB gesehen.[60]

Dem ist jedoch entgegenzuhalten, dass dann eigentlich alle Geschäfte des Minderjährigen, die er mit den ihm überlassenen Mitteln tätigen will, von vornherein bereits aufgrund der Einwilligung nach § 107 BGB wirksam wären, der Minderjährige also schon vor Bewirkung der ihm obliegenden Leistung rechtsgeschäftlich verpflichtet wäre.[61]

> *Bsp.:[62] Wenn der Minderjährige von seinen Eltern 50 € erhält, um sich damit neue Software für seinen „Gameboy" zu kaufen, er aber an der Kasse feststellt, dass er die 50 € verloren hat, so wäre der Kaufvertrag aufgrund der elterlichen Einwilligung gem. § 107 BGB wirksam. Der Wirksamkeit nach § 110 BGB steht jedoch entgegen, dass M die ihm obliegende Leistung noch nicht bewirkt, d.h. vollständig erfüllt hat.*

konkludent bedingte Einwilligung

Um diese missliche Konsequenz zu vermeiden, nimmt die h.M. an, dass die (konkludente) Einwilligung der Eltern dergestalt erteilt werde, dass sie von der Bewirkung der Leistung durch den Minderjährigen abhängig sein solle.

39

---

hemmer-Methode: Die h.M. bedarf hier für ein gerechtes Ergebnis des besonderen Kunstgriffs der (konkludent) bedingten Einwilligung. Das gleiche Ergebnis lässt sich auch erzielen, wenn man § 110 BGB schlicht einen eigenständigen Regelungsbereich neben § 107 BGB zuerkennt: § 110 BGB will eine Rückabwicklung eines bereits von Seiten des Minderjährigen vollständig erfüllten Vertrages vermeiden und dem Minderjährigen nunmehr auch in den Genuss vertraglicher Gegenansprüche (wie z.B. Schadensersatzansprüche) kommen lassen. Dementsprechend kommt § 110 BGB erst dann zur Anwendung, wenn gerade keine Einwilligung i.S.v. § 107 BGB feststellbar ist.

Der Bewirkung der Gegenleistung i.S.v. § 110 BGB ist der Fall gleichzustellen, dass der Minderjährige einen Vertrag über eine punktuell zu erbringende Tätigkeit (z.B. gelegentliches Ausmisten des Pferdestalls) durch seine Arbeitsleistung erfüllt, sofern seine Eltern ihm diese Tätigkeit nicht ausdrücklich verboten haben.[63]

Zur Wirksamkeit einer Verfügung über den als Gegenleistung zu empfangenden Lohn bedarf der Minderjährige jedoch wiederum der Einwilligung seitens der Eltern.[64]

dd) Geschäfte über das Surrogat

Surrogatgeschäfte

In Fällen des beschränkten Generalkonsenses nach § 107 BGB und der Überlassung von Geldmitteln i.S.v. § 110 ist fraglich, ob die Wirksamkeit d. Vertrags sich auch auf die sog. *Surrogatgeschäfte*, d.h. Geschäfte über die aus dem Vertrag erlangte Leistung, erstreckt.

40

> *Bsp.: Die minderjährige K erhält von ihren Eltern 50 € Taschengeld im Monat. Davon kauft sie sich regelmäßig die Zeitschrift „Rock Hard". Ihre Freundin T liest dagegen die Zeitschrift „Metal Hammer". T und K vereinbaren den Tausch ihrer jeweiligen Zeitschriften.*

> *Weiter kauft sich K vom Taschengeld ein Lotterielos für 5 €. Mit dem erzielten Losgewinn von 5.000 € erwirbt K eine Bräunungsbank im Wert von 1.000 €.*

---

60   PALANDT, § 110, Rn. 1.

61   LARENZ, BGB AT, § 6 III a 3.

62   Vgl. Medicus, BR, Rn. 173.

63   Zum sog. fehlerhaften Arbeitsverhältnis vgl. unten, Rn. 41.

64   LARENZ, a.a.O.

durch Auslegung lösen

Sowohl der Tausch als auch der Kauf ist für K rechtlich nachteilig. Beide Verträge sind also nur wirksam, wenn die mit der Überlassung des Taschengelds ausgesprochene (bedingte) Einwilligung auch Geschäfte über das mit dem Taschengeld Erlangte deckt. Das Ergebnis muss *durch Auslegung* der Einwilligung ermittelt werden. Regelmäßig wird die Einwilligung auch das zweite Geschäft umfassen, wenn es auch als erstes Geschäft mit dem Taschengeld hätte vorgenommen werden können.

Damit ist der Erwerb der Bräunungsbank nicht von der Einwilligung gedeckt. Dementsprechend kann dieser Kaufvertrag nur noch nach § 108 I BGB durch die Genehmigung seitens der Eltern Wirksamkeit erlangen. Der Zeitschriftentausch dagegen ist von der Einwilligung gedeckt, denn K hätte den Erwerb der von T erhaltenen Zeitschriften auch gleich mit ihrem Taschengeld vornehmen können.

> **hemmer-Methode: Anders wiederum wäre dies zu beurteilen, wenn die Zeitschrift „Rock Hard" gegen ein Pornomagazin eingetauscht worden wäre, da dieses die Minderjährige von Ihrem Taschengeld nicht hätte erwerben dürfen. § 110 BGB ist als vorweggenommene Einwilligung der Auslegung zugänglich und gilt daher nur im Rahmen des „Vernünftigen".**

ee) §§ 112, 113 BGB: Partielle Geschäftsfähigkeit des Minderjährigen und fehlerhafter Arbeitsvertrag

§§ 112, 113 BGB: Erweiterung d. Geschäftsfähigkeit

Der Gesetzgeber hat in den §§ 112, 113 BGB[65] die Erweiterung der Geschäftsfähigkeit des Minderjährigen auf einen bestimmten abgegrenzten Bereich (selbständiger Betrieb eines Erwerbsgeschäftes bzw. Aufnahme eines Dienst- oder Arbeitsverhältnisses) vorgesehen, sofern eine entsprechende Ermächtigung vorliegt.

41

(1) Eingehung eines Dienst- oder Arbeitsverhältnisses

§ 113 BGB:
bei Verweigerung durch Eltern
Ersetzung durch VormG möglich

Für die Eingehung eines Dienst- oder Arbeitsverhältnisses genügt nach § 113 BGB die Ermächtigung durch die Eltern. Verweigern die Eltern grundlos die Erteilung einer entsprechenden Ermächtigung und sind dadurch schwere Nachteile für die Entwicklung des Minderjährigen zu befürchten, ist eine Ersetzung der elterlichen Ermächtigung durch das Vormundschaftsgericht gem. § 1666 BGB möglich.

42

> **hemmer-Methode: Beachten Sie jedoch, dass §§ 112, 113 BGB nicht für Ausbildungsverträge gelten[66] (§ 1 II BBiG)!**

keine Verfügung über Arbeitslohn umfasst

Die aus § 113 BGB erwachsende partielle Geschäftsfähigkeit des Minderjährigen erstreckt sich dabei sowohl auf die zur Eingehung als auch die zur Erfüllung des Arbeits- oder Dienstvertrages erforderlichen Rechtsgeschäfte. Fraglich ist, ob von der Ermächtigung gem. § 113 BGB die freie Verfügung über den empfangenen Arbeitslohn gedeckt ist.

Zwar darf der Minderjährige den Lohn verlangen und der Arbeitgeber kann mit befreiender Wirkung an ihn zahlen. Wenn er aber über das erlangte Geld verfügt, sind diese Verfügungen nur wirksam, wenn sie entweder von einer generellen Einwilligung der Eltern gedeckt sind oder aber § 110 BGB unterfallen. Letztlich handelt es sich um den gleichen Gedanken wie bei den Surrogatsgeschäften.

> **hemmer-Methode: Achtung! Das Einverständnis des gesetzlichen Vertreters mit dem 1. Arbeitsverhältnis hat nicht zur Folge, dass ein 2. Arbeitsverhältnis, das der Minderjährige eingeht, mitkonsentiert ist. Ausnahmsweise ist das zweite Arbeitsverhältnis jedoch ebenfalls erfasst, wenn es mit dem ersten fast identisch ist.**

---

65   Vgl. dazu HEMMER/WÜST, BGB-AT I, Rn. 127.

66   PALANDT, § 113, Rn. 2; auch hierzu OETKER, JuS 1990, S.739f.

Aufhebung und Kündigung des Arbeitsvertrages sind ebenfalls von der Geschäftsfähigkeit nach § 113 BGB erfasst.

Allerdings sind Verträge, zu deren Wirksamkeit gem. §§ 1643 I, 1821, 1822 BGB eine vormundschaftsgerichtliche Genehmigung erforderlich ist, auch dann schwebend unwirksam, wenn diese Rechtsgeschäfte i.R.d. nach § 113 BGB konsentierten Arbeitstätigkeit ausgeführt werden, § 113 I S.2 BGB.

(2) Selbständiger Betrieb eines Erwerbsgeschäftes

§ 112 BGB, Genehmigung auch vom VormG notwendig

Zum selbständigen Betrieb eines Erwerbsgeschäftes ist gem. § 112 BGB neben der Ermächtigung durch die gesetzlichen Vertreter auch die Genehmigung durch das Vormundschaftsgericht erforderlich.

43

> **hemmer-Methode: Lesen Sie zur elterlichen Vertretungsmacht und auch zu den Beschränkungen des § 1822 BGB HEMMER/WÜST, Familienrecht, Rn. 367 ff.**

Die Ermächtigung erstreckt sich dabei auf alle zum Betrieb des Erwerbsgeschäftes erforderlichen Rechtsgeschäfte. Aber auch hier gilt gem. § 112 I S.2 BGB die Ermächtigung nicht für Rechtsgeschäfte, die gem. §§ 1821 f. BGB der ausdrücklichen Genehmigung durch das Vormundschaftsgericht bedürfen.

> **hemmer-Methode: Mit der Herabsetzung der Altersgrenze zur Volljährigkeit ist die Relevanz des § 112 BGB gesunken. Jedoch können in einer Klausur Probleme des § 112 BGB auch in unerwarteten Konstellationen vorkommen: So z.B., wenn ein Minderjähriger als Gesellschafter einer OHG für diese handelt. Gem. § 165 BGB steht die beschränkte Geschäftsfähigkeit der Wirksamkeit des Rechtsgeschäftes für und gegen den Vertretenen (die OHG) grds. nicht entgegen. Da aber bei einer OHG der Minderjährige über § 128 HGB als Gesellschafter haftet, muss über § 112 BGB die Tätigkeit und damit die Haftung mit abgedeckt sein. Vgl. auch zum Sonderproblem der Fortsetzung einer Gesellschaft durch den Minderjährigen als Erben unten Rn. 53.**

Teilgeschäftsfähigkeit auch Prozessfähigkeit

Die **Teilgeschäftsfähigkeit** nach §§ 112, 113 BGB verdrängt jeweils die Vertretungsmacht der gesetzlichen Vertreter.[67]

> **hemmer-Methode: Im Umfang der Teilgeschäftsfähigkeit ist der Minderjährige dann auch *voll* prozessfähig, § 52 ZPO.**

44

b) Genehmigung und schwebende Unwirksamkeit: § 108 BGB

ohne Einwilligung besteht bis zur Genehmigung "schwebende Unwirksamkeit", § 108 I BGB

Die Wirksamkeit eines ohne Einwilligung geschlossenen Vertrages hängt von der Genehmigung des gesetzlichen Vertreters ab, § 108 I BGB. Die Genehmigung ist die nachträglich erteilte Zustimmung des gesetzlichen Vertreters zu dem vom Minderjährigen getätigten Rechtsgeschäft.

45

Bis zur Erteilung der Genehmigung ist der Vertrag schwebend unwirksam, d.h. aus dem Vertragsschluss können (noch) keine Rechte und Pflichten hergeleitet werden.[68]

Sofern auf den schwebend unwirksamen Vertrag bereits Leistungen erbracht worden sind, können diese gem. § 812 I S.1, 1. Alt BGB kondiziert werden.[69]

---

67   PALANDT, § 112, Rn. 1.

68   PALANDT, § 108, Rn. 1.

— Durch die Erteilung der Genehmigung wird der Vertrag wirksam, bei Verweigerung endgültig unwirksam. Die Genehmigung wirkt dabei grds. auf den Zeitpunkt der Vornahme des Rechtsgeschäfts zurück, § 184 I BGB.

Wenn eine Genehmigung des vormundschafts- bzw. Familiengerichts gem. §§ 1821, 1822 (i.V.m § 1643 I BGB) erforderlich ist,[70] so hat die Genehmigung ebenfalls ex-tunc-Wirkung.

Allerdings tritt die Wirksamkeit des Rechtsgeschäftes erst mit Mitteilung der Genehmigung durch den Vormund / die Eltern gegenüber dem anderen Teil ein, § 1829 I S.2 i.V.m. § 1643 III BGB. Der Vormund / die Eltern müssen nämlich (zumindest konkludent) zu erkennen geben, dass (auch) sie den genehmigten Vertrag weiterhin billigen.

> **hemmer-Methode:** Kennzeichen für die schwebende Unwirksamkeit ist, dass die mit der Abgabe der Willenserklärung angestrebten Rechtsfolgen zunächst nicht eintreten, aber noch eintreten können, sofern der Berechtigte die wirksamkeitsbegründende Handlung (z.B. Genehmigung i.S.v. § 108 BGB) vornimmt. Die schwebende Unwirksamkeit ist somit das Gegenstück zum anfechtbaren Rechtsgeschäft, bei welchem ein zunächst wirksames Rechtsgeschäft mittels Erklärung der Anfechtung rückwirkend unwirksam wird.

— *bei Aufforderung, § 108 II BGB, Beendigung möglich*
⇨ *eine bereits ggü. Minderjährigem erklärte Genehmigung oder Verweigerung wird unwirksam*

46

Der Schwebezustand kann außer durch Erteilung der Genehmigung auch durch eine Aufforderung nach § 108 II BGB innerhalb einer Frist von zwei Wochen beendet werden: Fordert der Geschäftsgegner den gesetzlichen Vertreter zur Genehmigung auf, so wird eine bereits dem Minderjährigen gegenüber erklärte Genehmigung oder Verweigerung der Genehmigung wieder *unwirksam.*

Der Schwebezustand wird also durch die Aufforderung wiederhergestellt, auch wenn der Vertrag an sich bereits voll wirksam oder endgültig unwirksam war.[71] Schweigt der gesetzliche Vertreter auf die Aufforderung hin, so gilt die Genehmigung mit Ablauf von zwei Wochen nach Empfang der Aufforderung als verweigert, § 108 II S.2 BGB.[72] Allerdings kann eine konkludente Genehmigung z.B. in der Ausführung oder Fortsetzung des Vertrages zu sehen sein.[73]

> **hemmer-Methode: Parallele Regelungen wie in § 108 II BGB finden sich auch in § 177 II BGB, § 1829 II BGB und § 1366 III BGB.**

— *Genehmigung des Minderjährigen nach Erreichen der Volljährigkeit*

47

Wird der beschränkt Geschäftsfähige geschäftsfähig, während ein von ihm geschlossener Vertrag noch schwebend unwirksam ist, so tritt nach § 108 III BGB seine Genehmigung an die Stelle der Genehmigung des gesetzlichen Vertreters.

Eine ähnliche Regelung findet sich in § 1829 III BGB (ggfs. i.V.m. § 1643 III BGB), wenn der Mündel / das Kind volljährig wird. Dann tritt dessen Genehmigung an die Stelle der erforderlichen vormundschafts- bzw. familiengerichtlichen Genehmigung.

> **hemmer-Methode: Das Erreichen der Volljährigkeit allein genügt jedoch nicht, um eine (konkludente) Genehmigung annehmen zu können.**

⇨ *Ausdrückliche o. schlüssige Genehmigung nötig des jetzt gf* [handwritten note]

---

69   Vgl. HEMMER/WÜST/GOLD, Bereicherungsrecht, Rn. 250 ff.

70   Dazu vgl. unten, Rn. 49 ff.

71   PALANDT, § 108, Rn. 6.

72   Zur Beweislast s. BGH, MDR 1989, 527.

73   Sofern der Genehmigende bei pflichtgemäßer Sorgfalt eine Bedeutung seines Verhaltens als Genehmigung hätte erkennen können, PALANDT, § 108, Rn. 4.

Es ist also nach wie vor eine ausdrückliche oder wenigstens schlüssige Genehmigung des nunmehr Volljährigen notwendig.

> **hemmer-Methode:** Achten Sie im Sachverhalt genau darauf, ob die Eltern die Zustimmung schon endgültig verweigert haben: Ist dies der Fall, kommt wegen der Nichtigkeit des Vertrages keine Genehmigung des nunmehr Volljährigen in Betracht.
> Diese ist nur dann möglich, wenn der Vertrag noch *schwebend*, also nicht endgültig unwirksam ist. In letzterem Fall ist dagegen nur eine Neuvornahme des Geschäfts bzw. eine Bestätigung des nichtigen Rechtsgeschäfts (§ 141 BGB) möglich. Die wortwörtliche "Genehmigung" des unwirksamen Geschäfts durch den nunmehr Volljährigen ist dann aber entsprechend auszulegen, §§ 133, 157 BGB.

Widerrufsrecht des anderen Teils nicht bei positiver Kenntnis von Minderjährigkeit

Während des Schwebezustandes steht dem Geschäftsgegner ein Widerrufsrecht nach § 109 BGB zu. Der Widerruf kann gem. § 109 I S.2 BGB in Abweichung zu § 131 II BGB auch dem Minderjährigen gegenüber erklärt werden.

Sofern jedoch vor Zugang des Widerrufs die erforderliche Genehmigung erteilt worden ist, bleibt die Wirksamkeit des Vertrages vom Widerruf unberührt.[74] Die positive Kenntnis des Vertragspartners von der Minderjährigkeit schließt jedoch grds. das Widerrufsrecht aus. Nur für den Fall, dass der Minderjährige das Vorliegen einer Einwilligung des gesetzlichen Vertreters vorgetäuscht hat, bleibt das Widerrufsrecht bestehen, § 109 II BGB.

3. Wirkung der Zustimmung

Rechtsgeschäft wird im ganzen Umfang wirksam

Durch die Zustimmung des gesetzlichen Vertreters wird das vom Minderjährigen abgeschlossene Rechtsgeschäft seinem ganzen Inhalt nach mit allen sich daraus ergebenden Folgen wirksam.   **48**

> *Bsp.: Der minderjährige K verkauft sein gebrauchtes Fahrrad mit Zustimmung seiner Eltern an B. Dieses hat einen Rahmenbruch, von dem K nichts erwähnt.*

z.B. bzgl. Schadensersatz

Der zwischen K und B geschlossene Kaufvertrag ist wirksam zustande gekommen, § 107 BGB. Die Einwilligung in den Kaufvertrag erfasst auch die sich aus dem Rechtsgeschäft ergebenden Folgen. So haftet K aus § 437 BGB auch für Mängel, selbst wenn dieser Umstand den gesetzlichen Vertretern nicht bekannt war.

V. Notwendigkeit der Genehmigung des Familiengerichts nach §§ 1643, 1821, 1822 BGB

1. Zweck

Genehmigung des Familiengerichts, § 1643 BGB
⇨ *gesetzliche Beschränkung der Vertretungsmacht*

Die §§ 1643 I, 1821, 1822 BGB[75] begrenzen die Vertretungsmacht der gesetzlichen Vertreter des Minderjährigen: Danach ist bei bestimmten Rechtsgeschäften mit für den Minderjährigen weitreichenden Folgen (z.B. Verfügungen über Grundstücke, Abschluss eines Gesellschaftsvertrages etc.) neben der Zustimmung des gesetzlichen Vertreters auch die Genehmigung des Familiengerichts erforderlich.   **49**

Dadurch soll das objektive Interesse des Minderjährigen bei der Personensorge und Vermögensverwaltung gewahrt werden.

---

74   Palandt, § 109, Rn. 3.

75   Die Darstellung soll sich hier auf die klausurrelevanten Fälle des § 1643 beschränken.

„Deutschland sucht den Superstar"

[handwritten: Zustimmung Eltern +]
[handwritten: Familiengerichtliche Genehmigung]

> **hemmer-Methode: Ein interessanter und angesichts der unzähligen sog. „Casting-Shows" sehr aktueller (alllerdings bislang fiktiver) Anwendungsfall der familiengerichtlichen Genehmigung ist folgender:**
> *Der 17 jährige DANIEL K. bewirbt sich bei RTL für die Sendung „Deutschland sucht den Superstar". Vertraglich verpflichtet er sich mit Zustimmung seiner Eltern im Erfolgsfalle mindestens 4 Jahre lang für RTL in Shows aufzutreten und von DIETER B produzierte Lieder zu vermarkten.*
> Nach h.M. genügte die Zustimmung der Eltern nicht, da Daniel K. über ein Jahr nach dem Eintritt der Volljährigkeit immer noch verpflichtet war. Nach §§ 1643 I, 1822 Nr. 5, 3. Var. BGB bedarf ein „anderer Vertrag, durch den der Mündel zu wiederkehrenden Leistungen verpflichtet wird" der familiengerichtlichen Genehmigung. Hierunter fallen nach h.M. auch Verträge, durch die Minderjährige über viele Jahre hinweg im Rahmen sog. „Casting-Shows" zu Auftritten verpflicht werden.
> Lesen Sie hierzu FOMFEREK, Minderjährige „Superstars" – Die Probleme des § 1822 Nr. 5 BGB, in NJW 2004, 410 ff.

keine Umgehung durch § 110 BGB, vergleiche auch § 1644 BGB

Der gesetzliche Vertreter kann das Genehmigungserfordernis nicht dadurch umgehen, dass er Vermögensgegenstände, deren Veräußerung der Genehmigungspflicht unterliegt, dem Kind zur freien Verfügung (etwa als Taschengeld, § 110 BGB) überlässt, § 1644 BGB.

2. Genehmigung i.S.v. § 1643 BGB

Genehmigung ist unabdingbare Wirksamkeitsvoraussetzung

Die Vorschrift des § 1643 BGB ist zwingend.[76] Das Vorliegen der Genehmigung ist somit unabdingbare Wirksamkeitsvoraussetzung für die diesbezüglich genehmigungspflichtigen Rechtsgeschäfte. Ist nach Ansicht des Familiengerichts das angestrebte Rechtsgeschäft für den Minderjährigen förderlich, so wird es nach pflichtgemäßem Ermessen die Genehmigung erteilen.

50

Genehmigung i.d.S. sowohl im Voraus als auch nachträglich möglich

Genehmigung i.d.S. ist sowohl die *vorherige* Zustimmung als auch die *nachträgliche* Genehmigung,[77] sie ist also (leider !) insoweit nicht mit dem Begriff der Genehmigung i.S.v. §§ 183, 184 BGB identisch.

Gemäß § 1643 III BGB gelten für die Genehmigung die Vorschriften der §§ 1825, 1828-1831 BGB entsprechend. Demzufolge *muss* die Genehmigung bei einseitigen Rechtsgeschäften gem. § 1831 BGB *vorher* erteilt werden. Im Vordergrund steht dabei, wie bei § 111 BGB, dass der Dritte nicht über die Rechtswirksamkeit für ungewisse Zeit im Unklaren bleiben soll.[78]

> **hemmer-Methode: Vorschriften wie § 1643 III BGB sind aufgrund ihres Verweisungscharakters immer examensrelevant. Hier müssen Sie als Klausurbearbeiter zeigen, dass Sie in der Lage sind, die einschlägigen Normen zu finden, dass Sie die Systematik der Verweisungen im BGB beherrschen und dies in der Fallbearbeitung umzusetzen verstehen. Außerdem können über § 1643 BGB viele verschiedene Problemfelder des BGB miteinander verknüpft werden, wie BGB-AT (insbes. Vertretungsrecht/Vertretungsmacht), Arbeits- oder Gesellschaftsrecht, Erbrecht, Sachenrecht (z.B. Grundpfandrechte) und nicht zuletzt bei unwirksamen Vertragsschluss auch noch Bereicherungsrecht.**

bei Fehlen
⇨ schwebende Unwirksamkeit

Die Vorschriften der §§ 1643 III, 1829-1831 BGB entsprechen hinsichtlich der Systematik in etwa den §§ 108, 109, 111 BGB.[79] Dies führt in erster Linie dazu, dass das Fehlen der Genehmigung des Familiengerichts nicht gleich zur Unwirksamkeit des Rechtsgeschäfts führt, sondern nur zu dessen *schwebender Unwirksamkeit.*

51

76   SOERGEL § 1643, Rn. 2, STAUDINGER, Rn. 50.

77   MÜKO § 1643, Rn. 5.

78   PALANDT, § 1831, Rn. 1.

79   PALANDT, § 1829 Rn. 1.

Die Wirksamkeit hängt dann (mit Ausnahme des § 1831 BGB) von der nachträglichen Genehmigung des Familiengerichts ab.

Unterschied zu § 109 BGB: Bindung für Dritten besteht

Ein Unterschied besteht aber insoweit, dass der Dritte während der Schwebezeit (im Unterschied zu § 109 BGB) gebunden bleibt. Er kann sich nur noch durch eine Aufforderung von der Bindungswirkung befreien (§ 1829 II BGB); u.U. gilt das Widerrufsrecht des § 1830 BGB.

Eine Genehmigung, die *nach* Ablauf der Frist zur Genehmigung (§ 1829 II BGB) erfolgt, kann das Rechtsgeschäft nicht mehr wirksam werden lassen, da mit Fristablauf das Rechtsgeschäft *endgültig* unwirksam ist. Es bleibt dann nur die Möglichkeit eines Neuabschlusses desselben Geschäfts.

§ 179 BGB gilt nicht, wohl aber Schadensersatz möglich

Erklärt der Vertreter dem Dritten gegenüber wahrheitswidrig, dass das Familiengericht die Genehmigung erteilt habe, so gilt nicht § 179 BGB, da § 1829 BGB lx specialis ist!

> **hemmer-Methode: Allerdings machen sich der Vormund / die Eltern gem. § 1833 I S.1 BGB gegenüber dem Mündel / Kind schadensersatzpflichtig.**

Der *Dritte* kann vom Vertreter aber Schadensersatz nur nach den allgemeinen Vorschriften verlangen (z.B. aus Delikt gem. §§ 823 II BGB, 263 StGB; bei erheblichem Eigeninteresse des Vertreters evtl. auch aus § 280 I i.V.m. § 311 III BGB).

3. Einwand der schwebenden Unwirksamkeit

schwebende Unwirksamkeit ist rechtshindernde Einwendung

Wie bereits oben dargestellt,[80] kann ein schwebend unwirksames Rechtsgeschäft *keine gegenwärtigen* Rechte und Pflichten begründen.

52

Insoweit stellen der Einwand der schwebenden Unwirksamkeit aufgrund fehlender Genehmigung des Familiengerichts oder gar der Einwand der Nichtigkeit des Rechtsgeschäfts aufgrund endgültiger Verweigerung der Genehmigung ebenfalls eine *rechtshindernde Einwendung* dar.

VI. Sonderprobleme

53

1. Vererbung eines Handelsgeschäfts auf Erbengemeinschaft mit Beteiligung Minderjähriger und fehlerhafte Gesellschaft[81]

§ 1822 Nr.3 BGB

Gem. § 1822 Nr.3 BGB bedarf ein Vertrag über den entgeltlichen Erwerb eines Erwerbsgeschäftes oder der Abschluss eines Gesellschaftsvertrages zu dessen Wirksamkeit auch der Genehmigung des Familiengerichts.

Fortsetzung vom Handelsgeschäft durch Minderjährigen in ungeteilter Erbengemeinschaft

Fraglich ist in diesem Zusammenhang, inwieweit die Fortführung eines ererbten Handelsgeschäftes durch den Minderjährigen in *ungeteilter Erbengemeinschaft* wirksam ist, und wie die Rechtslage zu beurteilen ist, wenn die Miterben mit dem Minderjährigen eine *Personenhandelsgesellschaft* (OHG, KG) zur Fortführung des Handelsgeschäftes gründen.

---

80   S.o., Rn. 45.

81   Vgl. dazu BGHZ 92, 259.

Bsp.:[82] H ist Inhaber eines Handelsgeschäfts. Als er stirbt, führen seine Frau F und seine beiden minderjährigen Kinder K und L das Handelsgeschäft in ungeteilter Erbengemeinschaft unter der bisherigen Firma fort. Gläubiger G hatte gegen den H noch eine unverjährte Kaufpreisforderung in Höhe von 50.000 €. Nun verlangt er von F, K und L Zahlung.

Abwandlung: Wie ist es, wenn F zusammen mit K und L eine OHG zur Fortführung des Handelsgeschäftes gegründet hat?

G könnte gegen F, K und L einen Anspruch aus § 433 II BGB besitzen. Dem Grunde nach war der Anspruch gegen H fraglos gegeben, fraglich ist aber, ob er auch gegenüber F, K und L besteht.

Haftung für Altschulden gem. §§ 27 II, 25 HGB?

Da F, K und L eine ungeteilte Miterbengemeinschaft bilden (§§ 2032 ff BGB) und die Fortführung eines ererbten Handelsgeschäfts unter der bisherigen Firma auch über die Frist des § 27 II S.1 HGB hinaus möglich ist,[83] könnte eine Haftung der Miterben für die Altschulden gem. §§ 27, 25 HGB in Betracht kommen.

> **hemmer-Methode: Die Haftung des Erben bei Geschäftsfortführung ist ein schwieriges Problemfeld. Lesen Sie dazu vertiefend HEMMER/WÜST, Handelsrecht, Rn. 216.**

Eine unbeschränkte Haftung der Miterbengemeinschaft bei Neuschulden, also solcher Schulden, die erst nach Fortführung des Handelsgeschäfts entstanden sind, ist grds. anzunehmen.[84] Es stellt sich aber die Frage, ob - wie hier - dieser Grundsatz auch auf sog. Altschulden uneingeschränkt zu übertragen ist, insbesondere dann, wenn der Miterbengemeinschaft Minderjährige angehören.

bei Erbschaft grds. kein entgeltlicher Erwerb i.S.v. Nr.3 keine Genehmigung notwendig

Grds. unterfällt der Genehmigungspflicht nach § 1822 Nr.3 BGB nur der *rechtsgeschäftliche* Erwerb eines Handelsgeschäftes. Für die Fortführung eines *ererbten* Geschäftes (auch in ungeteilter Erbengemeinschaft) ist dagegen keine Genehmigung erforderlich.[85] Folglich wäre auch die Fortführung des Handelsgeschäftes durch K und L wirksam, sodass diese ebenfalls gem. §§ 27, 25 HGB für die vor dem Erbfall begründeten Verbindlichkeiten haften.

BVerfG: Verstoß gegen Minderjährigenschutz

Da aber dieses Haftungsrisiko mit dem von § 1822 Nr.3 BGB intendierten Minderjährigenschutz unvereinbar ist und zu einer erheblichen Vorbelastung des Minderjährigen beim Eintritt in das Erwerbsleben führen kann, hat das BVerfG entschieden, dass der Gesetzgeber die Fortführung eines ererbten Erwerbsgeschäftes entweder von einer familiengerichtlichen Genehmigung abhängig machen, oder die Haftung des Minderjährigen auf das ererbte Vermögen begrenzen solle.[86]

Nach Ansicht des BVerfG verstoße §§ 1629 I, 1643 I BGB gegen Art. 1 I, 2 I GG soweit die Eltern in Zusammenhang mit der Fortführung eines geerbten Handelsgeschäfts zu Lasten ihrer minderjährigen Kinder Verbindlichkeiten ohne familiengerichtliche Genehmigung eingehen können, die *über* das ererbte Vermögen hinausgehen!

HAFTUNGSBESCHRÄNKUNG

Der Gesetzgeber hat mittlerweile diese Entscheidung des BVerfG in **§ 1629a I, IV BGB** umgesetzt.

> **hemmer-Methode: Lesenswert hierzu K. SCHMIDT, „Minderjährigen-Haftungsbeschränkung im Unternehmensrecht: Funktioniert das? - Eine Analyse des § 1629a BGB mit Rückblick auf BGHZ 92, 259 = NJW 1985, 136", in JuS 2004, 361 ff.**

---

82   Vgl. BGH, NJW 1983, 748.

83   HOPT/MÖSSLE, Handelsrecht, Rn. 33.

84   Dies ergibt sich bereits aufgrund der wirksamen Verpflichtung der Gesamthandsgemeinschaft, vgl. §§ 2038, 2032 BGB.

85   BGH, NJW 1985, 136 (138); K. SCHMIDT, NJW 1985, 2785.

86   BVerfG, NJW 1986, 1859; dazu HERTWIG, FamRZ 1987, 124.

bei Gründung von OHG Haftung
nach §§ 25, 128 HGB

Abwandlung: Eine Haftung von F, K und L könnte sich auch aus §§ 25, 128 HGB ergeben. Dazu ist zunächst erforderlich, dass das Handelsgeschäft im Wege der Teilauseinandersetzung nach § 2042 BGB von der Gesamthandsgemeinschaft der Miterben auf eine wirksam gegründete OHG übertragen worden ist.

Voraussetzung: Bestellung v. Ergän-
zungspfleger u. Genehmigung d.
Vormundschaftsgerichts

Wollen die Erben F, K und L zur dauerhaften Fortführung des Handelsgeschäftes eine OHG gründen, so ist dazu der Abschluss eines entsprechenden Gesellschaftsvertrages erforderlich. Da dadurch rechtliche Verpflichtungen eingegangen werden, müssen die minderjährigen Kinder von ihrer Mutter als gesetzlicher Vertreterin gem. §§ 1629 I S.3, 1680 I BGB vertreten werden.

Da die Mutter F selber Gesellschafterin werden möchte, läge aber ein Selbstkontrahieren vor, was das Gesetz gem. §§ 1629 II, 1795 II, 181 BGB nicht zulässt.

Die Mutter F war daher beim Abschluss des Gesellschaftsvertrages von der Vertretung ihrer minderjährigen Kinder ausgeschlossen ist, sodass gem. § 1693 BGB i.V.m. § 1909 BGB ein sog. Ergänzungspfleger bestellt werden muss.

> **hemmer-Methode:** Wäre ein Ergänzungspfleger bestellt worden, so müsste dieser gem. §§ 1915 I, 1822 Nr. 3 BGB die Genehmigung des Vormundschaftsgerichts einholen.
> Interessant ist auch folgender Fall: Mit Genehmigung des Familiengerichts gem. §§ 1643 I, 1822 Nr. 3 BGB trat ein Minderjähriger einer GbR bei. Die Eltern des Minderjährigen veräußerten nun ohne Zustimmung des Familiengerichts ein Grundstück der GbR.
> Zu Unrecht entschied das OLG Koblenz[87]. Die Veräußerung von Grundstücken durch eine GbR, an der ein Minderjähriger beteiligt ist, bedarf auch dann einer familiengerichtlichen Genehmigung gem. §§ 1643 I, 1821 I Nr. 1 und Nr. 4 BGB, wenn der Beitritt des Minderjährigen selbst schon durch das Familiengericht gem. §§ 1643 I, 1822 Nr. 3 BGB genehmigt worden war.

Da somit weder die Willenserklärungen von K und L selbst, noch die von F in Vertretung für K und L wirksam sind, ist fraglich, welche Rechtsfolgen daraus für die Existenz der OHG zu ziehen sind.

wenn (-) Rechtsfolgen str.

I.R.d. sog. Lehre von der *"fehlerhaften Gesellschaft"* werden drei verschiedene Meinungen vertreten:

- [1] Nach einer Ansicht kommt bei (unwirksamer) Beteiligung eines Minderjährigen die Gesellschaft insgesamt nicht zur Entstehung.[88]

- [2] Nach der h.M. entsteht zwar grundsätzlich eine Gesellschaft, jedoch ohne Beteiligung des Minderjährigen.[89]

- [3] Wiederum eine andere Ansicht bejaht zwar die Wirksamkeit des Beitritts zur Gesellschaft, verneint jedoch für den Minderjährigen die üblichen Haftungsfolgen oder sonstigen Rechtsnachteile.[90]

> **hemmer-Methode:** Hierbei handelt es sich um eine examenstypische Fallkonstellation! Lesen Sie dazu vertiefend HEMMER/WÜST, Gesellschaftsrecht, Rn. 31 ff.!

nach h.M. Gesellschaft (+), aber
ohne Minderjährigen

Im vorliegenden Fall würde sowohl die erste Ansicht als auch die der h.M. dazu führen, dass die OHG nicht wirksam entstanden ist: Denn auch wenn man mit der h.M. den Vertragsschluss zwischen den übrigen Gesellschaftern für wirksam hält, fehlt es dennoch an der erforderlichen Mehrgliedrigkeit der Gesellschaft. Eine Haftung käme dann allein unter dem Gesichtspunkt der Schein-OHG[91] in Betracht.

54

---

87   OLG Koblenz in NJW 2003, 1401 ff.

88   WEGENER, Die Nichtigkeit der OHG, S.16.

89   BGH, NJW 1983, 748; FLUME, Die Personengesellschaft, S.19 f.

90   KRAFT-KREUTZ, Gesellschaftsrecht, S.153;.

91   Vgl. dazu HEMMER/WÜST, Gesellschaftsrecht Rn. 75.

— Jedoch scheidet auch dann eine Haftung von K und L nach § 128 HGB analog aus, da diesen aufgrund ihrer Minderjährigkeit selbst bei entsprechender Veranlassung eines Rechtsscheins dieser nicht zurechenbar wäre.[92] Danach läge allein in der Person der F eine wirksame Fortführung des Handelsgeschäftes, sodass nur sie nach § 25 HGB für die bereits begründeten Verbindlichkeiten haftet.

— Zur Annahme einer wirksam gegründeten OHG käme man nur, wenn man der dritten Ansicht folgt: Zwar fehlt auch hier die entsprechende (wirksame) Genehmigung sowohl der Mutter als gesetzlicher Vertreterin (§§ 1626 I, 1629, 1680 BGB), als auch des Familiengerichtes (§§ 1643, 1822 Nr.3 BGB). Jedoch wären diese nicht erforderlich, wenn die Minderjährigen K und L bereits gem. § 107 BGB allein wirksame Willenserklärungen bzgl. des Abschlusses des Gesellschaftsvertrages abgeben könnten: Da nach der hier vertretenen Ansicht die Minderjährigen aus dem Gesellschaftsvertrag keinerlei nachteilige Rechtsfolgen (Haftung, Beitragspflicht etc.) treffen sollen, würde ein derartiger Vertragsschluss lediglich einen rechtlichen Vorteil darstellen. Somit wären die Willenserklärungen von K und L bereits gem. § 107 BGB wirksam, die OHG als solche rechtlich existent.

i.E. nach allen Ansichten keine Haftung des Minderjährigen

Letztlich kann der Streit hier aber dahingestellt bleiben, da auch nach der dritten Ansicht eine Haftung von K und L gem. §§ 25, 128 HGB aufgrund des Minderjährigenschutzes ausscheidet. Der Altgläubiger G kann sich somit nach allen Ansichten allein an F halten.

---

hemmer-Methode: Das Problem der fehlerhaften Gesellschaft ist beliebter Prüfungsstoff. Die Einordnung muss deshalb bekannt sein. Voraussetzungen für die Annahme einer sog. „fehlerhaften Gesellschaft" sind:

- Abschluss eines Gesellschaftsvertrages, welcher nach allgemeinen Regeln nichtig oder anfechtbar ist
- die Gesellschaft muss bereits in Vollzug gesetzt worden sein.
- die Mängel des Gesellschaftsvertrages dürfen nicht so schwerwiegend sein, dass deren Nichtbeachtung mit gewichtigen Interessen der Allgemeinheit oder einzelner Personen (hier des Minderjährigen) unvereinbar wäre.

Die fehlerhafte Gesellschaft wird im Außenverhältnis als vollwirksam zustande gekommene Gesellschaft behandelt, im Innenverhältnis muss jedoch der zur Fehlerhaftigkeit führende Grund (Minderjährigkeit, arglistige Täuschung, Gesetzesverstoß etc.) entsprechende Berücksichtigung finden. Die Fehlerhaftigkeit der Gesellschaft führt dann zur Auflösbarkeit der Gesellschaft gem. § 723 BGB oder §§ 133, 161 II HGB mit Wirkung ex nunc.

---

2. Fehlerhaftes Arbeitsverhältnis

bei fehlerhaftem Arbeitsverhältnis kein Anspruch auf Arbeitsaufnahme gegen Minderjährigen

Liegt kein Fall der §§ 112, 113 BGB vor und hat der beschränkt Geschäftsfähige ein Arbeitsverhältnis ohne Zustimmung seiner gesetzlichen Vertreter aufgenommen, so ist dieses nach §§ 107, 108 unwirksam.

Im Bereich des Minderjährigenrechts gilt Gleiches für den Fall, dass ein Arbeitsverhältnis z.B. nach § 134 BGB i.V.m. JArbSchG nichtig ist: Für Lohnansprüche gelten dann die Grundsätze des fehlerhaften Arbeitsverhältnisses.

55

Vor Aufnahme der Arbeitsleistung bestehen gegen den Minderjährigen jedenfalls keine Ansprüche. Der Arbeitgeber hat aufgrund der Nichtigkeit des Vertrags keinen Anspruch auf Arbeitsaufnahme.

Nach Aufnahme der Arbeitsleistung durch den Minderjährigen kann sich der Arbeitgeber für die Vergangenheit nicht auf die Nichtigkeit berufen. Nach h.M. entsteht das so genannte *fehlerhafte Arbeitsverhältnis* (nicht faktisches Arbeitsverhältnis, da Willenserklärungen vorliegen müssen!), das nicht rückwirkend beseitigt werden kann.

---

92   Vgl. dazu nochmals Rn. 22

> **hemmer-Methode:.** Erst wenn das Arbeitsverhältnis in Vollzug gesetzt wurde, wird es wie ein wirksames Arbeitsverhältnis behandelt. Ist dies jedoch nicht der Fall, so greifen auch nicht die Grundsätze über das fehlerhafte Arbeitsverhältnis (HEMMER/WÜST, Arbeitsrecht, Rn. 303).

Bsp.: Der Minderjährige M schließt ohne Mitwirkung der Eltern einen Arbeitsvertrag mit A. Am 01.04. nimmt M die Arbeit auf. A verweigert den Lohn für April unter Berufung auf die Nichtigkeit des Arbeitsvertrages.

1. Ein vertraglicher Anspruch auf Lohnzahlung, §§ 611, 612 BGB, steht M. nicht zu. Der Arbeitsvertrag ist nach §§ 107, 108 I BGB nichtig.

Behandlung wie fehlerhaftes Arbeitsverhältnis

2. M könnte aber einen Anspruch auf Lohnzahlung nach den Grundsätzen des fehlerhaften Arbeitsverhältnisses haben. Rechtsfolge des fehlerhaften Arbeitsverhältnisses ist, dass es für die Vergangenheit grundsätzlich wie ein fehlerfrei zustande gekommenes zu behandeln ist. Dem M können wegen seines Vertrauens in ein fehlerfreies Arbeitsverhältnis nicht rückwirkend Lohnansprüche entzogen werden. Damit würde M ein Anspruch auf Lohn für den Monat April zustehen.

Kritik:
keine gesetzliche Grundlage

— Gegen die Lehre vom fehlerhaften Arbeitsverhältnis wird eingewandt, sie finde im Gesetz keine Stütze. Deshalb sei auch für die Vergangenheit von der Nichtigkeit des Vertrages auszugehen und der Ausgleich der wechselseitigen Leistungen nach § 812 I S.1, 1.Alt. BGB vorzunehmen.

aber:
Bereicherungsrecht ist nicht sachgerecht

— Eine Rückabwicklung nach § 812 I S.1, 1.Alt. BGB würde aber zu Unzulänglichkeiten führen. Zum einen hätte der Minderjährige nur Anspruch auf Wertersatz für seine geleistete Arbeit, § 818 II BGB, wobei auch noch die Gefahr der Entreicherung bestünde, § 818 III BGB.[93]

Zum anderen sind die Rückabwicklungsvorschriften der ungerechtfertigten Bereicherung nur auf den einmaligen Leistungsaustausch zugeschnitten und tragen folglich den Schutzpflichten des Arbeitsverhältnisses nicht hinreichend Rechnung.

> **hemmer-Methode:** Wichtig für das richtige Verständnis des fehlerhaften Arbeitsverhältnis ist die Kenntnis der dahinter liegenden Wertungsaspekte, denn in erster Linie sollen damit Unbilligkeiten bei der Rückabwicklung verhindert werden; lesen Sie zu dieser Problematik auch HEMMER/WÜST, Arbeitsrecht, Rn. 301 ff. sowie HEMMER/ WÜST, Bereicherungsrecht, Rn. 21-31.
> **Merke:** Geht ein beschränkt Geschäftsfähiger ohne Zustimmung seiner gesetzlichen Vertreter ein Arbeitsverhältnis ein, so hat er nach Invollzugsetzung einen Anspruch auf Vergütung nach den Grundsätzen des fehlerhaften Arbeitsverhältnisses.

Beendigung f. die Zukunft nur ex nunc mögl.

Der Arbeitgeber dagegen hat auch für die Vergangenheit keine vertraglichen Leistungs- oder Schadensersatzansprüche. Der M konnte sich nicht wirksam verpflichten.

Der Minderjährigenschutz hat hier Vorrang vor den Grundsätzen des fehlerhaften Arbeitsverhältnisses. Beruft sich eine Partei auf den Nichtigkeitsgrund, so ist *für die Zukunft* auch das fehlerhafte Arbeitsverhältnis mit *ex-nunc-Wirkung beendet*, ohne dass es der Einhaltung von Fristen bedarf. Die Kündigungsfristen gelten nicht.[94]

---

93   Vgl. dazu auch unbedingt HEMMER/WÜST, Bereicherungsrecht, Rn. 24.
94   PALANDT, vor § 611, Rn. 29.

C. § 116 S.2 BGB, Geheimer Vorbehalt[95]

I. Anwendungsbereich

§ 116 S.2 BGB geheimer Vorbehalt bzgl. Rechtsfolge

§ 116 BGB betrifft die Fälle, in denen sich der Erklärende bei Abgabe der Willenserklärung *insgeheim* vorbehält, das Erklärte nicht zu wollen.

57

Dabei muss sich der geheime Vorbehalt auf die in der Erklärung enthaltene *Rechtsfolge* beziehen. § 116 BGB findet daher keine Anwendung auf denjenigen, der zwar eine *Verpflichtung* wirksam eingehen will, jedoch von vornherein die Absicht hat, diese niemals zu *erfüllen*.[96]

II. Beachtlichkeit des Vorbehalts

NACH KENNTNIS ERKLÄRUNGS-EMPFÄNGER

Die Beachtlichkeit des Vorbehalts richtet sich danach, ob dieser dem Erklärungsgegner bekannt war oder nicht.

58

KENNTNIS   *UNKENNTNIS*
WE   *WE*

War der geheime Vorbehalt unbekannt, so ist die Willenserklärung wirksam, § 116 S.1 BGB. Der nicht geäußerte Vorbehalt, das Erklärte nicht zu wollen, kann dem tatsächlich entäußerten Willen auf Setzung einer bestimmten Rechtsfolge nicht seine Wirksamkeit nehmen.[97]

Nichtigkeit d. WE nur bei positiver Kenntnis d. anderen

Sofern jedoch der geheime Vorbehalt dem Erklärungsgegner bekannt war, ist die Willenserklärung nach § 116 S.2 BGB nichtig, da der Erklärungsempfänger dann keines Schutzes bedarf.

Erforderlich ist jedoch *positive Kenntnis*. Kennenmüssen reicht nicht aus. Sofern also dem Erklärungsempfänger der geheime Vorbehalt auch nur infolge (grober) Fahrlässigkeit unbekannt geblieben ist, ist die Willenserklärung nach § 116 S.1 BGB gültig.

grds. nur empfangsbedürftige WE

Die Rechtsfolge der Nichtigkeit greift nach dem Wortlaut des § 116 S.2 BGB nur bei *empfangsbedürftigen* Willenserklärungen ein.

> **hemmer-Merthode: Beachten Sie bitte, dass § 116 *S.1* BGB gerade *nicht* zwischen empfangsbedürftigen und nicht empfangsbedürftigen Willenserklärungen differenziert[98].**

Ausnahme: Auslobung

Jedoch sind davon zwei *Ausnahmen* in unterschiedlichen Richtungen zu machen: Zum einen ist § 116 S.2 BGB auch auf die Auslobung als einseitiger Willenserklärung mit der Maßgabe entsprechend anzuwenden, dass gegenüber Bösgläubigen ebenfalls Nichtigkeit eintritt.

Ehe

Zum anderen führt ein geheimer Vorbehalt bei der Eheschließung trotz Bösgläubigkeit des Ehepartners wegen der Spezialregelung in § 1314 BGB nicht nach § 116 S.2 zur Nichtigkeit der Eheschließung.[99]

> *Bsp. :[100]* V kündigt M das Mietverhältnis über ein Ladenlokal zum Jahresende, obwohl er das in Wirklichkeit nicht will. Er will vielmehr erreichen, dass M zu Kreuze kriecht und ihn anfleht, das Mietverhältnis fortzusetzen.

---

95   Vgl. dazu auch PREUß, Geheimer Vorbehalt, Scherzerklärung und Scheingeschäft, JURA 2002, 815 ff.

96   LARENZ, BGB-AT, § 20 I a.

97   LARENZ a.a.O..

98   vgl. PREUß, Geheimer Vorbehalt, Scherzerklärung und Scheingeschäft, JURA 2002, 815 [817 re.Sp.]

99   PALANDT, § 116, Rn. 5.

100   Nach BROX, AT, Rn. 344.

V will nicht, dass M den geheimen Vorbehalt erkennt. M soll vielmehr die Kündigung ernst nehmen. Der Tatbestand des § 116 S.1 BGB ist damit erfüllt.

---

hemmer-Methode: Hätte dagegen V die Kündigung unter Augenzwinkern aus Scherz am Biertisch dem M erklärt, so läge kein Fall des § 116 BGB, sondern ein Fall des § 118 BGB vor.

Ob die Willenserklärung des V wirksam ist, richtet sich danach, ob M der Vorbehalt unbekannt oder bekannt war. Bei Unkenntnis des Vorbehalts ist die Erklärung im Interesse des Unwissenden gültig, § 116 S.1 BGB. Der Erklärende muss sich an seiner Erklärung festhalten lassen. Sein geheimer Vorbehalt ist rechtlich bedeutungslos.

Bei Unkenntnis des M ist die Kündigung wirksam. Wüsste M von einem Dritten, dass V die Kündigung nicht will, so wäre die Kündigungserklärung nach § 116 S.2 BGB nichtig. M als Erklärungsempfänger wäre nicht schutzwürdig. Für den Fall des § 116 S.2 BGB ist positive Kenntnis des Erklärungsempfängers erforderlich.

---

hemmer-Methode: Hauptanwendungsfall des § 116 BGB ist der sog. „böse Scherz", d.h. der geheime Vorbehalt soll nach dem Willen des Erklärenden dem Erklärungsempfänger unbekannt bleiben.
Sofern er damit rechnet, dass der andere den Vorbehalt erkennt („guter Scherz"), ist die Willenserklärung auf jeden Fall gem. § 118 BGB nichtig, allerdings mit der Schadensersatzverpflichtung nach § 122 verknüpft. Sofern beide Beteiligte von der Nichternstlichkeit der abgegebenen Willenserklärung wissen und dies auch einverständlich wollen, ist diese nach § 117 BGB nichtig.
Bei § 117 BGB machen die Beteiligten „gemeinsame Sache".

D. § 117 BGB, Scheinerklärung

I. Anwendungsbereich

§ 117 BGB: nur äußerer Schein ei-
nes Rechtsgeschäfts gewollt

Nach § 117 I BGB ist eine nur zum Schein abgegebene Willenser- **58a**
klärung nichtig, wenn der Erklärende und der Empfänger darüber einig sind, dass das Erklärte nicht gelten solle, d.h. wenn die Parteien
einverständlich nur den *äußeren Schein* des Abschlusses eines
Rechtsgeschäfts hervorrufen, dagegen die mit dem betreffenden
Rechtsgeschäft verbundene Rechtswirkung nicht eintreten lassen
wollen.[101]

Kennzeichen des Scheingeschäfts ist somit der *fehlende Rechtsbin-*
dungswillen der Parteien.

> **hemmer-Methode: Da die Erklärung objektiv den Schluss auf einen**
> **Rechtsbindungswillen nicht zulässt, liegt eigentlich - entgegen dem**
> **Wortlaut des § 117 I BGB - schon tatbestandlich gar keine Willenser-**
> **klärung vor. Dieses dogmatische Problem sollten Sie in einer Klausur**
> **jedoch - wenn überhaupt - nur am Rande erwähnen. Maßgebliche Fra-**
> **ge in der Examensarbeit ist immer, ob der rechtliche Erfolg gewollt ist.**
> **Dann entfällt § 117 BGB. Ist nur der äußere Schein eines Rechtsge-**
> **schäfts gewollt, dann greift § 117 BGB ein. Bei der Auslegung, ob der**
> **rechtliche Erfolg gewollt ist, sind die gesamten Umstände des Ver-**
> **tragsschlusses heranzuziehen.**

§ 117 BGB ggü. § 116 S.2 BGB lex
specialis

§ 117 BGB ist in seinem Anwendungsbereich die gegenüber
§ 116 S.2 BGB speziellere Vorschrift: Gemeinsam ist beiden Vorschriften, dass die Willenserklärung des einen Teils nur zum Schein
abgegeben wird und der andere Teil dies weiß.

Sie unterscheiden sich jedoch darin, dass bei § 117 BGB die Partei-
en *einverständlich* handeln. Bei § 116 S.2 BGB ist es indessen so,
dass es trotz der Kenntnis des anderen Teils an der Einverständlichkeit des Handelns fehlt.

> **hemmer-Methode: Kommt es in einer Klausur auf die Frage an, ob der**
> **Vertrag wegen mangelnder Ernstlichkeit einer Erklärung nichtig ist,**
> **sollten Sie zur Abgrenzung beider Vorschriften kurz Stellung nehmen.**
> **Zeigen Sie damit dem Korrektor, dass Sie sich nicht in die Irre führen**
> **lassen. Heben Sie also hervor, dass es für § 117 BGB auf die *Einver-***
> ***ständlichkeit* des Handelns ankommt, während sie bei § 116 S.2 BGB**
> **gerade fehlt.**

nur bei empfangsbedürftiger WE

Dass sich § 117 BGB nur auf empfangsbedürftige Willenserklärungen bezieht, ergibt sich zum einen aus dem Wortlaut, zum anderen
daraus, dass es anderenfalls an einem Erklärungsempfänger fehlen
würde, der mit dem Schein einverstanden sein könnte.

II. Rechtsfolgen

Unterscheide:
simuliertes/dissimuliertes Rechtsge-
schäft

Hinsichtlich der Rechtsfolgen ist zwischen dem Scheingeschäft
selbst (*simuliertes Geschäft*) und dem oft dahinter verborgenen,
ernstlich gewollten Geschäft (*dissimuliertes Geschäft*) zu unterscheiden.

1. Nichtigkeit des Scheingeschäfts gem. 117 I

dissimuliertes Rechtsgeschäft u.U.
gem. § 117 II BGB wirksam

Das Scheingeschäft ist in jedem Fall gem. § 117 I BGB *nichtig*. Da- **59**
bei gilt die Nichtigkeit der nur zum Schein abgegebenen Willenserklärung nicht nur gegenüber dem Erklärungsempfänger; dieser ist
aufgrund seines Einverständnisses ohnehin nicht schutzwürdig.

---

101   BGHZ 36, 84 (87).

Die Nichtigkeit der Scheinerklärung wirkt gegenüber jedermann, also auch einem getäuschten Dritten gegenüber. Allerdings wird in zahlreichen Spezialvorschriften (§§ 171, 405, 892, 932 ff. BGB) dem Schutzinteresse des Dritten Rechnung getragen.[102]

⬜ *Bsp.: A ist bei B angestellt und will von diesem eine Lohnerhöhung. Um seinem Begehren mehr Nachdruck zu verleihen, vereinbart A mit C, dass dieser ihm „pro forma" ab dem 01.03. eine Anstellung für 15.000 € mehr pro Jahr anbiete. Als nun A dem B von dieser „Alternativbeschäftigung" erzählt, lässt sich B wider Erwarten nicht auf die Lohnerhöhung ein.*

Auch die von A daraufhin ausgesprochene Kündigung beeindruckt B nicht. Dieser ist vielmehr froh, seinen lästigen Arbeitnehmer los zu sein. Als A am 01.03. dann bei C erscheint, weigert sich dieser, ihn zu beschäftigen, da der Abschluss des Arbeitsvertrages unwirksam sei. Daraufhin erscheint A erneut bei B und verlangt Weiterbeschäftigung mit der Begründung, die Kündigung sei nicht ernst gemeint gewesen.

(1) A könnte von C Beschäftigung und Bezahlung verlangen, wenn zwischen beiden ein wirksamer Arbeitsvertrag zustande gekommen wäre.

Hier erfolgte der „Vertragsschluss" zwischen beiden aber einverständlich nur aus dem Grund, den B über die Existenz einer lukrativen anderweitigen Beschäftigung zu täuschen. Dazu genügte bereits der Anschein einer Alternativ-Beschäftigung, eine wirksame Anstellung des A bei C war nicht erforderlich. Deshalb ist der Vertragsschluss zwischen A und C gem. § 117 I BGB unwirksam. A kann von C nichts verlangen.

(2) A könnte von B Weiterbeschäftigung verlangen, wenn zwischen beiden noch ein wirksamer Arbeitsvertrag bestünde.

Dieser könnte aber infolge der Kündigung des A mittlerweile beendet worden sein. Anders wäre es nur, falls die Kündigung unwirksam wäre. Dies könnte sich aus dem Gesichtspunkt ergeben, dass sie von A nicht wirklich gewollt war.

Die Annahme eines Scheingeschäftes gem. § 117 I BGB scheidet jedoch aus, da es insoweit an der Einverständlichkeit fehlt. Auch ist die Kündigung nicht als Scherzerklärung gem. § 118 BGB nichtig, da ja B nach der Vorstellung des A die Kündigung gerade ernst nehmen sollte. Gem. § 116 S.1 BGB ist aber ein geheimer Vorbehalt, das Erklärte nicht zu wollen, grundsätzlich unbeachtlich. Anders wäre es nur, falls B den Vorbehalt des A, die Kündigung nicht zu wollen, positiv gekannt hat. Den dafür erforderlichen Beweis hat A aber nicht angetreten.

Daher ist die Kündigung des A wirksam. Ein Arbeitsverhältnis zwischen A und B besteht nicht mehr. Folglich kann A von B keine Weiterbeschäftigung verlangen.

Ausnahme § 405 BGB!

Eine Ausnahme von der Nichtigkeit des Scheingeschäftes regelt § 405 BGB im Zusammenhang mit der Abtretung: Danach ist der Einwand des Scheingeschäftes i.S.v. § 117 BGB gegenüber dem Zessionar (= Abtretungsempfänger) ausgeschlossen, wenn der Schuldner seine Schuld *urkundlich verbrieft* hat. Dies gilt sowohl für die Fälle, in denen eine Schuld nur zum Schein *eingegangen* wird (§ 405 BGB direkt), als auch für die nur zum Schein erfolgte Abtretung einer tatsächlich bestehenden Schuld (§ 405 BGB analog).[103]

Dies gilt freilich nur, sofern der Schuldner eine Urkunde über seine Schuld ausgestellt hat und diese bei Geltendmachung der Forderung vorgelegt wird.

> **hemmer-Methode: Eine weitere Ausnahme des gutgläubigen Forderungserwerbs findet sich in Art. 16 II WG. Da jedoch die dem Wechsel zugrunde liegende Forderung nach sachenrechtlichen Grundsätzen übertragen wird, handelt es sich insoweit nur um eine „unechte Ausnahme", da bei der Wechselübertragung entsprechende Publizitätserfordernisse gewahrt sind, die der Forderungsabtretung grds. fehlen.**

---

102 PALANDT, § 117, Rn. 7.

103 PALANDT, § 405, Rn. 4 f.

2. Wirksamkeit des verdeckten (dissimulierten) Geschäfts

Unwirksamkeit des dissimulierten Rechtsgeschäfts aus anderen Gründen möglich

Sofern hinter dem Scheingeschäft (simuliertes Geschäft) ein verdecktes, ernstlich gewolltes Geschäft (dissimuliertes Geschäft) steckt, ist dieses *wirksam*, wenn es seinerseits allen Gültigkeitsanforderungen entspricht, § 117 II BGB. § 117 II BGB entspricht insoweit dem Rechtsgedanken der falsa demonstratio.

60

Verstößt das dissimulierte Geschäft aber z.B. gegen ein gesetzliches Verbot (§ 134 BGB), ist es sittenwidrig (§ 138 BGB) oder entspricht es nicht einem zwingenden Formerfordernis (§ 125 BGB), so ist auch dieses nichtig.

Merke: Ist ein Rechtsgeschäft nach § 117 I BGB als Scheingeschäft nichtig, so ist stets zu prüfen, ob nicht ein verdecktes Rechtsgeschäft nach § 117 II BGB Gültigkeit erlangt.

> **hemmer-Methode: Denken in Zusammenhängen! Betrachten Sie die gleiche Problematik von mehreren Blickwinkeln und lesen Sie diesbezüglich auch die Ausführungen in HEMMER/WÜST, BGB-AT I, Rn. 180.**

⇨ alle Wirksamkeitsvoraussetzungen prüfen

Für das verdeckte Geschäft sind somit ebenfalls alle Wirksamkeitsvoraussetzungen zu prüfen.

Bsp.: V und K wollen einen Kaufvertrag über ein Hausgrundstück zum Preis von 250.000 € schließen. Im notariell beurkundeten Kaufvertrag wird ein Kaufpreis von nur 200.000 € angegeben; dadurch wollen V und K Steuern und Kosten sparen.

60a

Für K wird eine Auflassungsvormerkung eingetragen. Drei Wochen später wird für D eine weitere Vormerkung auf Eintragung einer Grunddienstbarkeit eingetragen. Danach wird K als Eigentümer des Grundstücks eingetragen. D begehrt nun von K die Zustimmung zur Eintragung der Grunddienstbarkeit.

1. Abwandlung: *Wie wäre die Rechtslage, wenn sich der K beim Kaufvertrags__abschluss__ von X vertreten lässt und von der Preisabsprache des Vertreters X mit V keinerlei Kenntnis hatte ?*

2. Abwandlung: *Wie wäre die Rechtslage, wenn sich der K bei den Kaufvertrags__verhandlungen__ von X vertreten lässt, dieser bei den Verhandlungen die Preisabsprache mit V traf, aber der K den Kaufvertrag in Unkenntnis der Schwarzkaufabrede selbst abschließt ? Ist in diesem Fall der Kaufvertrag wirksam.*

wichtig z.B. für Vormerkung
⇨ zu sichernder Anspruch notwendig

D könnte gegen K einen Anspruch auf Zustimmung zur Eintragung der Grunddienstbarkeit aus § 888 I BGB haben. Ein solcher Anspruch wäre dann begründet, wenn die für K bestellte Vormerkung unwirksam ist. Wäre die Vormerkung für K wirksam bestellt, dann wäre die spätere Vormerkung für D nach § 883 II BGB unwirksam.

60b

Nach § 883 I S.1 BGB kann eine Vormerkung zur Sicherung eines schuldrechtlichen Anspruchs an einem Grundstück bestellt werden. Demnach ist zu prüfen, ob K ein schuldrechtlicher Anspruch zustand.

Scheingeschäft nach § 117 BGB, verdecktes Geschäft nach § 125 BGB nichtig

1 Das von V und K beurkundete Rechtsgeschäft, Kauf zu 200.000 €, ist von den Parteien übereinstimmend nicht gewollt und somit nach § 117 I BGB nichtig.[104]

2 Das von den Parteien gewollte Geschäft, Kauf zu 250.000 €, § 117 II BGB, ist nicht beurkundet worden und daher zunächst wegen Formmangels nichtig, § 311b I S.1 BGB, § 125 S.1 BGB.

---

104 PALANDT, § 117, Rn. 4 ist insoweit etwas missverständlich, als sich gerade aus dem dort mitzitierten § 41 AO (für Scheingeschäft besonders Abs.2) ergibt, dass es für die Steuer nicht auf die bürgerlich-rechtliche Wirksamkeit eines Vertrags ankommt. Dabei wird statt einer rechtlichen vor allem eine wirtschaftliche Betrachtung des Geschäfts durchgeführt.

keine falsa demonstratio, da bewusst falsch

Dies widerspricht auch nicht der Regel der falsa demonstratio non nocet, wonach eine falsche Bezeichnung nicht schadet, wenn beide Parteien übereinstimmend etwas anderes gewollt haben. Denn die Regel der falsa demonstratio würde nur gelten, wenn die Parteien den Preis versehentlich falsch beurkundet hätten.

V und K haben sich den Preis aber bewusst unrichtig beurkunden lassen. Die falsa-demonstratio-Regel will aber nicht eine bewusste Umgehung der Formvorschriften begünstigen. Deshalb ist auch das verdeckte Rechtsgeschäft zunächst nichtig.

3 Heilung nach § 311b I S.2 BGB

keine Rückwirkung

- Der mündliche Vertrag V-K über 250.000 € wurde aber gemäß § 311b I S.2 BGB durch Auflassung und Eintragung wirksam. Geht man davon aus, dass sich die Vormerkung auch auf diesen dissimulierten Vertrag bezieht,[105] so könnte ein schuldrechtlicher Anspruch des K für die Vormerkung unter zwei Gesichtspunkten bestehen.

- Zum einen könnte man annehmen, die Heilung des formunwirksamen, verdeckten Kaufvertrages wirke auf den Zeitpunkt des Vertragsschlusses zurück; dann hätte zum Zeitpunkt der Bestellung der Auflassungsvormerkung bereits der erforderliche schuldrechtliche Anspruch auf Eigentumsübertragung bestanden. Zum anderen könnte man der Ansicht sein, die Möglichkeit einer Heilung nach § 311b I S.2 BGB führe dazu, dass schon vor Wirksamkeit des Kaufvertrages ein künftiger oder bedingter Anspruch auf Eigentumsübertragung entstehe.

- Die Heilung wirkt jedoch nicht rückwirkend, da durch § 311b I S.2 BGB nur die Formnichtigkeit des Kaufvertrages geheilt wird, um nach erfolgter Eintragung im Grundbuch eine Kondiktion des Eigentums zu verhindern.[106] Dies ergibt sich auch aus dem Wortlaut des § 311b I S.2 BGB ("wird ... gültig").

⇨ notwendige Forderung f. Vormerkung fehlt, § 888 BGB (-)

- Auch ein künftiger Anspruch im Sinne des § 883 I S.2 BGB wird durch die Heilung nach § 311b I S.2 BGB nicht begründet. Dazu müsste der Rechtsboden für die Entstehung des Anspruchs bereits dergestalt bereitet sein, dass die Entstehung nur noch vom Willen des Berechtigten abhängt bzw. - so die a. A. - die Bindung vom künftigen Schuldner nicht mehr einseitig zu beseitigen ist.[107] Bei einem formunwirksamen Grundstückskaufvertrag kann der Käufer aber die Heilung des Kaufvertrages nach § 311b I S.2 BGB nicht unabhängig vom Verkäufer herbeiführen, da zur Eintragung im Grundbuch dessen Mitwirkung erforderlich ist.

Demnach bleibt die für K eingetragene Auflassungsvormerkung wirkungslos. Der Anspruch des D aus § 888 I BGB auf Zustimmung zur Eintragung ist begründet.

1. Abwandlung: In der ersten Abwandlung ergibt sich keine Änderung, da die einverständliche Schwarzkaufabrede gemäß § 166 I BGB dem K zugerechnet wird.[108]   *60c*

Wenn der Vertreter die Willenserklärung selbst zum Schein abgibt, ist die bewusste Nichternstlichkeit über die Wissenszurechnung des § 166 I BGB als *„einverständliches Nichtwollen"* dem Vertretenen nach allgemeiner Ansicht zuzurechnen.

2. Abwandlung: In der zweiten Abwandlung stellt sich die Frage, wie sich die im Rahmen der vorvertraglichen Verhandlungen mit einem Verhandlungsbevollmächtigten getroffene „Scheingeschäftsabrede" auf die Wirksamkeit des Vertragsschlusses auswirkt[109]   *60d*

1. Nichtigkeit gemäß § 117 I BGB

Die vom K gegenüber dem V abgegebene Willenserklärung wäre gem. § 117 I BGB nichtig, wenn sie mit dem Einverständnis des Bekl. nur zum Schein abgegeben worden wäre.

105   Dies verneint BGHZ 54, 56 ff., vgl. hierzu MEDICUS, BR, Rn. 555.

106   PALANDT, § 311b, Rn. 56.

107   PALANDT, § 883, Rn. 15.

108   Vgl. dazu MÜKO, § 166 Rn. 6 und Rn. 24

109   BGH, MDR 2000, 1308 ff. = ZIP 2000, 1533 ff. = **Life&Law 2000, 779 ff.** bzw. erneut BGH, NJW 2001, 1062 f. = **Life & Law 2001, 479 ff.**

Der K wollte jedoch den Vertrag so schließen, wie er tatsächlich beurkundet wurde. Entsprechend musste er auch die Vertragserklärung des V verstehen. Schließlich fehlte ihm jede Kenntnis von der vorvertraglichen „Scheingeschäftsabrede". Damit fehlte es an dem in § 117 I BGB vorausgesetzten tatsächlichen Konsens über die Simulation.

Fraglich ist jedoch, wie es sich auswirkt, dass der Verhandlungsbevollmächtigte während der Vertragsverhandlungen mit dem V eine „Scheingeschäftsabrede" getroffen hat. In Betracht käme insoweit eine Zurechnung an den K.

Eine unmittelbare Anwendung des § 166 I BGB scheidet aus, weil sich der K bei Vertragsschluss nicht von dem Verhandlungsbevollmächtigten hat vertreten lassen.

Fraglich ist, ob die Scheingeschäftsabrede über § 166 I BGB analog zugerechnet werden kann. Problematisch hieran erscheint jedoch, dass über § 166 I BGB analog nur eine „Wissens"-Zurechnung stattfindet, nicht aber eine Zurechnung von „Willens"-Elementen. So gilt es zu beachten, dass es vorliegend um das bei Geschäftsabschluss unter den Beteiligten notwendige Einverständnis geht, nur den äußeren Schein eines Rechtsgeschäfts hervorzurufen, dessen Rechtswirkungen aber nicht eintreten lassen zu wollen.

Dieses Einverständnis ist zwar keine selbständige rechtsgeschäftliche Willenserklärung, die einer Auslegung zugänglich wäre. Doch gehört es zum Tatbestand des Scheingeschäfts und setzt als solches eine „Übereinstimmung im Willen" voraus, die hinter der zum Schein abgegebenen Erklärung steht.

Dieser *Wille muss bei den abschließenden Vertragsparteien vorhanden sein*, und nur aus ihm ergibt sich wertungsmäßig die vom Gesetz festgelegte Nichtigkeitsfolge, weil eine Erklärung keine rechtsgeschäftlichen Folgen haben kann, die die Handelnden übereinstimmend nicht wollen.

Insoweit wird § 117 I BGB auch als *„Konkretisierung der negativen Kehrseite der Privatautonomie"* bezeichnet. Demnach ist festzuhalten, dass es vorliegend um eine „Willensübereinstimmung" bezüglich des Abschlusses eines Scheingeschäfts geht. Es wäre folglich eine „Willens"-Zurechnung erforderlich. Derartiges wird jedoch von der „Wissens"-Zurechnung des § 166 I BGB analog nicht erfasst.

Zwischenergebnis: Mangels einer Übereinstimmung hinsichtlich der „Simulation" scheidet § 117 I BGB aus.

2. Nichtigkeit gemäß § 118 BGB

Die Willenserklärung des V könnte jedoch nach den Grundsätzen des **„misslungenen Scheingeschäfts"** gem. § 118 BGB nichtig sein[110]. Dessen tatbestandliche Voraussetzungen sind vorliegend zu bejahen.

Fraglich ist jedoch, ob sich der erklärende V tatsächlich auch auf die Nichtigkeit berufen kann oder ob ihm dies vor dem Hintergrund von Treu und Glauben gem. § 242 BGB verwehrt ist.

a) Die Berufung auf die Nichtigkeit könnte dann als **unzulässige Rechtsausübung** beurteilt werden, wenn die nicht ernst gemeinte Erklärung zu „Täuschungszwecken" verwendet worden wäre.

Vorliegend wollte jedoch weder der Verhandlungsbevollmächtigte des K den V, noch wollte der V den K durch Täuschung zum Vertragsabschluss bestimmen.

b) Fraglich ist weiterhin, ob nicht eventuell die Beurkundungsfunktion des § 311b I S.1 BGB der Anwendung des § 118 BGB entgegensteht. Insoweit ist auf Sinn und Zweck des § 311b I S.1 BGB abzustellen.

---

110   Vgl. dazu sogleich unter Rn. 67 a.E.

Warn- h. Schutzfunktion

Der Formzwang verfolgt den Zweck, den Veräußerer und den Erwerber von Grundstückseigentum vor übereilten Verträgen zu bewahren und ihnen reifliche Überlegungsfreiheit sowie sachkundige und unparteiische Beratung durch den Notar zu gewähren (sog. „Warn"- und „Schutzfunktion") sowie den Inhalt der Vereinbarung klar und genau festzustellen und die Beweisführung zu sichern („Beweis"- und „Gewährsfunktion").

Diese Funktionen erstrecken sich zwar auch auf die Frage, ob die zu beurkundenden Willenserklärungen ernstlich gemeint sind. § 17 II BeurkG schreibt deswegen vor, dass bei Zweifeln, ob das Geschäft dem Gesetz oder dem wahren Willen der Beteiligten entspricht, die Bedenken mit den Beteiligten erörtert werden sollen. Gleichwohl schützt die Beurkundung nicht davor, dass die Erklärungen der Parteien einen anderen Inhalt haben können, als sich aus ihrem Wortlaut erschließt. Insbesondere ist es möglich, dass eine nicht ernstlich gemeinte Willenserklärung - ohne einen Belehrungsvermerk des Notars nach § 17 II BeurkG - beurkundet wird, weil § 118 BGB lediglich voraussetzt, dass der Erklärende subjektiv der Ansicht war, die mangelnde Ernstlichkeit werde erkannt werden, nicht dagegen auch, dass die Nichternstlichkeit dem Empfänger oder dem Notar hat auffallen müssen.

Da Derartiges jedoch gerade nicht beurkundet wird, scheidet ein Wertungswiderspruch aus. Demnach kann die notarielle Beurkundung nicht dazu führen, die Nichtigkeitsfolge des § 118 BGB zu verneinen.

c) Zu klären bleibt, ob nicht der Verkehrsschutz vorliegend der Nichtigkeitsfolge des § 118 BGB entgegensteht. Denkbar wäre, bei notariellen Urkunden insoweit einen Verkehrsschutz anzuerkennen, dass den beurkundeten Erklärungen kein anderer Inhalt zukommen kann, als er sich aus dem Wortlaut erschließt.

Insoweit ist jedoch zu beachten, dass die zur sog. „falsa demonstratio" entwickelten Grundsätze auch auf beurkundungspflichtige Rechtsgeschäfte angewendet werden. Es ist demnach kein Wertungswiderspruch, wenn eine von dem Notar und dem Vertragspartner als solche nicht erkannte nicht ernstlich gemeinte Willenserklärung nicht gelten soll. Ein besonderer Verkehrsschutz besteht insoweit also nicht.

Schließlich ist zu berücksichtigen, dass das Vertrauen in die Gültigkeit der Erklärung nach gesetzgeberischer Wertung allein durch § 122 I BGB geschützt wird.

Ergebnis: Nach alledem ist der Vertrag gem. § 118 BGB nichtig, sodass es auf die Frage, ob er wirksam angefochten wurde, nicht mehr ankommt.

III. Abgrenzung zum Treuhand-, Strohmann- und Umgehungsgeschäft

Abgrenzungsfragen

Während beim Scheingeschäft nach dem übereinstimmenden Willen von Erklärendem und Erklärungsempfänger die Erklärung nicht ernst gemeint ist, soll bei den oben genannten Geschäften nach dem Willen der Beteiligten die Rechtsfolge der Willenserklärung gerade eintreten. Setzt der von den Parteien erstrebte Erfolg gerade die Gültigkeit des Rechtsgeschäfts voraus, liegt kein Scheingeschäft vor.

*vgl. zum Grenze Umgehung
→ 117 E*

1. Treuhandgeschäft

*Treuhandgeschäft:
Überschuss an Rechtsmacht*

Ein *Treuhandgeschäft* liegt vor, wenn der Treugeber dem Treuhänder Vermögensrechte überträgt oder Verfügungsmacht einräumt, von der der Treuhänder nur nach Maßgabe einer schuldrechtlichen Vereinbarung Gebrauch machen darf. Der Treuhänder erhält einen *Überschuss an Rechtsmacht*.   **61**

Typisch für ein Treuhandverhältnis ist damit die über das Innenverhältnis hinausgehende Rechtsmacht des Treuhänders im Außenverhältnis (Beispiele: Sicherungsübereignung, Sicherungsabtretung, Sicherungsgrundschuld).

Im Einzelfall kann zweifelhaft sein, ob die Einräumung des Überschusses an Rechtsmacht ernstlich gewollt ist.

— *Bsp.(1): A überträgt seinem Freund B seinen Anteil einer Gesellschaft, um diesen Anteil dem mit der Pfändung drohenden Gläubiger zu entziehen.*

Die auf Übertragung des Gesellschaftsanteils gerichteten Willenserklärungen könnten nach § 117 I BGB nichtig sein.

Nach § 117 I BGB wären die Willenserklärungen nichtig, wenn die Übertragung nur zum Schein erfolgen sollte. Wenn aber mit Pfändung durch die Gläubiger zu rechnen ist, konnte A dem nur durch eine *wirksame* Übertragung des Gesellschaftsanteils auf B begegnen.

Die wirksame Übertragung des Anteils ist gewollt. Dann bleibt für § 117 I BGB kein Raum. Ein nichtiges Scheingeschäft läge nur dann vor, wenn A gehofft hätte, seine Gläubiger schon durch den Schein einer wirksamen Übertragung vom Pfändungsversuch abzuhalten.

— *Bsp.(2)* [111] *E baut auf seinem Grundstück. Die Bauhandwerker verlangen Sicherungshypotheken gemäß § 648 I BGB. Um die erste Rangstelle für ein erwartetes günstiges Darlehen freizuhalten, bestellt E seinem Freund B eine Hypothek für eine Forderung aus von B angeblich geleisteten Bauarbeiten.*

E und B sind sich einig, dass eine solche Forderung nicht besteht. Die Bauhandwerker wurden nur nachrangig gesichert und tragen in der Zwangsversteigerung vor, die erstrangig eingetragene Hypothek sei nicht wirksam entstanden.

- Eine Hypothek setzt zu ihrer Entstehung eine Forderung voraus, vgl. § 1113 I BGB. Eine Forderung bestand aber nicht.

- Mangels Forderung könnte aber gemäß §§1163 I S.1, 1177 I BGB eine Eigentümergrundschuld entstanden sein.

Dies setzt voraus, dass die Erklärung des E bei der Einigung mit B nicht nach § 117 I BGB nichtig ist. Nach § 117 I BGB wäre die Erklärung nur dann nichtig, wenn die Bauhandwerker allein durch den Schein einer vorrangigen Belastung von der Durchsetzung ihres Anspruchs aus den Sicherungshypotheken abbringen wollte. Der von E beabsichtigte Erfolg war die Freihaltung der ersten Rangstelle. Dies lässt sich nur durch die Begründung einer *wirksamen* Eigentümergrundschuld erreichen. Folglich war die Erklärung des E ernst gemeint. Hier liegt ein fiduziarisches Rechtsgeschäft vor, denn die Parteien benötigen für ihr Ziel die Wirksamkeit des nicht in allen Konsequenzen gewollten Rechtsgeschäfts und nicht nur den Glauben Dritter an das Geschäft. In diesem Fall ist § 117 I BGB nicht anwendbar.

Zur Vertiefung: In Betracht kommt allerdings ein schuldrechtlicher ("kann verlangen") Löschungsanspruch der Bauhandwerker gem. § 1179a BGB (anders im Fall des § 1196 III BGB; selten Prüfungsgegenstand!). Der mögliche Löschungsanspruch ändert aber nichts daran, dass § 117 BGB nicht eingreift. Der rechtliche Erfolg war die Freihaltung der ersten Rangstelle, was zunächst auch eintritt.

2. Strohmanngeschäfte

Strohmanngeschäft

Den Treuhandgeschäften ähnlich sind die *Strohmanngeschäfte*. In diesem Fall werden eine oder mehrere Personen eingeschaltet, weil der wirtschaftlich an dem Geschäft Interessierte den Erfolg nicht oder nicht allein erreichen kann.

62

Bsp: H möchte ein wertvolles Bild für sich erwerben, aber nicht selbst als Käufer auftreten, sondern im Hintergrund bleiben. Deshalb bittet er K, das Bild als Strohmann in eigenem Namen zu erwerben. K schließt mit dem Verkäufer den Kaufvertrag und lässt sich das Bild übereignen.

---

111   BGHZ 36, 84.

K ist allein Vertragspartner des V. Er schuldet den Kaufpreis. K wird durch die Übereignung Eigentümer des Bildes. Aufgrund der Vereinbarung zwischen H und K ist K verpflichtet, dem H das Bild zu übereignen, vgl. § 667 BGB. H seinerseits muss K das für den Erwerb des Bildes ausgelegte Geld ersetzen, vgl. § 670 BGB.

Bei Strohmanngeschäften liegt i.d.R. kein Fall des § 117 I BGB vor. Trotz der zwischen den Parteien getroffenen Nebenabreden ist das Geschäft ernstlich gewollt und daher gültig. Der Strohmann wird aus dem Rechtsgeschäft auch dann berechtigt und verpflichtet, wenn der andere Teil von dem Strohmanngeschäft Kenntnis hat. Der von den Parteien gewollte Zweck erfordert gerade ein wirksames Rechtsgeschäft.

Im Einzelfall kann aber auch das Strohmanngeschäft dann als Scheingeschäft i.S.v. § 117 I BGB nichtig sein, wenn der Strohmann auch im Außenverhältnis die mit dem Rechtsgeschäft verbundenen Pflichten nicht übernehmen will und der Vertragsgegner dies weiß.[112]

> **hemmer-Methode: Merken Sie sich zu den „Strohmanngeschäften":** Das Wort Strohmann sagt nichts darüber aus, ob § 117 BGB eingreift oder nicht. Prüfen Sie in diesen Fällen immer: Ist der rechtliche Erfolg gewollt oder nicht? Untersuchen Sie stets im Einzelfall, ob und zwischen welchen Beteiligten überhaupt Verpflichtungen entstehen sollen.

63

3. Umgehungsgeschäft

bei Umgehungsgeschäften § 117 BGB (-)

Kein Scheingeschäft i.S.d. § 117 I BGB stellen auch die *Umgehungsgeschäfte* dar, da die vereinbarten Rechtsfolgen von den Parteien ernstlich gewollt sind.

64

> *Bsp.: Herr A schließt mit B einen Arbeitsvertrag. Darin wird bestimmt, dass Herr A keinen Lohn erhält, sondern der Frau A Zahlungsansprüche gegen B zustehen sollen, da Herr A überschuldet ist und mit Lohnpfändungen seiner Gläubiger rechnen muss. Zur Vermeidung der Pfändungen werden die Lohnansprüche des A ausgeschlossen und die Forderungen der Frau A eingeräumt.*

Auch in diesem Fall sind die Rechtsfolgen des Vertrages von den Parteien ernstlich gewollt. Es liegt daher kein Fall des § 117 I BGB vor, vgl. § 850h ZPO.

Beachten Sie aber, dass ein Umgehungsgeschäft dennoch aus anderen Gründen (z.B. § 134 oder § 138 BGB) nichtig sein kann.

§ 117 BGB nur dann (+), wenn bloßer Schein d. Rechtsgeschäfts gewollt

Ergibt die Prüfung, dass weder Treuhand-, Strohmann- noch Umgehungsgeschäft vorliegt, so kann ein Scheingeschäft im Sinne des § 117 I BGB angenommen werden, wenn die Parteien ihr Ziel durch bloßen Schein eines Rechtsgeschäfts erreichen wollen.

65

> *Bsp. :[113] Der vorbestrafte V will als Versicherungsvertreter angestellt werden. Da Vorbestrafte nicht angestellt werden dürfen, vereinbart er mit dem Prokuristen der Versicherung, dass formal sein Sohn S angestellt, die Vertretertätigkeit aber allein von V erbracht werden solle.*

In diesem Fall liegt ein Scheingeschäft bezüglich der Anstellung des S vor. Zweck der Absprache war, V eine Beschäftigung zu verschaffen. Zu diesem Zweck war ein makelloses Führungszeugnis, nicht aber die Anstellung des S erforderlich. Damit liegt ein Scheingeschäft im Sinne des § 117 I BGB vor. Die Anstellung des S ist daher nach § 117 I BGB nichtig.[114]

---

112   PALANDT, § 117, Rn. 6.

113   OLG Karlruhe NJW 1971, 619.

114   MEDICUS, BR, Rn. 128.

E. § 118 BGB, Scherzerklärung

§ 118 BGB, Scherzerklärung;
ggf. Schadensersatz, § 122 BGB

Eine nicht ernstlich gemeinte Willenserklärung, eine sog. Scherzerklärung, ist nichtig. Das gilt auch dann, wenn der Erklärungsempfänger die Erklärung für bare Münze hält. Zwar ist der Erklärungsempfänger schutzwürdig, wenn er die Nichternstlichkeit ohne Fahrlässigkeit nicht kennt. Sein Vertrauen in die Wirksamkeit der Willenserklärung wird aber nur durch § 122 I BGB geschützt.

66

I. Anwendungsbereich

fehlende Ernstlichkeit Glaube,
es werde erkannt

Eine Scherzerklärung liegt vor, wenn der Erklärende eine nicht ernstlich gemeinte Willenserklärung in der Erwartung abgibt, der Mangel seiner Ernstlichkeit werde nicht verkannt werden.

67

- Dies setzt voraus, dass die Erklärung - wie bei § 116 BGB - vom Erklärenden *nicht ernst gemeint* ist.

- Daneben setzt § 118 BGB im Gegensatz zu § 116 BGB weiter voraus, dass der Erklärende davon ausgeht, der andere werde die *Nichternstlichkeit der Erklärung erkennen.*

> **hemmer-Methode: Liegt diese zweite Voraussetzung nicht vor, greift § 116 BGB („böser Scherz") ein.**

Bsp.: A „verkauft" dem B am Biertisch sein neues BMW 6´er Cabrio für 1.000,- €.

Motiv ist unbeachtlich

Das Motiv des Erklärenden (z.B. Scherz, Prahlerei) ist unbeachtlich. Entscheidend ist allein, dass der Erklärende ohne Täuschungsabsicht handelt. Für den Tatbestand des § 118 BGB ist es aber unbeachtlich, ob der andere die Nichternstlichkeit erkennt oder wenigstens erkennen kann.

> **hemmer-Methode: Sofern der Erklärungsempfänger die fehlende Ernstlichkeit erkennt, liegt - wie beim Scheingeschäft - begrifflich schon gar keine Willenserklärung vor. Dennoch sollten Sie in einer Klausur vom Vorliegen einer Willenserklärung ausgehen und deren Wirksamkeit dann an § 118 BGB scheitern lassen.**

„gescheitertes" Scheingeschäft

Weiter kann ein gescheitertes Scheingeschäft nach § 117 I BGB einen Anwendungsfall des § 118 BGB darstellen: Erkennt der Vertragspartner des Scheingeschäftes den Scheincharakter nicht, so fehlt es an dem für § 117 I BGB erforderlichen Einverständnis. Dies ändert jedoch nichts daran, dass die Willenserklärung nicht ernstlich gemeint war, und der Erklärende auch von der entsprechenden Erkennbarkeit ausgegangen ist.[115]

II. Rechtsfolge

Rechtsfolge:
Nichtigkeit; Grenze § 242 BGB

Liegt eine Scherzerklärung vor, ist diese nach § 118 BGB nichtig. Der Erklärende kann sich aber aus Treu und Glauben, § 242 BGB, dann nicht auf die Nichternstlichkeit berufen, wenn er erkennt, dass der Erklärungsempfänger den Scherz für ernst genommen hat. Dann ist der Erklärende unverzüglich zur Aufklärung verpflichtet.[116]

68

---

115 Vgl. dazu bereits das Fallbeispiel unter Rn. 60d; siehe auch PALANDT, § 118, Rn. 2.

116 LARENZ § 20 I b.

⇨ ggf. Aufklärung notwendig, sonst Arglist

Unterlässt er die Aufklärung, so muss er sich auf Verlangen des Gegners so behandeln lassen, als sei seine Erklärung von Anfang an gültig gewesen. Die Berufung auf den Mangel an Ernstlichkeit wäre nunmehr arglistig. Er täuscht jetzt durch Unterlassen und es ist daher interessengerecht, wenn seine Erklärung als gültig behandelt wird. Aus der Wertung des § 116 S.1 BGB ergibt sich, dass derjenige, der etwas für sich behält, was er offenbaren müsste, daraus keinen Vorteil ziehen darf. In diesem Fall ist die Berufung auf § 118 BGB gem. § 242 BGB untersagt.[117]

69

> *Bsp. :[118] A übergibt B am Stammtisch unter Augenzwinkern die schriftliche Kündigung der Wohnung. B gibt daraufhin eine Zeitungsanzeige auf, um sich neuen Wohnraum zu suchen. Erfährt A von der Zeitungsanzeige, muss er daraus schließen, dass B die Kündigung als ernst angesehen hat. Klärt A den B nicht unverzüglich auf, kann er sich später nicht darauf berufen, seine Erklärung sei als Scherz nichtig gewesen. Vielmehr muss er die Kündigung als wirksam gegen sich gelten lassen.*

bzgl. Vertrauensschaden gilt § 122 BGB

Die nichtige Scherzerklärung löst für den anderen, der auf die Gültigkeit der Willenserklärung vertraut, einen *Schadensersatzanspruch nach § 122 I BGB* auf Ersatz des Vertrauensschadens aus. Voraussetzung ist, dass die Scherzerklärung für den Vertrauensschaden ursächlich ist.

Ausgeschlossen ist der Ersatzanspruch nach § 122 II BGB, wenn der Erklärungsempfänger die Nichternstlichkeit kennt, denn er hat nicht auf die Gültigkeit vertraut und ist nicht schutzwürdig. Zum anderen versagt § 122 II BGB einen Schadensersatzanspruch auch dann, wenn der andere die Nichternstlichkeit infolge von Fahrlässigkeit nicht kennt.

Im Beispiel begehrt B die Inseratskosten. Die Kosten für die Zeitungsanzeige sind B, der die Kündigung als ernst auffasste, im Vertrauen auf die Gültigkeit der Kündigungserklärung des A entstanden. Ein Anspruch könnte sich aus § 122 I BGB ergeben. Der Anspruch ist aber nach § 122 II 2.Alt. BGB ausgeschlossen, wenn er die Nichternstlichkeit infolge Fahrlässigkeit, § 276 BGB, nicht kannte. Ob B bei gehöriger Aufmerksamkeit es nämlich als Scherz des A erkennen hätte können, als dieser die Kündigung am Stammtisch unter Augenzwinkern erklärt hatte, ist vorliegend nicht eindeutig, aber wohl eher zu bejahen. Dabei hätte auch B erkennen können, dass A diese für beide Seiten bedeutsame Willenserklärung nicht ernst gemeint hat.

aber Ausschluss schon bei leichter Fahrlässigkeit, § 122 II BGB

Beachte: Der Anspruch aus § 122 I BGB ist gemäß § 122 II 2.Alt. BGB bereits bei leichter Fahrlässigkeit ausgeschlossen.

---

hemmer-Methode: Die §§ 116 ff. BGB sind für den Anfänger oft verwirrend. Wenn Sie sich aber das Regelungssystem klarmachen, indem Sie auf die relevanten Kriterien abstellen, meistern Sie diese Schwierigkeiten: Sofern beide Parteien von der Nichternstlichkeit der Willenserklärung positiv wissen, ist diese nichtig (§ 116 S.2 BGB, falls der Erklärende von Unkenntnis des Vertragspartners ausgeht, ansonsten § 118 BGB; bei Einverständlichkeit gilt § 117 I BGB). Nur falls der Erklärende wollte, dass der Empfänger die Willenserklärung ernst nimmt, und dieser das auch tut, ist die Willenserklärung gem. § 116 S.1 BGB wirksam.

---

117   PALANDT, § 118, Rn. 2.

118   Nach BROX, AT, Rn. 344.

F. § 125 BGB, Formunwirksamkeit

Formnichtigkeit, § 125 BGB

Ein Rechtsgeschäft, welches nicht der gesetzlichen vorgeschriebenen Form entspricht, ist grds. gemäß § 125 S.1 BGB von Anfang an nichtig. Diese Rechtsfolge gilt selbst dann, wenn die Parteien den Vertrag als wirksam behandeln wollen.

70

Gem. § 125 S.2 BGB soll dies im Zweifel auch für ein rechtsgeschäftlich unter den Parteien vereinbartes Formerfordernis gelten.

I. Funktionen der Formbedürftigkeit

Grundsatz: Formfreiheit; unterschiedliche Schutzzwecke

Rechtsgeschäfte sind grundsätzlich *formlos* wirksam. Der Grundsatz der Formfreiheit dient der Erleichterung des Rechtsverkehrs. Nur ausnahmsweise ist die Einhaltung einer bestimmten Form vom Gesetz vorgeschrieben. Die gesetzlichen Formvorschriften können dabei jeweils unterschiedlichen Zwecken dienen.

71

—Warnfunktion,

— Beweisfunktion

Ziel eines Formerfordernisses kann wegen der mit dem Geschäft verbundenen Risiken zum einen der Schutz der Erklärenden vor übereilten Bindungen sein (*Warnfunktion*). Die Form kann mitunter Klarheit verschaffen, ob und mit welchem Inhalt das Geschäft zustande gekommen ist (*Beweisfunktion*). Auf diese Weise werden Streitigkeiten vermieden, ob die Parteien lediglich Vorverhandlungen geführt oder bereits einen Vertrag geschlossen haben und falls ja zu welchen Bedingungen.

—Beratungsfunktion,

—Kontrollfunktion

Sieht das Gesetz notarielle Beurkundung vor, soll über die beiden Funktionen hinaus eine sachkundige Beratung und Belehrung der Beteiligten sichergestellt werden (*Beratungsfunktion*). Daneben dienen die Formvorschriften möglicherweise auch der behördlichen Kontrolle der vorgenommenen Rechtsgeschäfte (*Kontrollfunktion*).

Welche Funktion einschlägig ist, richtet sich nach dem Schutzzweck der betreffenden Formvorschrift.

> *Bsp.:*
>
> - **Warnfunktion**: § 766 S.1 BGB; Bürge soll sich des Umfangs des Haftungsrisikos bei Bürgschaftsübernahme bewusst sein. "Wer bürgt, wird erwürgt!" Der Bürge haftet anders als der Hypothekenschuldner unbegrenzt mit seinem gesamten Vermögen.
>
> - **Beweisfunktion**: § 550 S.1 BGB; insb. bei Eigentümerwechsel (§ 566 BGB!) sollen Beweisschwierigkeiten vermieden werden.[119]
>
> - **Beratungsfunktion**: § 311b I S.1 BGB; u.a. soll die notarielle Beurkundung auch sachkundige Beratung beim Grundstückskauf gewährleisten.
>
> - **Kontrollfunktion**: § 24 GWB; wettbewerbsbeschränkende Abreden sind nur in Ausnahmefällen zulässig, daher soll die Schriftform eine Überwachung durch die Kartellbehörde ermöglichen.

> **hemmer-Methode:** Natürlich können auch verschiedene Schutzzwecke von einer Vorschrift erfasst sein wie z.B. bei § 311b I S.1 BGB, der sowohl Warn- als auch Beweis- und Beratungsfunktion hat. Die Unterteilung des Formzwangs in verschiedene Schutzzwecke ist aber keine bloße Förmelei, denn der Schutzzweck entscheidet nämlich letztendlich darüber, ob und ggf. unter welchen Voraussetzungen eine Formvorschrift disponibel ist (vgl. HEMMER/WÜST, BGB-AT I, Rn. 159).

zusammen zitieren

Beachte: § 125 BGB ist immer im Zusammenhang mit der jeweiligen Formvorschrift zu zitieren, z.B. §§ 125 S.1, 311b I S.1 BGB

---

119   PALANDT, § 566, Rn. 1.

II. Voraussetzungen der Formnichtigkeit

Die rechtshindernde Einwendung der Formnichtigkeit setzt tatbe-
standsmäßig dreierlei voraus: **72**

- 1 Für das in Frage kommende Rechtsgeschäft muss eine bestimmte Form vorgeschrieben sein.

- 2 Die Parteien haben bei Abschluss des Rechtsgeschäfts die Einhaltung der Form versäumt.

- 3 Die Formvorschrift darf nicht aufgehoben sein, der Formmangel
  darf nicht geheilt oder dem Geschäftsgegner die Berufung auf
  den Formmangel mit Rücksicht auf Treu und Glauben versagt
  sein.

1. Anordnung eines Formerfordernisses

gesetzliche o. rechtsgeschäftliche
Anordnung möglich

Die Formbedürftigkeit als Ausnahme von der grundsätzlichen Formlo-   **73**
sigkeit von Rechtsgeschäften kann sich aufgrund *Gesetzes*, aber
auch aufgrund *rechtsgeschäftlicher Vereinbarung* der Parteien ergeben.

Die gesetzlich angeordneten Formerfordernisse teilen sich - abge-
sehen von vereinzelten Sonderformen - in vier Gruppen auf: Schriftform (§ 126 BGB), Textform (§ 126b BGB), notarielle Beurkundung
(§ 128 BGB) und öffentliche Beglaubigung (§ 129 BGB).

a) Schriftform

gesetzliche Schriftform, § 126 BGB

Ist Schriftform *gesetzlich* vorgeschrieben, so richten sich die Anfor-   **74**
derungen nach § 126 BGB.

schriftliche Urkunde

Zur Wahrung der Schriftform ist daher erforderlich, dass über das
Rechtsgeschäft eine schriftliche Urkunde angefertigt worden ist. Eine
Urkunde ist die schriftliche Verkörperung einer Erklärung.

Der Text der Urkunde muss nicht vom Erklärenden selbst niedergelegt sein; der Text kann gedruckt, mit der Schreibmaschine oder mit
der Hand geschrieben sein.

> **hemmer-Methode:** Hierin unterscheidet sich die einfache Schriftform
> von der des eigenhändigen Testaments. Dieses muss der Erblasser
> *„von A bis Z"* selbst handschriftlich (= eigenhändig) schreiben und un-
> terschreiben, § 2247.

über gesamtes Rechtsgeschäft

Wichtig ist jedoch, dass die Urkunde das *gesamte* formbedürftige
Rechtsgeschäft umfasst.[120]

eigenhändige Unterschrift Ab-
schlussfunktion

Weiter ist nach § 126 BGB erforderlich, dass der Aussteller (= geistiger Urheber der Urkunde) die Urkunde eigenhändig durch Namensun-
terschrift oder durch notariell beglaubigtes Handzeichen unterzeichnet
hat. Dabei kann die Unterschrift auch in Form einer vor Abfassung der
Urkunde geleisteten *Blankounterschrift* erfolgen.[121]

Die Unterschrift muss jedoch den Urkundentext räumlich abschließen,
da ihr eine sog. Abschluss- und Deckungsfunktion zukommt. Folglich
reicht eine Unterschrift am Rand der Urkunde oder auf dem Briefum-
schlag grds. nicht aus.[122]

---

120   PALANDT, § 126, Rn. 3.

121   Dies gilt aber nach heutiger Rspr. nicht (mehr) für den Fall einer sog. Blankobürgschaft, vgl. Palandt, § 766, Rn. 4; HEMMER/WÜST, Kreditsicherungs-
      recht Rn. 19 ff.

122   PALANDT, § 126, Rn. 5; zur Wirksamkeit von „Oberschriften" auf Überweisungsformularen vgl. WEBER, JuS 1991, 543.

Einheitlichkeit der Urkunde

Die Vertragsurkunde muss **einheitlich** sein. Eine körperliche Verbindung ist nach der Rechtsprechung des BGH nicht mehr erforderlich; es genügt eine fortlaufende Paginierung, eine fortlaufende Numerierung der einzelnen Bestimmungen bzw. eine sonstige einheitliche Gestaltung[123].

Nachträgliche Änderungen **_oberhalb_** der Unterschrift werden von dieser gedeckt, wenn die frühere Unterschrift nach dem Willen der Parteien für den geänderten Inhalt Gültigkeit behalten soll.

Nicht ausreichend für die Wahrung der Schriftform für einen **_unterhalb_** vorhandener Unterschriften gesetzten Nachtrag wäre es, wenn sich die Parteien über den Inhalt des Nachtrags einig waren und ihn als durch die vorhandenen Unterschriften gedeckt ansähen.

> **hemmer-Methode:** Achten Sie darauf, dass bei sog. postscripta *im Erbrecht* andere Regeln gelten: Dort soll nach e.A. selbst bei nachträglichen Verfügungen die in einem Testament bereits vorhandene Unterschrift unter bestimmten Voraussetzungen ausreichen; die Form des § 2247 BGB bliebe gewahrt (vgl. hierzu näher Palandt, § 2247 BGB, Rn. 15, 18). Nach a.A. soll § 125 BGB gelten: Dann wäre das Testament bei neuen Verfügungen ohne eine erneute Unterschrift nichtig. Für den BGH spricht, dass eine neue Unterschrift des erwiesenen Erstellers unnötiger Formalismus wäre (vgl. HEMMER/WÜST, Erbrecht Rn. 58).
> Die strengeren Voraussetzungen an die Unterschrift außerhalb des Erbrechts lassen sich damit erklären, dass hier mehrere Parteien am Vertrag beteiligt sind. Änderungen müssen also immer von allen Vertragsteilen am Ende bestätigt werden. Eine andere Handhabung würde in der Praxis zu erheblicher Rechtsunsicherheit führen.

Bei der Unterzeichnung ist eine Vertretung zulässig. Der Vertreter kann nach st. Rspr. die Urkunde eigenhändig mit dem Namen des Vertretenen unterzeichnen. Unterzeichnet er in eigenem Namen, muss das Vertretungsverhältnis in der Urkunde irgendwie zum Ausdruck kommen.

> **hemmer-Methode:** Die Voraussetzung der Eigenhändigkeit wurde von der Rechtsprechung schon früh aufgelockert, indem auch die von einem Vertreter im Namen des Vertretenen geleistete Unterschrift ausreicht. Demgegenüber fehlt die Eigenhändigkeit bei Namensstempeln, Fernschreiben oder Telegrammen. Ebenso wenig genügt die Übermittlung durch Telefax. Dies ergibt sich aus einem Umkehrschluss aus § 127 II S. 1 BGB.

Unterschrift auf gleicher Urkunde notwendig, § 126 II BGB

Bei Verträgen gilt § 126 II BGB, sodass sich die Unterschriften der Vertragspartner grds. **_auf derselben Urkunde_** befinden müssen. Nur falls der Vertrag in mehrfacher Ausfertigung vorliegt, genügt die Unterschrift des einen Teils auf der jeweils für den anderen bestimmten Ausfertigung.

Beispiel: Lösen Sie folgenden Fall zur Schriftform des § 550 BGB[124]!

"Sehr geehrter Herr Ast,

nachdem wir bis heute von Ihnen keinen neuen, geänderten Mietvertrag erhalten haben, erlauben wir uns den mündlich geschlossenen Mietvertrag mit 5 jähriger Laufzeit schriftlich zu bestätigen.

....

(es folgt der Vertragstext)

....

Mit freundlichen Grüßen

Ralf Richardi

---

123   PALANDT, § 126, Rn. 4; BGH NJW 2003, 1248 ff. (sog. „**Auflockerungsrechtsprechung**")

124   vgl. BGH Urteil vom 14.07.2004, Az.: XII ZR 68/02; Pressemitteilung in ZGS 2004, 327

Unterhalb dieser (Original)Unterschrift des Vermieters befindet sich der unstreitig in dessen Gegenwart vom Mieter handschriftlich gefertigte und original unterschriebene Zusatz"

„Akzeptiert mit Gegenzeichnung"

Anton Ast, 26.3.98

Ist der Mietvertrag ordentlich kündbar ?

Lösung: Der Vertrag wäre nur dann ordentlich kündbar, wenn er auf unbestimmte Zeit geschlossen worden wäre, da bei wirksam befristeten Verträgen eine vorzeitige Beendigung nur durch außerordentliche Kündigung möglich ist.

Die Befristung eines Mietvertrags von mehr als 1 Jahr bedarf aber für ihre Wirksamkeit der Schriftform des § 550 S.1 BGB; anderenfalls gilt der Vertrag als auf unbestimmte Zeit geschlossen, § 550 S.2 BGB.

Der Wahrung der Schriftform könnte entgegenstehen, dass die Nachtragsvereinbarung in einem Schreiben des Vermieters an den Mieter niedergelegt ist, auf das der Mieter - unterhalb der Unterschrift des Vermieters - eine mit seiner Unterschrift versehene Einverständniserklärung gesetzt hat.

Unterschreibt nämlich der Vermieter den Vertragsentwurf und sendet er ihn dem Mieter zur Unterschrift zu, handelt es sich in diesem Stadium lediglich um ein Vertragsangebot. Die Unterschrift des Mieters stellt dann die Annahmeerklärung dar, und zwar unabhängig davon, ob sie mit einem die Annahme bekräftigenden Zusatz (hier: "akzeptiert mit Gegenzeichnung") versehen ist oder nicht, weil auch die bloße Unterschrift den gleichen Erklärungsinhalt hat.

Befindet sich diese Unterschrift aber wie üblich rechts neben oder gar unter der Unterschrift des Vermieters, deckt dessen Unterschrift aufgrund ihrer räumlichen Anordnung nur sein eigenes Angebot und nicht zugleich die in der Unterschrift des Mieters zu sehende Annahmeerklärung, und zwar um so weniger, als sich zumeist aus der beigefügten Datumsangabe ergeben wird, dass es sich bei der Unterschrift des Mieters um eine später abgegebene Erklärung handelt.

Reichsgericht: Schriftform nicht gewahrt

Aus diesem Grund hat das Reichsgericht die Form als nicht gewahrt angesehen.

BGH: Aufgabe der Reichsgerichtsrechtsprechung

Da diese Auffassung des Reichsgerichts aber jedenfalls für § 550 BGB nicht überzeugend ist, hat der BGH in Abkehr von RGZ 105, 60 [62] zu Recht die Wahrung der Schriftform und damit die Wirksamkeit der Befristung bejaht.

Zwar reicht ein Briefwechsel, etwa die Übersendung eines Angebots und die Rücksendung einer Annahmeerklärung, zur Wahrung der Schriftform im Sinne des § 550 S.1 BGB nicht aus, weil sich die Willensübereinstimmung der Parteien dann nicht aus einer, sondern erst aus der Zusammenfassung zweier Urkunden ergibt[125]. Hier befinden sich aber die Unterschriften beider Parteien auf ein- und derselben Urkunde.

Der von § 550 BGB in erster Linie bezweckte Schutz eines späteren Grundstückserwerbers (§ 566 BGB!) rechtfertigt diese strenge Auffassung nicht.

Für die in § 550 BGB vorgeschriebene Schriftform genügt es, wenn ein späterer Grundstückserwerber aus einer einheitlichen Urkunde ersehen kann, in welche langfristigen Vereinbarungen er nach §§ 578 I, 566 gegebenenfalls eintritt, nämlich dann, wenn diese im Zeitpunkt der Umschreibung des Grundstücks (noch) bestanden. Es ist aber nicht ersichtlich, dass er dies einer Urkunde, die sowohl das unterschriebene Angebot der einen als auch die darunter befindliche unterschriebene (uneingeschränkte) Annahmeerklärung der anderen Partei enthält, weniger zuverlässig entnehmen könnte als einem von beiden Parteien am Ende des Textes unterzeichneten Vertrag[126].

---

125   vgl. BGH NJW 2001, 221 [223]

126   vgl. auch ECKERT NZM 2001, 409 [410]

Zusammenfassend ist daher festzuhalten, dass die Unterschriften der Parteien hier die in der Urkunde niedergelegten Abreden decken, die vereinbart sind, sei es durch wechselseitige Unterzeichnung der Urkunde, sei es durch vorausgegangene mündliche Einigung. Der vom Mieter seiner Unterschrift vorangestellte Zusatz "akzeptiert mit Gegenzeichnung" ist insoweit unschädlich, weil er nichts anderes bedeutet als was auch seine bloße Unterschrift ohne jeden Zusatz bedeutet hätte.

> **hemmer-Methode:** Der BGH hat sich zu Recht von der Rechtsprechung des Reichsgerichts abgewandt, da die strikte Befolgung dieser zur Folge, dass eine unübersehbare Zahl schriftlicher Mietverträge der Form nicht genügen würde.

Telegramm und Telefax (-)

Gerade dann, wenn es darauf ankommt, eine Frist (insbes. Kündigungsfrist) zu wahren, spielen Telegramme bzw. in der heutigen Zeit wohl eher Telefaxe eine wichtige Rolle.

74a

Bsp.: V kündigt dem M am letzten Tag des Quartals die Wohnung durch Telegramm / Telefax.

Die Kündigung könnte nach §§ 125 S.1, 568 I BGB unwirksam sein. Nach § 568 I BGB ist für die Kündigung Schriftform erforderlich. Gem. § 126 I BGB muss die Unterzeichnung der Erklärung vom Aussteller eigenhändig erfolgen. Das von V eigenhändig unterschriebene *Aufgabetelegramm* erfüllt zwar die Voraussetzungen der Schriftform, doch geht M dieses nicht zu, § 130 BGB. Das *Ankunftstelegramm* ist von V nicht eigenhändig unterzeichnet, sodass die zugegangene Kündigungserklärung nicht schriftlich erfolgt ist. Die Kündigung ist damit unwirksam.[127]

Grds.: Fax reicht nicht !!!
(arg.e.contrario § 127 II S.1 BGB)

Dass die Schriftform ist bei der Übermittlung durch Telefax bei **materiellrechtlichen** Schriftformerfordernissen nicht gewahrt ist, ergibt sich eindeutig im Umkehrschluss aus § 127 II S.1 BGB, der nur bei der gewillkürten Schriftform diese Erleichterung zulässt.

FAX BEI KLAGEERHEBUNG (+)

> **hemmer-Methode:** Beachten Sie aber, dass die Schriftlichkeit bei der *prozessual* vorgeschriebener Schriftform (z.B. Klageerhebung, Berufungseinlegung etc.) mittels Telefax gewahrt ist[128]. Dies gilt seit dem Beschluss des Gemeinsamen Senates sogar für das Computerfax[129].

Wichtige Ausnahme: *Telefax kann ausreichen bei der Geltendmachung von geschäftsähnlichen Handlungen*

Bsp.: Im Tarifvertrag ist vereinbart, dass alle Ansprüche aus dem Arbeitsvertrag schriftlich innerhalb eines Monats nach Beendigung des Vertrages gegenüber dem Vertragspartner geltend gemacht werden müssen. Nach 3 ½ Wochen schickt der Arbeitnehmer A seinem Arbeitgeber B ein Fax, in welchem er die Zahlung einer Restvergütung verlangt. Nach 6 Wochen wendet B ein, der A habe die Ansprüche nicht rechtzeitig schriftlich geltend gemacht. Zu Recht[130]?

74b

Zu prüfen ist, ob A die tarifliche Ausschlussfrist tatsächlich eingehalten hat. Dazu müsste die Geltendmachung durch Telefax das **Merkmal der Schriftlichkeit** i.S.d. Tarifvertrags erfüllen.

a) Das Telefaxschreiben gibt maschinenschriftlich die Forderung nach Lohnzahlung wieder. Es ist als Schrift wahrnehmbar. Allerdings trägt das Schriftstück, dass übermittelt wurde, lediglich eine Abbildung der Originalunterschrift. Zu prüfen ist daher, gem. § 126 I BGB eine Originalunterschrift erforderlich war.

Zunächst müsste der Tarifvertrag ein **Gesetz im Sinne des BGB** sein. Dies ergibt sich aus Art. 2 EGBGB und § 1 I TVG.

---

127   Vgl. BGH, NJW 1990, 1613.

128   THOMAS/PUTZO § 129, Rn. 13.

129   GmS-OGB Beschluss vom 05.04.2000 in NJW 2000, 2340 = **Life & Law 2000, 626 ff.**

130   Vgl. dazu BAG NJW 2001, 989 ff. = BAG NZA 2001, 231 = **BAG Life & Law 2001, 400 ff.**

Der Tarifvertrag ist in erster Linie ein privatrechtlicher Vertrag zwischen tariffähigen Parteien (vgl. § 2 I TVG) zur Regelung arbeitsrechtlicher Rechte und Pflichten. Besonderheiten ergeben sich jedoch aus der Doppelnatur des Tarifvertrags: Er hat einen schuldrechtlichen Teil, der Rechte und Pflichten der Parteien festlegt, und einen normativen, der Rechtsvorschriften enthält, welche von den Tarifvertragsparteien einverständlich gesetzt werden. Die Reichweite der normativen Wirkung ergibt sich aus § 4 TVG.

Der normative Teil des Tarifvertrags ist damit ein Gesetz i.S.d. § 126 BGB, das grundsätzlich ein gesetzliches Schriftformerfordernis begründen kann.

b) Darüber hinaus müsste § 126 BGB aber auch auf Erklärungen der hier vorliegenden Art, mithin die Geltendmachung einer Forderung im Sinn einer tariflichen Ausschlussfrist, anwendbar sein.

§§ 125, 126 BGB gelten unmittelbar jedoch nur für *Willenserklärungen*. Zwar enthält der Wortlaut des § 126 I BGB keine Beschränkung auf rechtsgeschäftliche Erklärungen, doch steht die Vorschrift im Abschnitt über „Rechtsgeschäfte", unter dem Titel „Willenserklärungen". Auch die Regelung der Rechtsfolgen des Formverstoßes in § 125 BGB ist allein für Rechtsgeschäfte geschaffen. Daraus folgt, dass § 126 I BGB jedenfalls unmittelbar nur für Rechtsgeschäfte bzw. Willenserklärungen gilt.

Die Geltendmachung eines Anspruchs i.S.d. TV ist keine Willenserklärung, sondern eine einseitige **rechtsgeschäftsähnliche Handlung**, auf die die Vorschriften des BGB über Rechtsgeschäfte entsprechend ihrer Eigenart analoge Anwendung finden *können.*

Während ein Rechtsgeschäft aus einer oder mehreren Willenserklärungen besteht, die allein oder in Verbindung mit anderen Tatbestandsmerkmalen eine Rechtsfolge herbeiführen, weil sie gewollt ist, sind geschäftsähnliche Handlungen auf einen tatsächlichen Erfolg gerichtete Erklärungen, deren Rechtsfolgen *kraft Gesetzes* eintreten.

§ 126 BGB ist daher nicht direkt auf die Geltendmachung nach dem TV anwendbar.

c) Zu prüfen sind deshalb die Möglichkeiten einer **analogen** Anwendung. Dazu müssten Normzweck und Interessenlage vergleichbar sein.

Angesichts der im Geschäftsleben Üblichkeit der Erklärungsübermittlung per Telefax besteht kein Grund, das Erfordernis der Originalunterschrift in entsprechender Anwendung von § 126 BGB auf Geltendmachungsschreiben zu übertragen, die ihren Sinn und Zweck auch erfüllen, wenn sie lediglich die bildliche Wiedergabe der Originalunterschrift enthalten.

Ausschlussfristen dienen dem Rechtsfrieden und der Rechtssicherheit im Vertragsverhältnis. Der Schuldner soll binnen einer angemessenen Frist darauf hingewiesen werden müssen, ob und welche Ansprüche noch gegen ihn geltend gemacht werden. Ferner soll er sich darauf verlassen können, dass er nach Fristablauf nicht mehr in Anspruch genommen wird.

Sinn und Zweck einer Ausschlussfrist erfordern es deshalb nicht, dass bei Anordnung einer schriftlichen Geltendmachung das notwendige Schreiben die Originalunterschrift des Anspruchstellers oder seines bevollmächtigten Vertreters wiedergibt. Entscheidend ist vielmehr, dass dem Geltendmachungsschreiben die Erhebung bestimmter, als noch offen bezeichneter Ansprüche aus dem Arbeitsverhältnis durch *Lesen einer textlichen Nachricht* entnommen werden kann.

Ergebnis: Der Anspruch wurde damit rechtzeitig schriftlich geltend gemacht.

wichtige Fälle

Die wichtigsten Fälle, in denen das Gesetz die Schriftform (§ 126 BGB) vorschreibt, sind:

75

- § 492 BGB Verbraucherdarlehensvertrag

- § 550 S.1 BGB: Mietvertrag über Wohnraum für länger als ein Jahr[131]

- § 568 I BGB: Kündigung eines Mietvertrages über Wohnraum

- § 623 BGB: Kündigung eines Arbeitsverhältnisses und Auflösungsvertrag

- § 766 S.1 BGB: Bürgschaftserklärung

- §§ 780, 781 BGB: Schuldversprechen, Schuldanerkenntnis

- § 1154 I BGB: Abtretungserklärung einer hypothekarisch gesicherten Forderung

b) Elektronische Form, § 126a BGB

§ 126a BGB wurde durch das Gesetz zur Anpassung der Formvorschriften des Privatrechts an den modernen Rechtsgeschäftsverkehr eingefügt und ist seit 01.08.2001 in Kraft.

kann grds. Schriftform nicht ersetzen

Der Anwendungsbereich der elektronischen Form entspricht grundsätzlich dem der Schriftform. Sie kann jedoch zum Beispiel in Rahmen von §§ 623, 766, 780, 781 BGB die Schriftform ***nicht*** ersetzen, vgl. §§ 623 2.Hs., 766 S.2, 780 S.2, 781 S.2 BGB.

Ausnahme Verständnis

Die Schriftform kann nur dann durch die elektronische Form ersetzt werden, wenn der Erklärungsempfänger oder Vertragspartner damit einverstanden ist. Das Einverständnis kann auch schlüssig erklärt werden und ist z.B. anzunehmen, wenn die Parteien ihren Geschäftsverkehr elektronisch abwickeln.

Um der elektronischen Form zu genügen, muss der Aussteller der Erklärung dieser seinen Namen hinzufügen und das elektronische Dokument mit einer qualifizierten elektronischen Signatur nach dem Signaturgesetz versehen.

Elektronische Signaturen sind nach § 2 Nr. 1 SigG Daten in elektronischer Form, die anderen elektronischen Daten beigefügt oder logisch mit ihnen verknüpft sind und die zur Authentifizierung dienen.

Voraussetzungen

Die qualifizierte elektronische Signatur muss zusätzlichen Anforderungen genügen. Sie muss:

- ausschließlich dem Signaturschlüsselinhaber zugeordnet sein,

- seine Identifizierung ermöglichen,

- mit Mitteln erzeugt werden, die der Schlüsselinhaber unter seiner alleinigen Kontrolle halten kann,

- mit den Daten, auf die sie sich beziehen, so verknüpft werden, dass eine nachträgliche Veränderung erkannt werden kann,

- auf einem zum Zeitpunkt ihrer Erzeugung gültigen qualifizierten Zertifikat beruhen und

- mit einer sicheren Signaturerstellungseinrichtung erzeugt worden sein.

---

131 Im Fall des § 550 S.1 BGB führt die Nichteinhaltung der Schriftform nicht zur Nichtigkeit des Rechtsgeschäfts nach § 125 S.1 BGB, sondern dazu, dass der Vertrag als auf unbestimmte Zeit geschlossen gilt; vgl. zum Umfang des Schriftformerfordernisses bei Mietvertragsurkunden und Bezugnahme auf Anlagen zum Mietvertrag **Life&Law 2000, 1 ff.**

132 Vgl. zum Umfang des Schriftformerfordernisses bei Mietvertragsurkunden und Bezugnahme auf Anlagen zum Mietvertrag **Life&Law 2000, 1 ff.**

Das elektronische Dokument muss das gesamte formbedürftige Rechtsgeschäft enthalten. Der Aussteller muss der Erklärung seinen Namen hinzufügen.

Da keine *Unter*zeichnung verlangt wird, genügt auch eine „Überschrift". Schließlich ist noch die elektronische Signatur erforderlich. Die Form ist auch dann gewahrt, wenn das Dokument von einem anderen mit Zustimmung des Ausstellers mit dessen Signatur versehen wird.

c) Textform, § 126b BGB

Ist Textform vorgesehen, muss die Erklärung in einer Urkunde oder auf andere zur dauerhaften Wiedergabe der Schriftzeichen geeigneten Weise abgegeben sein, § 126b BGB.

Hierfür muss der Absender die Erklärung in Richtung auf den Empfänger abgegeben haben und die Information so mitteilen, dass es dem Empfänger möglich ist, ihren Inhalt unverändert wiederzugeben bzw. zur Kenntnis zu nehmen.

> *Bspe.: Urkunden (auch Telefax), elektronische Datenträger (Disketten, CD-Rom)*

Eine Unterschrift oder eine elektronische Signatur ist nicht erforderlich. Allerdings muss die Person, die die Erklärung abgegeben hat, erkennbar sein.

Eine Erklärung in einer E-Mail genügt der Textform, wenn sie auf einem Server bei einem Online-Provider ankommt, auf den der Empfänger zugreifen kann und auch regelmäßig zugreift.

Nicht ausreichend ist es dagegen, wenn die Erklärung lediglich über eine **Homepage** im Internet lesbar, abrufbar oder speicherbar ist[133].

Die Erklärung ist erst dann „zur dauerhaften Wiedergabe ... abgegeben", wenn der Kunde den Text aus dem Internet herunterlädt und diesen ausdruckt oder auf der Festplatte oder Diskette speichert.

Die Anforderungen an die Dauer der Wiedergabefähigkeit werden nach den Erfordernissen des Rechtsgeschäfts zu beurteilen sein, auch wenn dies in § 126b BGB nicht ausdrücklich bestimmt ist.

So bestehen z.B. Unterschiede zwischen langfristigen Verträgen und bei auf einen einmaligen Leistungsaustausch gerichteten Verträgen.

d) Notarielle Beurkundung, § 128 BGB

Lesen Sie die nachfolgenden Ausführungen überblicksmäßig. Es geht nur darum, dass Sie die Angst vor besonderen Problemen der notariellen Beurkundung verlieren.

notarielle Beurkundung:
§ 128 BGB i.V.m. BeurkG

Ist durch Gesetz (oder Rechtsgeschäft[134]) notarielle Beurkundung vorgesehen, so richtet sich die Einhaltung des Formerfordernisses nach dem BeurkG (Schönfelder Nr. 23).

§ 128 BGB enthält für Verträge eine Sonderregelung hinsichtlich der Reihenfolge der Beurkundung von Antrag und Annahme. Er gilt nicht, wenn die Willenserklärung nur einer Partei formbedürftig ist oder ausdrücklich die gleichzeitige Anwesenheit beider Parteien gefordert wird.

77

---

133   Vgl. BGH NJW 2001, 2263 = **Life & Law 2001, 386 ff.**

134   Vgl. PALANDT, § 128, Rn. 2.

Niederschrift vor Notar

1. Zunächst müssen die Willenserklärungen vor einem Notar abgegeben werden und darüber eine *Niederschrift* angefertigt werden, §§ 8 ff. BeurkG.[135]

Vorlesen, Genehmigen, Unterschreiben

2. Diese Niederschrift muss dann in Gegenwart des Notars den Beteiligten *vorgelesen*, von ihnen *genehmigt* und eigenhändig *unterschrieben* werden, § 13 BeurkG. Sofern die Beteiligten die Niederschrift eigenhändig unterschrieben haben, wird vermutet, dass diese ihnen auch vorgelesen und von ihnen genehmigt wurde.

sukzessive Beurkundung von Verträgen möglich; auch verschiedene Notare möglich

Sofern es sich um die notarielle Beurkundung eines Vertrages handelt, können die erforderlichen Willenserklärungen gleichzeitig beurkundet werden.

Gem. § 128 BGB kann aber auch erst der Antrag und danach die Annahme beurkundet werden. Dabei ist es sogar möglich, Antrag und Annahme durch zwei verschiedene Notare beurkunden zu lassen. Erfolgt eine entsprechende sukzessive Beurkundung, kommt der Vertrag aber bereits mit der Beurkundung der Annahmeerklärung zustande, nicht erst mit Zugang derselben zum Vertragspartner, vgl. dazu § 152 BGB.[136]

gesetzliche Anordnung

Die wichtigsten Fälle, in denen das Gesetz die notarielle Beurkundung von Willenserklärungen vorschreibt, sind.[137]   *78*

(1) Beurkundung von Verträgen, bei denen keine gleichzeitige Anwesenheit der Parteien vorgeschrieben ist (nur hier gilt § 128 BGB):

- § 311b I BGB: Verpflichtung zur Übertragung oder zum Erwerb des Eigentums an einem Grundstück

- § 311b III BGB: Verpflichtung zur Übertragung oder Belastung des gegenwärtigen Vermögens

- § 873 II BGB: bindende dingliche Einigung über Belastung oder Übertragung des Eigentums an einem Grundstück (zur Form der eigentumsübertragenden Einigung s. gleich)

- § 2033 I S.2 BGB: Verfügung eines Miterben über seinen Erbanteil im Ganzen

- § 2348 BGB: Erbverzichtsvertrag

- § 2371 BGB: Verkauf der gesamten Erbschaft durch den Erben

(2) Fälle, in denen nur die Willenserklärung eines Teils der Beurkundung bedarf: *78a*

- § 518 I BGB: Beurkundung des Schenkungs*versprechens*

- § 2282 III BGB: Anfechtung eines Erbvertrages durch den Erblasser bzw. gesetzlichen Vertreter des geschäftsunfähigen Erblassers

- § 2296 BGB: Rücktritt von einem Erbvertrag

- §§ 2301 i.V.m. 2276 I BGB: Schenkungsversprechen von Todes wegen

---

135   Einen Fall zu den Voraussetzungen des BeurkG finden Sie in Life&Law 1998, 625: Dort ging es um das Erfordernis der Verlesung von Schriftstücken, auf die in der notariellen Urkunde Bezug genommen wird.

136   PALANDT, § 128, Rn. 3.

137   Vgl. hierzu Palandt, § 128 Rn. 2.

▢ *Bsp.: A will dem B eines seiner Grundstücke schenken. Um den B zu überraschen, geht er alleine zum Notar und lässt dort beurkunden, dass er dem B ein Grundstück schenke. Kurz nach Übergabe der Urkunde kommt es zwischen A und B zum Zerwürfnis. Nunmehr weigert sich A, dem B das Grundstück zu übereignen. B meint, ihm stünde aufgrund des wirksamen Schenkungsversprechens ein Anspruch auf das Grundstück zu. Hat B Recht?*

B stünde ein Anspruch gegen A auf Übereignung des Grundstücks zu, wenn zwischen beiden ein wirksamer Schenkungsvertrag zustande gekommen wäre.

Da beide über die Unentgeltlichkeit der Zuwendung einig waren, liegt hier zwischen A und B eine Schenkung vor. Zur Wirksamkeit eines Schenkungsvertrages ist gem. § 518 I BGB die notarielle Beurkundung des Schenkungsversprechens erforderlich. Allein die Erklärung des schenkenden Teils bedarf also der Beurkundung. Diese ist hier erfolgt.

Fraglich ist jedoch, ob nicht aufgrund des Gegenstands der Schenkung ein erweitertes Formerfordernis für den Schenkungsvertrag greift. Hier handelt es sich um ein Grundstück. Gem. § 311b I S.1 BGB muss für die Wirksamkeit eines Vertrages über den Erwerb oder die Übertragung eines Grundstückes der gesamte Vertrag, d.h. sowohl Antrag als auch Annahmeerklärung, notariell beurkundet werden.

An der Beurkundung der Annahmeerklärung des B fehlt es hier. Deshalb ist der Schenkungsvertrag zwischen A und B gem. §§ 125, 311b I S.1 BGB unwirksam. B kann nicht Übereignung des Grundstücks verlangen.

(3) Fälle in denen das Gesetz ausdrücklich die gleichzeitige Anwesenheit beider Parteien vorschreibt

- § 1410 BGB: Abschluss eines Ehevertrages unter gleichzeitiger Anwesenheit beider Parteien vor einem Notar

- § 925 BGB: Abgabe der Auflassungserklärung. Diese muss - in Abweichung zu § 128 BGB bei *gleichzeitiger*[138] Anwesenheit beider Beteiligter vor einem Notar erfolgen.

- § 2276 BGB: Abschluss eines Erbvertrages unter gleichzeitiger Anwesenheit der Beteiligten

hemmer-Methode: Eine notarielle Beurkundung der Auflassung ist materiellrechtlich nicht erforderlich! Lediglich aus formellen (grundbuchrechtlichen, vgl. GBO) Gründen wird regelmäßig die Auflassung gleichzeitig mit dem Kaufvertrag notariell beurkundet.

notarielle Urkunde ersetzt Schriftform u. öffentliche Beglaubigung

Mit der notariellen Beurkundung bezeugt der Notar, dass die in der Urkunde genannte(n) Person(en) vor ihm eine Erklärung des beurkundeten Inhalts abgegeben hat (haben).   **79**

Die Urkunde liefert Beweis dafür, dass der Erklärende die beurkundete Erklärung vor dem Notar abgegeben hat.

WICHTIG: Die notarielle Beurkundung ersetzt die Schriftform und die öffentliche Beglaubigung, §§ 126 IV, 129 II BGB und wird ihrerseits bei einem gerichtlichen Vergleich durch Aufnahme des Vergleichs in das Gerichtsprotokoll ersetzt, § 127a BGB.

e) Öffentliche Beglaubigung, § 129 BGB

öffentliche Beglaubigung nur bzgl. Echtheit der Unterschrift

Die öffentliche Beglaubigung stellt gegenüber der bloßen Schriftform eine Erweiterung dergestalt dar, dass die Unterschrift des Erklärenden durch einen Notar mittels eines auf die Urkunde gesetzten Vermerks beglaubigt wird, § 129 I BGB, § 39 BeurkG.   **80**

---

138   Zu Begriff der "Gleichzeitigkeit" HEMMER/WÜST, Sachenrecht III, Rn. 66.

Durch die Beglaubigung bezeugt der Notar, dass die Unterschrift oder das Handzeichen in seiner Gegenwart zu dem angegebenen Zeitpunkt von dem Erklärenden vollzogen bzw. anerkannt worden ist und dass die unterzeichnende und die im Beglaubigungsvermerk aufgeführte Person identisch sind[139].

Die Beglaubigung bezieht sich dabei nur auf die Echtheit der Unterschrift, nicht aber auf den Inhalt der Erklärung[140].

wichtigste Anwendungsfälle

Hauptsächlich wird die öffentliche Beglaubigung für Erklärungen vorgeschrieben, die einer Behörde gegenüber abzugeben sind:

- § 77 BGB: Anmeldung eines Vereins zum Vereinsregister

- § 1560 BGB: Antrag auf Eintragung in Güterrechtsregister

- § 12 I HGB: Anmeldung zur Eintragung in das Handelsregister

- § 29 GBO: Eintragungsbewilligung zur Eintragung im Grundbuch

> **hemmer-Methode: Beachten Sie dabei, dass die WE auch in der Form des § 129 BGB zugehen muss. Eine Abschrift oder Kopie reicht hingegen nicht aus.[141]**

erweiterte Rechtsfolgen bei öffentlicher Beglaubigung (§ 1155 BGB)

Oft knüpft das Gesetz an die öffentliche Beglaubigung einer Erklärung weitergehende Rechtsfolgen. So wird z.B. gem. § 1155 BGB der Grundbuchstand zugunsten eines gutgläubigen Erwerbers „in den Hypothekenbrief verlängert", wenn der Zedent sich durch eine ununterbrochene Reihe öffentlich beglaubigter Abtretungserklärungen ausweisen kann. Daher räumt das Gesetz dem Zessionar in § 1154 I S.2 BGB auch einen Anspruch auf Erteilung einer Abtretungserklärung in öffentlich beglaubigter Form ein (vgl. auch § 403 BGB).[142]

f) Rechtsgeschäftlich begründetes Formerfordernis, § 127 BGB

Formerfordernis kann rechtsgeschäftlich begründet werden

Wie sich aus § 127 BGB ergibt, kann auch durch Rechtsgeschäft ein bestimmtes Formerfordernis vereinbart werden. Dabei sind die Parteien nicht an die gesetzlich geregelten Formen gebunden, d.h. es kann die erforderliche Form völlig frei bestimmt werden (z.B. Abruf von Ware nur mittels bestimmter vorgefertigter Formulare). I.d.R. werden die Parteien aber eine der gesetzlichen Formen wählen.[143]

81

formlose Aufhebung möglich

Ein rechtsgeschäftlich vereinbartes Formerfordernis kann von den Parteien grds. jederzeit wieder aufgehoben werden.[144]

Dies ist ausdrücklich, aber auch stillschweigend möglich, indem die Parteien das Rechtsgeschäft oder eine Änderung desselben formlos abschließen und damit die Aufhebung der getroffenen Formvereinbarung zu erkennen geben.

Dies gilt selbst dann, wenn die Parteien gar nicht an den Formzwang gedacht haben. Begründet wird dies damit, dass die Parteien nicht für die Zukunft auf ihre Vertragsfreiheit verzichten können.[145]

---

139   LARENZ, BGB-AT, § 21 I 2.

140   PALANDT, § 129, Rn. 1.

141   PALANDT, § 129, Rn. 1 a.E.

142   LARENZ a.a.O.

143   PALANDT, § 125, Rn. 3.

144   BGH, NJW 1968, 33.

145   PALANDT, § 125, Rn. 14.

> **hemmer-Methode: Die Parteien können also nicht für die Zukunft auf ihre Vertragsfreiheit verzichten. Das zuletzt Vereinbarte hat deshalb gegenüber früheren Abreden den Vorrang.**

     Bsp.: V und M haben vereinbart, dass Änderungen und Ergänzungen ihres Geschäftsraummietvertrags sowie die Kündigung nur unter Wahrung der Schriftform wirksam sein sollen. V und M vereinbaren mündlich eine Herabsetzung der Monatsmiete. Später verlangt V unter Berufung auf § 125 S.2 BGB den ungekürzten Mietzins. M kündigt das Mietverhältnis mündlich. V nimmt diese Kündigung unbeanstandet entgegen. Später verlangt er von M unter Hinweis auf § 125 S.2 BGB die Fortsetzung des Mietverhältnisses.

Zwar entspricht die Mietzinserhöhung nicht dem zwischen V und M vereinbarten Schriftformerfordernis. Da die Parteien jedoch aufgrund ihrer Privatautonomie jederzeit diese rechtsgeschäftliche Bindung (auch konkludent) wieder einverständlich beseitigen können, sofern sie nur zum Ausdruck bringen, dass das mündlich Vereinbarte für beide Gültigkeit besitzen solle, ist die Mietzinsherabsetzung auch ohne Wahrung der Schriftform gültig.

Anderes könnte hinsichtlich der Kündigung gelten. Diese ist eine einseitige (empfangsbedürftige) Willenserklärung. Somit ist in der mündlichen Erklärung allein noch keine einverständliche Abänderung des Formerfordernisses zu sehen, da es insoweit an der Beteiligung des V fehlt. Jedoch hat dieser die Kündigung unbeanstandet entgegengenommen. Folglich hat auch V zum Ausdruck gebracht, dass er die mündlich erfolgte Kündigung als wirksam ansieht. Demnach ist auch die Kündigung wirksam erfolgt.

Anders aber bei „doppelter" bzw. „qualifizierter Schriftformklausel"

Anders verhält es sich dagegen bei einer Schriftformklausel, die nicht nur Vertragsänderungen von der Schriftform abhängig macht, sondern auch die Änderungen der Schriftformklausel ihrerseits einer besonderen Form unterstellt, indem sie die mündliche Aufhebung der Schriftformklausel ausdrücklich ausschließt, sog. *doppelte Schriftformklausel.*   **82**

Eine so formulierte doppelte Schriftformklausel kann dann nicht durch eine die Schriftform nicht wahrende Vereinbarung abbedungen werden. In der Verwendung gerade der doppelten Schriftformklausel wird nämlich deutlich, dass die Vertragsparteien auf die Wirksamkeit ihrer Schriftformklausel besonderen Wert legen.

Dagegen kann nicht angeführt werden, eine Schriftformklausel müsse schon wegen des Grundsatzes der Vertragsfreiheit immer auch mündlich abbedungen werden können[146]. Ansonsten würde § 125 S.2 BGB immer leerlaufen.

> **hemmer-Methode: Diese Bedeutung der doppelten Schriftformklausel hat verschiedene Auswirkungen. So schließt eine solch doppelte Schriftformklausel schließt zum Beispiel im Arbeitsrecht das Entstehen eines Anspruches aus betrieblicher Übung aus[147].**

immer Zweck der Form beachten

Aber auch bei rechtsgeschäftlich vereinbarten Formerfordernissen ist auf deren jeweiligen Zweck abzustellen. Ist z.B. vertraglich eine Kündigung nur mittels *eingeschriebenen Briefes* vereinbart, so muss unterschieden werden: Während der Schriftform nach dem Parteiwillen regelmäßig konstitutive Bedeutung zukommen soll, dient die Übermittlungsform allein Beweiszwecken. Demnach ist es ausreichend, wenn dem Vertragspartner eine schriftliche Kündigung zugeht. 1[148]   **83**

---

146   So aber PALANDT § 125 Rn. 14.

147   BAG NZA 2003, 1145 = NJW 2003, 3725 ff. (wichtig !)

148   PALANDT, § 125, Rn. 12.

Vorrang der Individualabrede vor Schriftformklausel in AGB

Ist die Schriftformklausel in Allgemeinen Geschäftsbedingungen enthalten, so sind wegen des Vorrangs der Individualabrede, § 305b BGB, mündliche Abreden stets gültig. Die Schriftformklausel kann an der höherrangigen Verbindlichkeit der individuellen mündlichen Absprachen nichts ändern.[149]

84

Unterscheide:
Beschränkung der Vertretungsmacht durch Erfordernis der schriftlichen Bestätigung

Nicht um die rechtsgeschäftliche Vereinbarung eines Formerfordernisses, sondern um einen Fall der Beschränkung der Vertretungsmacht handelt es sich, wenn in Verträgen die Klausel aufgenommen wird: „Von Angestellten gemachte Zusicherungen bedürfen zu ihrer Wirksamkeit der schriftlichen Bestätigung".[150]

> *Bsp: Vereinbarung (z.B. in AGB), Nebenabreden bedürften der Schriftform. Wie ist es dann, wenn der Vertreter gleichwohl mündlich zusichert?*

Nebenabreden sind grundsätzlich formlos wirksam, weil die Parteien die Schriftform jederzeit wieder formlos aufheben können.

Es kann aber bei Vertreterhandeln eine Beschränkung der Vertretungsmacht durch die Schriftformklausel vorliegen. Nach h.M. liegt kein Verstoß gegen §§ 305b und 307 BGB vor. § 305b BGB gilt nur für die Abrede des Geschäftsherrn. Dem Grunde nach wird eine (nach außen kundgemachte) Innenvollmacht beschränkt. Die AGB machen die Beschränkung der Vertretungsmacht nach außen offenkundig. Die Beschränkung muss aber gegenstandslos bleiben, wenn die mündliche Verhandlung von einer gesetzlichen Vollmacht oder von einer Rechtsscheinsvollmacht gedeckt ist.

g) Sonderformen

Sonderfall § 1311 BGB

Den wichtigsten Fall eines besonderen Formerfordernisses stellt die Eheschließung dar: Gem. § 1311 BGB müssen die Verlobten persönlich und bei gleichzeitiger Anwesenheit vor einem Standesbeamten erklären, die Ehe miteinander eingehen zu wollen.

84a

Daneben gelten besondere Formvorschriften für das öffentliche Testament (§ 2232 BGB, §§ 27 ff. BeurkG), für das eigenhändige Testament (§ 2247 BGB) und für die diversen Formen des Nottestaments (§§ 2249 ff. BGB).

2. Ausnahmen vom Formerfordernis

Ausnahme § 350 HGB

Die gesetzlichen Formerfordernisse gelten im Handelsrecht nur eingeschränkt: In § 350 HGB findet sich eine klausurwichtige Ausnahmevorschrift für die Bürgschaftsübernahme sowie das Schuldversprechen bzw. Schuldanerkenntnis.

85

Voraussetzung für die Anwendbarkeit der Vorschrift ist jedoch, dass dabei für die vertragsschließende Partei ein Handelsgeschäft vorliegt (§§ 343, 344 HGB).

> **hemmer-Methode: Ein häufiger Anfängerfehler ist folgende Formulierung: „Die Bürgschaft ist formfrei, wenn der Bürge Kaufmann ist". Hier fehlt, dass die Bürgschaft für den Kaufmann auch zu seinem Handelsgewerbe gehören muss !**

> *Bsp.: Kaufmann K übernimmt für seinen Tennis-Partner T, mit dem er auch geschäftliche Verbindungen erhofft, gegenüber der Bank B mündlich eine Bürgschaft. Später nimmt die B den K in Anspruch. K weigert sich zu zahlen. Es kommt zum Prozess: K meint, es habe sich hier nur um einen Freundschaftsdienst gehandelt, nicht um ein Handelsgeschäft.*

---

149   BGH, NJW 1986, 3132; zu AGB auch HEMMER/WÜST, BGB-AT I, Rn. 297 ff., 334.

150   MEDICUS, BR, Rn. 187 b.

Als Handelsgeschäft gelten grds. auch Hilfs- und Nebengeschäfte, ungewöhnliche Geschäfte sowie auch nur vorbereitende Geschäfte.

> **hemmer-Methode: Zum Begriff des Handelsgeschäfts und zu der richtigen Einordnung in den handelsrechtlichen Kontext lesen Sie HEMMER/WÜST, Handelsrecht, Rn. 227 ff.**

Hier wollte der K einen geschäftlichen Kontakt durch die Bürgschaftsübernahme vorbereiten. Insoweit handelte es sich also um ein Handelsgeschäft.

i. Zw. Handelsgeschäft, § 344 HGB

Schließlich ist aber gemäß § 344 I HGB *im Zweifel* immer ein Handelsgeschäft anzunehmen. Der K hätte hier also seinerseits die Beweislast dafür, dass auf seiner Seite kein Handelsgeschäft vorlag. Solange er dieser Beweispflicht nicht nachkommt, ist ohnehin von einem Handelsgeschäft auszugehen.

Im Ergebnis ist der K hier haftbar, denn die Bürgschaftsübernahme war nach §§ 350, 343, 344 HGB formlos wirksam.

III. Umfang des Formerfordernisses

1. Nebenabreden

Formerfordernis auch bei wesentlichen Nebenabreden

Der gesetzliche Formzwang erstreckt sich auf alle mit dem Vertrag in Zusammenhang stehende Vereinbarungen, wenn sie nach dem Parteiwillen Bestandteil des Rechtsgeschäftes sein sollen. Deshalb sind auch *wesentliche Nebenabreden* formbedürftig. **86**

Unwesentliche Nebenabreden, von denen anzunehmen ist, dass die Parteien den Vertrag auch ohne sie geschlossen hätten, sind in analoger Anwendung von § 139 BGB formfrei.[151]

Ist dies nicht der Fall, so ist mit der Unwirksamkeit der Nebenabrede gem. § 139 BGB das gesamte Rechtsgeschäft nichtig. Der Primäranspruch ist dann nicht wirksam zur Entstehung gelangt.

2. „Einseitige" Formbedürftigkeit

Problem: Umfang bei einseitigem Formerfordernis

In einigen Fällen, vgl. §§ 518 I, 766 S.1, 780 S.1, 781 S.1, 1154 I S.1 BGB, unterliegt nur die Willenserklärung einer Partei dem Formzwang. **87**

Hierbei kann fraglich sein, welchen Umfang das Formerfordernis hinsichtlich der Erklärung annimmt, d.h. ob z.B. die formgerechte Erteilung eines bloßen „Ja" auf die vom anderen Vertragsteil formulierte Erklärung ausreicht oder nicht.

alle wesentlichen Merkmale

Damit dem Formerfordernis der genannten Bestimmungen genügt wird, muss die formgerechte Erklärung alle essentiellen Merkmale des Rechtsgeschäftes enthalten.

So muss z.B. aus der schriftlichen Bürgschaftserklärung nach § 766 S.1 BGB mindestens hervorgehen:[152]

- der Wille, für fremde Schuld einzustehen

- die Person des Gläubigers und des Schuldners

- der Umfang der Hauptschuld

---

151   BGH, NJW 1981, 222.

152   PALANDT, § 766, Rn. 3; vgl. auch MEDICUS, BR, Rn. 178.

bei Fehlen eines wesentlichen Merkmals Unwirksamkeit

Ist ein Merkmal nicht erfüllt, nicht in der schriftlichen Bürgschaftserklärung enthalten und auch nicht durch Auslegung zu ermitteln, so ist die Bürgschaftsübernahme nach §§ 766 S.1, 125 BGB unwirksam.

88

Die Übernahme einer Bürgschaft für alle irgendwie denkbaren künftigen Verbindlichkeiten des Hauptschuldners ohne jede sachliche Begrenzung ist unwirksam, weil eine so weit gefasste Verbürgung das Risiko zum Nachteil des Bürgen zu weit ausdehnt und zugleich die Warnfunktion des § 766 BGB aushöhlt.[153]

3. Änderungen und Ergänzungen eines formbedürftigen Vertrages

Formzwang auch bei Änderungen u. Ergänzungen

Der Formzwang gilt grds. nicht nur für den Abschluss eines Rechtsgeschäfts, sondern auch für spätere Änderungen und Ergänzungen des Vertrages.

89

> *Bsp.: Soll etwa eine Bürgschaftserklärung, durch die sich B verpflichtet hat, für eine Schuld von 1.000 € einzustehen, so abgeändert werden, dass B nunmehr für 1.500 € haften soll, so bedarf das weitere Versprechen ebenfalls der Schriftform, da § 766 S.1 BGB den Bürgen vor unüberlegter Übernahme eines Haftungsrisikos schützen soll.*

> *Wird die Bürgschaftsverpflichtung dagegen auf 700 € ermäßigt, so ergibt eine teleologische Reduktion des Formerfordernisses in § 766 BGB, dass diese Ermäßigung nicht der Schriftform bedarf.*

4. Abschluss eines Vorvertrages

Formzwang auch für Vorvertrag, anders, wenn nur Beweiszweck

Vom Formzwang wird auch der Vorvertrag (der Vorvertrag ist ein schuldrechtlicher Vertrag durch den die Verpflichtung zum späteren Abschluss eines Hauptvertrags begründet wird; seine Zulässigkeit ergibt sich aus den Grundsätzen der Vertragsfreiheit[154]), der zum Abschluss eines formbedürftigen Rechtsgeschäfts führt, erfasst.[155]

90

Dies gilt vor allem dann, wenn das Formerfordernis vor einer übereilten Bindung schützen soll. Daher sind insbes. § 311b I S.1 BGB, § 518 BGB und § 766 S.1 BGB auf den Vorvertrag anwendbar.

> **hemmer-Methode: Dagegen ist § 550 BGB auf den Vorvertrag nicht anwendbar, da diese Vorschrift hauptsächlich Beweiszwecken dient.[156]**

Vorkaufsrecht für Grundstück formbedürftig

Die vertragliche Begründung eines *Vorkaufsrechtes* über ein Grundstück bedarf ebenso wie ein Vorvertrag über die Begründung eines solchen der Form des § 311b I S.1 BGB.

sonstige vorbereitende Verträge

Fraglich ist das Formerfordernis bei sonstigen das formbedürftige Geschäft lediglich vorbereitenden Verträgen.

> *Bsp.:[157] A erhält Besuch vom Finanzmakler B. Dieser wirbt für ein Bauherrenmodell, das demnächst in Angriff genommen werden soll. A bekundet Interesse und unterzeichnet den schriftlichen Anlagevermittlungsvertrag, der der Vorbereitung des Beitritts von A zum Bauherrenmodell mit einer Beteiligung von 150.000 € dienen soll. In dem Vertrag verpflichtet sich A, an B eine sofort fällige Vergütung in Höhe von 8.000 € zu zahlen.*

> *Als B Zahlung begehrt, beruft sich A auf die Unwirksamkeit des Vertrages.*

---

153   BGH, MDR 1990, 914.

154   PALANDT, Einf. v § 145, Rn. 19.

155   PALANDT, § 125, Rn. 9.

156   PALANDT, Einf. v. § 145, Rn. 20.

157   Nach BGH, NJW 1990, 390.

Ein Zahlungsanspruch des B könnte sich aus dem Anlagevermittlungsvertrag ergeben.

Möglicherweise bedarf dieser Vertrag zu seiner Wirksamkeit der Form des § 311b I S.1 BGB, da er sich auf die Vermittlung von Grundstücken bezieht. Ist dies der Fall, wäre der Anlagevermittlungsvertrag gem. § 125 S.1 BGB nichtig.

Der Anlagevermittlungsvertrag stellt jedoch keinen Vertrag über die Veräußerung oder den Erwerb eines Grundstücks dar, sondern soll lediglich der Vorbereitung eines solchen dienen.

Grundsätzlich sind Vereinbarungen, die nur der *Vorbereitung* eines angestrebten Vertrages über den Erwerb oder die Veräußerung eines Grundstückes dienen, auch nicht nach § 311b I S.1 BGB analog formbedürftig.

nur, wenn Vertrag geeignet, Willens-freiheit zu beeinträchtigen

Im vorliegenden Fall könnte aber im Hinblick auf den Schutzzweck des § 311b I S.1 BGB der Vertrag mit dem Anlagevermittler formbedürftig sein, wenn dieser Vertrag seinem wirtschaftlichen Sinn nach darauf gerichtet ist, den Beitritt des Anlegers zu einem Bauherrenmodell vorzubereiten, und der Anleger darin verpflichtet wird, unabhängig von dem Zustandekommen des angestrebten Geschäfts dem Anlagevermittler ein Entgelt zu zahlen, welches aufgrund seiner Höhe nur als vorweggenommene Vermittlungsprovision verstanden werden kann.

Sofern durch die Höhe der vereinbarten Vermittlungsgebühr auf den Auftraggeber ein unangemessener Druck in Richtung auf die Vornahme des eigentlichen Grundstücksgeschäftes ausgeübt wird, ist § 311b I S.1 BGB auch auf diesen vorbereitenden Vertrag anwendbar.

auch bei nur mittelbarem Zwang

Die hier vereinbarte Vermittlungsgebühr war nach den vorliegenden Umständen - insb. wegen der sofortigen Fälligkeit - geeignet, einen mittelbaren Zwang zum Erwerb des Grundstücks auszuüben. Somit hatte A die grundlegende Entscheidung, ob er Mitglied des Bauherrenmodells werden und eine Eigentumswohnung erwerben will, bereits mit dem Abschluss des hier in Frage stehenden Vermittlungsvertrages getroffen.

Daher ist § 311b I S.1 BGB analog auch auf den vorliegenden Vermittlungsvertrag anzuwenden. Dieser ist folglich gem. § 125 BGB nichtig. Ein Zahlungsanspruch des B besteht daher nicht.

> **hemmer-Methode: Das Problem der Formbedürftigkeit von vorbereitenden Verträgen ist ein dankbarer Prüfungsstoff für Klausuren. Hier sollten Sie nicht vorschnell die analoge Anwendung von § 311b I S.1 BGB bejahen, sondern vielmehr auf die rechtliche Selbständigkeit der einzelnen Verträge hinweisen. Vom Grundsatz der Formfreiheit des vorbereitenden Vertrages sind dann unter wertenden Gesichtspunkten Ausnahmen zu machen, so z.B. auch bei Maklerverträgen, in denen sich der Auftraggeber verpflichtet, zu bestimmten Bedingungen an jeden vom Makler zugeführten Interessenten zu verkaufen.**
> **Enthält der Maklervertrag Vereinbarungen, die für den Fall der Nichtveräußerung oder des Nichterwerbs empfindliche Nachteile vorsehen, durch welche auf den Vertragspartner ein mittelbarer Verkaufsdruck ausgeübt wird, so ist der Abschluss ebenfalls formbedürftig. Dies wird u.a. bei der Vereinbarung eines pauschalierten Aufwendungsersatzes i.H.v. 25 % der üblichen Provision angenommen.[158]**

5. Erteilung einer Vollmacht zum Abschluss eines formbedürftigen Vertrages

Vollmachterteilung grds. formfrei

Die Erteilung einer Vollmacht zum Abschluss eines formbedürftigen Rechtsgeschäfts ist grds. formfrei, wie sich aus § 167 II ergibt.   **91**

---

158   Vgl. PALANDT, § 311b, Rn. 13.

Ausnahmen enthalten § 492 IV S. 1 BGB für die Vollmacht zur Aufnahme eines Verbraucherdarlehens, § 1945 III BGB für die Ausschlagung einer Erbschaft, § 2 II GmbHG für die Unterzeichnung des Gesellschaftsvertrages sowie § 134 III AktG für die Ausübung des Stimmrechts auf der Hauptversammlung der Aktionäre durch einen Bevollmächtigten.

> **hemmer-Methode:** Anders als es der BGH im Jahr 2001 noch entschieden hatte, wurde durch die Modernisierung des Schuldrechts für die Bevollmächtigung zum Abschluss eines Verbraucherdarlehensvertrages gemäß § 492 IV BGB die Schriftform vorgeschrieben. Gemäß § 492 IV BGB muss die Vollmacht aber auch die Mindestangaben nach § 492 I S.5 BGB enthalten.

unwiderrufliche Vollmacht möglicherweise formbedürftig

Sofern aber die formfreie Erteilung einer Vollmacht im Ergebnis zu einer Umgehung der Formvorschriften führen würde, erstreckt sich das Formerfordernis des Vertretergeschäfts auch auf die Erteilung der Vollmacht.

Das ist der Fall, wenn der Vertretene bereits durch die Erteilung der Vollmacht rechtlich und tatsächlich in gleicher Weise gebunden wird wie durch die Vornahme des formbedürftigen Geschäfts selbst. Formbedürftig sind daher *unwiderrufliche* Vollmachten zum Verkauf oder Erwerb eines Grundstückes, zur Schenkung oder zur Übernahme einer Bürgschaftsverpflichtung.[159]

widerrufliche Vollmacht bei faktischer Bindungswirkung formbedürftig

Eine *widerrufliche* Vollmacht ist nur ausnahmsweise formbedürftig. Eine solche Ausnahme besteht dann, wenn sie eine rechtliche oder tatsächliche Bindung des Vollmachtgebers zur Veräußerung oder zum Grundstückserwerb begründet.[160]

> *Bsp.: A möchte von B ein Grundstück erwerben. Nach Abschluss der mündlichen Vertragsverhandlungen muss A überraschend für längere Zeit ins Ausland. Um den Erwerb nicht unnötig zu verzögern, erteilt er B eine schriftliche widerrufliche Vollmacht und befreit ihn von der Bestimmung des § 181 BGB.*
>
> Die Vollmacht selbst ist grundsätzlich formfrei, § 167 II BGB. Formbedürftig könnte hier aber die Befreiung von § 181 BGB sein. Allein daraus, dass A nicht beabsichtigt, die Vollmacht nicht zu widerrufen, ergibt sich noch keine Formbedürftigkeit.
>
> Entscheidend ist allein, ob nach den tatsächlichen oder rechtlichen Umständen eine Bindung des A besteht. Eine solche Bindung ist hier anzunehmen, denn der Bevollmächtigte ist gleichzeitig der Geschäftsgegner, sodass B das Geschäft nach seinen Wünschen vollenden kann. Deshalb ist hier die Vollmacht nach § 125 S.1 BGB unwirksam.

6. Aufhebung eines formbedürftigen Rechtsgeschäftes

Aufhebungsvertrag grds. formfrei

Grundsätzlich ist die Aufhebung eines formbedürftigen Rechtsgeschäftes formlos gültig.[161] Von dem Grundsatz sind aber einige Ausnahmen zu beachten.

92

Ausnahmen: §§ 2290, 2351 BGB

Im Bereich des Erbrechts sehen die § 2290 IV BGB für die Aufhebung eines Erbvertrages und § 2351 BGB für die Aufhebung eines Erbverzichts einen Formzwang vor.

bei Grundstücksverträgen unterscheiden:

Bei Grundstücksverträgen, die in den Anwendungsbereich von § 311b I S.1 BGB fallen, ist bzgl. der Formbedürftigkeit zu unterscheiden:

---

159 Vgl. Palandt, § 167, Rn. 2.

160 Vgl. Palandt, § 311b, Rn. 19 ff.

161 Palandt, § 125, Rn. 8.

vollzogener Kaufvertrag (+)

• Ist der Kaufvertrag *durch Auflassung und Eintragung vollzogen*, begründet seine Aufhebung eine Verpflichtung zur Übertragung und zum Rückerwerb. Der Vertrag ist daher formbedürftig.

nicht vollzogener Kaufvertrag (-)

• Ist der Kaufvertrag *noch nicht vollzogen* und besteht für den Käufer auch *noch kein Anwartschaftsrecht*, begründet die Aufhebung keine Übertragungs- oder Erwerbspflichten. Der Aufhebungsvertrag ist daher formlos wirksam. Der Schutzbereich des § 311b BGB wird nicht berührt.[162]

→ Umstritten ist der zwischen den beiden Varianten liegende Fall.

bei Anwartschaft str.

Hat der Erwerber nach der Auflassung durch Eintragung einer Auflassungsvormerkung oder durch Stellung des Eintragungsantrags ein Anwartschaftsrecht erworben, ist streitig, ob der Aufhebungsvertrag der Form des § 311b BGB unterliegt.

93

> **hemmer-Methode: Denken in Zusammenhängen! Natürlich kann sich in der Klausur allgemein das Problem ergeben, ob und wann überhaupt ein Anwartschaftsrecht an Grundstücken entsteht. Lesen Sie dazu HEMMER/WÜST, Sachenrecht III Rn. 147 ff.**

Rspr.:
wegen Wesensgleichheit (+)

Die Rspr. bejaht die Formbedürftigkeit des Aufhebungsvertrages, da der Erwerber dadurch sein Anwartschaftsrecht als "wesensgleiches minus" zum Vollrecht verliere.[163]

Lit.:
Schutzzweck § 311b BGB (-)

Nach anderer Ansicht ist der Aufhebungsvertrag auch in diesem Fall formfrei wirksam.[164] Das Anwartschaftsrecht und die gesetzlichen Vorschriften, §§ 883 II, 878 BGB, § 17 GBO sollen den Erwerber gegen Zwischenverfügungen des Veräußerers sichern. § 311b I S.1 BGB soll dagegen vor übereilten, unüberlegten Schritten des Erwerbers schützen.

Darüber hinaus ließe sich das Formerfordernis ohne größere Schwierigkeiten umgehen: Der Erwerber könnte zunächst sein Anwartschaftsrecht (formlos) aufheben, etwa durch Rücknahme des Eintragungsantrags und dann den Kauf formlos rückgängig machen.

> **hemmer-Methode: Durch die Eintragung einer Auflassungsvormerkung vor Auflassung entsteht noch kein Anwartschaftsrecht, da es insoweit dem Erwerber an der Möglichkeit fehlt, den Rechtserwerb alleine aus eigenem Antrieb herbeizuführen.[165] In diesem Fall ist nach beiden Ansichten eine Aufhebung formlos möglich.**

7. Sonderfragen der Formbedürftigkeit

a) Abtretung von Auflassungsansprüchen

Die Formbedürftigkeit gem. § 311b I S.1 BGB erfasst alle Verträge, die sich auf die Übertragung oder den Erwerb eines *Grundstücks* beziehen. Grundstücken gleichgestellt sind dabei Miteigentumsanteile an diesen, das Wohnungseigentum (§ 4 III WEG) und das Erbbaurecht (§ 11 ErbbauVO).

94

Abtretung von schuldrechtlichem Anspruch

Fraglich ist jedoch die Formbedürftigkeit, wenn es lediglich um die Abtretung eines *schuldrechtlichen Anspruchs* auf Übertragung des Eigentums an einem Grundstück geht.[166]

---

162 BGHZ 83, 398.

163 BGHZ 83, 398.

164 MEDICUS, BR, Rn. 469 a.

165 BGHZ 103, 179.

166 Vgl. dazu PALANDT, § 311b, Rn. 6.

Bsp.: A verkauft in notarieller Form sein Grundstück an B. B tritt den Anspruch aus dem Kaufvertrag mit A schriftlich an C ab.

Hier sind zwei Fragen zu unterscheiden: Zum einen, ob die Einigung über die Abtretung gem. § 398 BGB selbst formbedürftig gem. § 311b I S.1 BGB ist, zum anderen, ob das der Abtretung zugrunde liegende Verpflichtungsgeschäft der Form bedarf.

Die Abtretung des Anspruchs aus dem Kaufvertrag stellt eine Verfügung dar. Sie wird schon deshalb vom Anwendungsbereich des § 311b BGB nicht erfasst, da § 311b BGB nur für Verpflichtungsgeschäfte, nicht aber für Verfügungen gilt.[167]

Zu prüfen bleibt, ob das Verpflichtungsgeschäft zur Abtretung des Anspruchs der Form des § 311b BGB bedarf. Dies wäre dann der Fall, wenn Vertragsgegenstand die Übertragung eines Grundstücks wäre. Das Verpflichtungsgeschäft betrifft aber nur die Übereignung und den Erwerb eines Anspruchs, nicht aber den Erwerb eines Grundstücks. Demnach ist auch das Verpflichtungsgeschäft zwischen B und C formlos möglich.[168]

> **hemmer-Methode: Die Formbedürftigkeit der Abtretung eines Anspruchs auf Auflassung ist ein beliebtes Problem, welches sich auch mit Problemen der Vormerkung verknüpfen lässt. Die Formfreiheit auch des Verpflichtungsgeschäftes zur Abtretung ist im Hinblick auf den Schutz des Erwerbers vor Übereilung zwar bedenklich, aber allgemeine Meinung.**

b) Formbedürftigkeit von Gesellschaftsverträgen

bei Gesellschaftsverträgen unterscheiden

95

Während § 23 I AktG für die AG und § 2 I S.1 GmbHG für die GmbH notarielle Beurkundung der jeweiligen Gründungsverträge (bei der AG Satzung genannt) anordnen, besteht für die Verträge zur Gründung einer Personengesellschaft (GbR, OHG, KG) grds. kein Formerfordernis.

> **hemmer-Methode: Davon zu unterscheiden ist die Formbedürftigkeit bei der Anmeldung einer OHG oder KG zum Handelsregister nach § 12 I HGB. Diese erstreckt sich nach §§ 162, 106 II HGB jedoch nicht auf den Gesellschaftsvertrag selbst.**

Form d. § 311b BGB bei Grundstückseinlage

Ein Formerfordernis nach § 311b I S.1 BGB ist jedoch dann gegeben, wenn der Gesellschaftsvertrag die Verpflichtung zur Einbringung eines Grundstücks in die Gesellschaft begründet. Dies gilt auch für den Fall, dass der betroffene Gesellschafter das Grundstück erst zu einem späteren Zeitpunkt der Gesellschaft übertragen soll.[169]

Wird mit der Gründung einer Gesellschaft oder dem Beitritt zu einer Gesellschaft eine Verpflichtung zum Erwerb eines Grundstücks oder einer Eigentumswohnung begründet (meist bei Bauträgergesellschaften in Form einer Publikums-KG), so sind diese ebenfalls nach § 311b I S.1 BGB formbedürftig.[170]

Bei- und Austritt bei Gesellschaft mit Grundstücksvermögen formfrei (§ 738 I S.1 BGB)

Formfrei ist dagegen der Beitritt zu und Austritt aus einer Personengesellschaft, zu deren Gesellschaftsvermögen Grundstücke gehören, auch wenn damit die gesamthänderische Beteiligung des bei- oder austretenden Gesellschafters an den Grundstücken beginnt oder endet: Dies beruht auf der gesetzlichen Regelung des § 738 I S.1 BGB, sodass eine rechtsgeschäftliche Übertragung nicht stattfindet.

---

167 BGHZ 89, 46.

168 BGHZ 89, 45.

169 PALANDT, § 311b, Rn. 9.

170 BGH, NJW 1978, 2505; PALANDT, a.a.O.

c) Formbedürftigkeit, Andeutungstheorie und "falsa demonstratio"

Wille der Parteien im Vertrag nicht eindeutig

Bisweilen kommt es vor, dass die Parteien eines Vertrages zwar an die Formbedürftigkeit gedacht haben, jedoch ihr Wille in der Vertragsurkunde nicht oder nur unvollkommen zum Ausdruck gekommen ist.

96

Hat nur eine der Parteien aufgrund eines Irrtums unbewusst eine ihrem Willen nicht entsprechende Erklärung abgegeben, kann diese den formwirksam zustande gekommenen Vertrag anfechten.[171]

Auslegung vor Anfechtung, Andeutungstheorie beachten

Sofern sich jedoch der Wille des Erklärenden bereits durch Auslegung ergibt, ist diese einer Anfechtung vorrangig.[172] Der Auslegung könnten jedoch aufgrund der Formbedürftigkeit der Erklärung Grenzen gesetzt sein.

Nach der von der Rechtsprechung entwickelten *Andeutungstheorie* muss der Wille des Erklärenden, der zunächst anhand sämtlicher außerhalb der Urkunde liegender Umstände ermittelt wurde, in der Urkunde einen, wenn auch unvollkommenen Ausdruck gefunden haben.[173]

Ist dies nicht der Fall, so ist die so ausgelegte Willenserklärung wegen Nichtbeachtung der erforderlichen Form unwirksam.

> **hemmer-Methode: Die Auslegung anhand der Andeutungstheorie erfolgt also in einem Zweierschritt:**
> - **Ermittlung des tatsächlichen Willens anhand aller Umstände.**
> - **Prüfung, ob sich dieser Wille in der Urkunde niedergeschlagen hat.**

"falsa demonstratio non nocet"

UNBEWUSSTE FALSCHBEZEICHNUNG IST UNSCHÄDLICH

Etwas anderes kann sich dann nur noch aus den Grundsätzen der *"falsa demonstratio non nocet"*[174] ergeben. Auch bei formbedürftigen Rechtsgeschäften ist nämlich eine <u>unbewusste Falschbezeichnung unschädlich,</u> wenn sich die Parteien über das eigentlich Gewollte tatsächlich einig waren.

> *Bsp.: A will B das Grundstück mit der Flurnummer 915 verkaufen. Die Parteien sind sich über das verkaufte Grundstück einig, erklären aber vor dem Notar versehentlich den Verkauf des Grundstücks mit der Flurnummer 815.*

> In diesem Fall führt die Andeutungstheorie der Rechtsprechung nicht zum gewünschten Ergebnis. Denn der Wille der Parteien, das Grundstück mit der Flurnummer 915 zu veräußern, ist in der Urkunde auch nicht versteckt oder unvollkommen zum Ausdruck gekommen.

> Das übereinstimmend Gewollte ist nicht in der Urkunde enthalten.

> Gleichwohl ist der Verkauf über das Grundstück mit der Flurnummer 915 nicht wegen Formmangels nach §§ 125 S.1, 311b I S.1 BGB unwirksam. Denn auch für formbedürftige Geschäfte gilt der Grundsatz der falsa demonstratio non nocet, sodass eine versehentliche Falschbeurkundung unschädlich ist.

> **hemmer-Methode: Im Anwendungsbereich der falsa demonstratio ist die Andeutungstheorie zur Bedeutungslosigkeit degradiert.**

Die Grundsätze der „falsa demonstratio" gelten auch dann, wenn im Rahmen einer <u>Grundstücksauflassung nach §§ 873, 925 BGB</u> der <u>Kaufgegenstand versehentlich falsch bezeichnet</u> wird. Die Auflassung ist danach nur hinsichtlich des <u>Objekts</u> erklärt worden, auf das <u>sich der übereinstimmende Wille erstreckte</u>[175].

---

171   Dazu HEMMER/WÜST, BGB-AT III, Rn. 421 ff.

172   MEDICUS, BR, Rn. 123.

173   PALANDT, § 133, Rn. 19, vgl. auch HEMMER/WÜST, Erbrecht, Rn. 63, 67.

174   Dazu LARENZ, Methodenlehre, S. 78 ff.

175   Vgl. BGH NJW 2002, 1038 = **Life & Law 2002, 357 ff.**

nicht bei Kontrollfunktion

Unanwendbar sind die Grundsätze der „falsa demonstratio" jedoch, wenn dem Formerfordernis auch Kontrollfunktion[176] zukommt, oder wenn ein Grundstückskaufvertrag einer behördlichen Genehmigung bedarf, vgl. § 2 GrdstVG.

dann Andeutungstheorie

Dann gilt die oben skizzierte Andeutungstheorie. Die Genehmigung oder Kontrolle durch die Behörde kann sich nämlich nur auf den in der Urkunde zum Ausdruck gekommenen Willen beziehen.[177]

---

hemmer-Methode: Die Kenntnis der Grundsätze der falsa demonstratio beim Grundstückskauf allein hilft in einer Klausur nur selten weiter. Mindestens genauso wichtig ist die Kenntnis der üblicherweise damit zusammenhängenden Folgeprobleme: Diesbezüglich gilt es besonders zu beachten, dass die Eintragung des zwar übereinstimmend gemeinten, aber fälschlich bezeichneten Grundstücks ins Grundbuch letztendlich doch nicht zu einer Übereignung führt: Für das eingetragene Grundstück fehlt es an der Einigung, für das übereinstimmend gemeinte an der Eintragung.

Weiter gilt: War eine behördliche Genehmigung erforderlich, bezieht sich diese natürlich nur auf das bezeichnete Grundstück!

Die Rechtsfigur der falsa demonstratio führt also nur dazu, dass der schuldrechtliche Anspruch auf Übereignung des Grundstücks erhalten bleibt, denn der dem Übereignungsanspruch zugrunde liegende Kaufvertrag bleibt nach den Regeln der falsa demonstratio beim Grundstückskauf formwirksam.

Bei Problemen der falsa demonstratio im Grundstückskauf wird deshalb häufig die Frage des Erwerbs durch Dritte eine Rolle spielen. Dies besonders dann, wenn ein Dritter als Erwerber mit dem ursprünglichen Veräußerer eine wirksame Einigung über das zwischen den anderen Parteien gewollte Grundstück abschließt.

Der Dritte könnte sich laienhaft auf "gutgläubigen Erwerb" berufen. Aber Achtung: Weil der Dritte hier unmittelbar vom Berechtigten erwirbt, kommt es gar nicht auf einen gutgläubigen Erwerb an. Der Klausurersteller wird so versuchen, Sie in die Irre zu führen. Lassen Sie sich also durch die laienhaften Ansichten der Betroffenen nicht verwirren.

In diesem Zusammenhang lassen sich dann aber Variationen durch zusätzliche Probleme des Erbrechts integrieren: Verkäufer A und Käufer B schließen einen Vertrag über das Grundstück Flur-Nr. 52. Eingetragen wird jedoch das Grundstück Flur-Nr. 53. Nach dem Tod des A verkauft der Erbe des A, der E, der von der Falschbezeichnung nichts weiß, nun erneut das Grundstück Flur-Nr. 52 an den X. Hier müssen Sie dann möglicherweise die Erbenstellung des E genau prüfen, denn wenn dieser gar nicht Erbe war, käme es ausnahmsweise doch wieder auf die Frage des gutgläubigen Erwerbs vom Nichtberechtigten an. Häufig wird dann die Wirkung eines bereits erteilten Erbscheins (§§ 2365, 2366 BGB) eine Rolle spielen.

IV. Rechtsfolgen bei Nichtbeachtung der Form

1. Gesetzliches Formerfordernis

§ 125 S.1 BGB
⇨ grds. Rechtsfolge Nichtigkeit

Besteht für die abgegebenen Erklärungen ein gesetzliches Formerfordernis, so führt die Nichteinhaltung gem. § 125 S.1 BGB zur *Nichtigkeit* des Rechtsgeschäftes.

97

ggf. Heilung möglich, wenn nur Formmangel

In bestimmten Fällen kann jedoch das nichtige Rechtsgeschäft seinem gesamten Inhalt nach mit Bewirkung der (unwirksam) versprochenen Leistung *geheilt* werden, d.h. die Wirksamkeit tritt nachträglich mit Wirkung ex nunc ein.

---

176   Vgl. dazu oben, Rn. 71.

177   MEDICUS, BR, Rn. 124.

HEILUNG

Dies gilt u.a. für:

- den Vertrag über ein Grundstück (§ 311b I S.2 BGB),

- das Schenkungsversprechen (§ 518 II BGB),[178]

- die Bürgschaftserklärung (§ 766 S.3 BGB),

- das Schenkungsversprechen von Todes wegen (§ 2301 II BGB) und

- für Verbraucherdarlehensverträge und Finanzierungshilfen (§§ 494 II, 502 III S.2 BGB).

> **hemmer-Methode:** Eine gemäß § 494 IV BGB formunwirksame Vollmacht wird aber nicht automatisch dadurch wirksam, dass sich der Vertreter den Darlehensbetrag als Empfangsbote auszahlen lässt. Die Heilungswirkung tritt in diesen Fällen nur ein, wenn der Darlehensnehmer selbst den Darlehensbetrag erhält und damit – jedenfalls konkludent – zum Ausdruck bringt, dass er den Abschluss des Darlehensvertrags durch den Dritten genehmigt.

Die Heilung tritt nur für den Fall ein, dass der Formmangel der alleinige Nichtigkeitsgrund ist. Andere Mängel des Rechtsgeschäftes, wie Willensmängel oder fehlende Vertretungsmacht, werden von der Heilung natürlich nicht erfasst.

> **hemmer-Methode:** Vorverträge entfallen jedoch bereits mit dem (formgültigen) Abschluss des Hauptvertrages, sofern der Inhalt des Vorvertrages nicht über den des Hauptvertrages hinausreicht. Formbedürftige Maklerverträge werden mit Abschluss des formgültigen Grundstückskaufvertrags geheilt, nicht erst mit Eintragung ins Grundbuch!

Wirkung der Heilung nur ex nunc

Die Heilung wirkt nur ex nunc. § 141 II BGB ist weder direkt, noch analog anwendbar.

98

Jedoch besteht eine tatsächliche Vermutung dafür, dass die Parteien den Willen hatten, sich so zu stellen, wie sie stünden, wenn das formunwirksame Rechtsgeschäft von Anfang an wirksam gewesen wäre.[179]

Aus den genannten Sonderregelungen lässt sich jedoch nicht der allgemeine Rechtsgrundsatz ableiten, dass formunwirksame Rechtsgeschäfte stets durch deren Erfüllung wirksam würden.[180] Die übrigen Rechtsgeschäfte können also nur durch eine formgerechte Neuvornahme nach § 141 BGB Wirksamkeit erlangen.

in Gesellschafts- u. Arbeitsrecht
Wirkung d. Nichtigkeit ex nunc

Erfolgt keine Heilung des Formmangels mit ex-nunc-Wirkung, ist der Primäranspruch gescheitert.

Bei vollzogenen Gesellschafts- und Arbeitsverträgen wirkt die Geltendmachung des Formmangels wegen der Probleme der Rückabwicklung nur ex nunc (Grundsätze des fehlerhaften Arbeitsvertrages bzw. der fehlerhaften Gesellschaft[181]). Betrifft die Formnichtigkeit nur einen Teil des Rechtsgeschäfts, ist im Zweifel gem. § 139 das ganze Rechtsgeschäft nichtig.[182]

> **hemmer-Methode:** Fehlt z.B. im Rahmen eines Kaufvertrags über ein Hotelgrundstück für die garantierte Eigenschaft (z.B. Ertragsfähigkeit) die Form, so ist der gesamte Vertrag über § 139, 311b I, 125 S.1 BGB unwirksam. Die Nebenabrede wird aber geheilt, wenn die Eintragung erfolgt, § 311b I S.2 BGB Erst ab diesem Zeitpunkt entstehen auch die Mängelansprüche, da diese einen wirksamen Vertrag voraussetzen.

---

178 Für den Vollzug der Schenkung genügt jedoch bereits die Begründung eines Anwartschaftsrechts, vgl. PALANDT, § 518, Rn. 9.

179 BGHZ 32, 13; 54, 63; PALANDT, § 311b, Rn. 56.

180 PALANDT, § 125, Rn. 11.

181 Vgl. auch oben, Rn. 53 f.

182 BGHZ 69, 289.

2. Rechtsgeschäftlich vereinbartes Formerfordernis

rechtsgeschäftliches Formerfordernis

Die Nichtbeachtung eines rechtsgeschäftlich vereinbarten Formerfordernisses hat gem. § 125 S.2 BGB nicht stets, sondern nur im Zweifel Nichtigkeit des Rechtsgeschäftes zur Folge. Welche Tragweite eine rechtsgeschäftliche Formvorschrift hat, ist nach §§ 133, 157 BGB nach Sinn und Zweck der Parteivereinbarung auszulegen.

99

Schutzzweck beachten, §§ 133, 157 BGB

Die Auslegung kann ergeben, dass die Parteien die vereinbarte Form als *Wirksamkeitsvoraussetzung* des Rechtsgeschäfts oder nur als *Beweissicherung* gewollt haben. Im ersten Fall wird erst durch Einhaltung der Form das Rechtsgeschäft wirksam; die Nichteinhaltung der Form hat Nichtigkeit zur Folge. Dient die rechtsgeschäftliche Formvereinbarung lediglich der *Beweissicherung* oder *Klarstellung*, führt der Mangel nicht zur Nichtigkeit des Primäranspruchs, sondern ggf. nur zu einem Anspruch auf Nachholung der Form, vgl. § 127 S.2 2.HS BGB.[183]

> *Bsp.: Die Vereinbarung, dass eine Erklärung mittels Einschreiben zu erfolgen hat, begründet konstitutiv die Schriftform. Das Einschreiben dagegen dient nur der Beweissicherung für den Zugang.*

> **hemmer-Methode:** Da die Parteien aber - wie bereits erwähnt - ein rechtsgeschäftlich[184] vereinbartes Formerfordernis auch stillschweigend durch mündliche Vertragsabänderung wieder aufheben können, wird die Rechtsfolge der Nichtigkeit nach § 125 S.2 BGB die Ausnahme bleiben.

3. Durchbrechung des § 125 BGB durch Treu und Glauben

Grenze § 242 BGB

Bisweilen kann die Berufung auf den Formmangel nach den Beziehungen der Parteien und den gesamten Umständen mit den Grundsätzen von Treu und Glauben unvereinbar sein.

100

In besonderen Ausnahmefällen kann daher nach h.M. das Rechtsgeschäft nach § 242 BGB unter dem Gesichtspunkt der unzulässigen Rechtsausübung trotz der Formnichtigkeit als wirksam zu behandeln sein.

nach BGH nur bei schlechthin untragbarem Ergebnis

Eine Unvereinbarkeit mit Treu und Glauben liegt aber nach der Rechtsprechung nur dann vor, wenn das Ergebnis der Nichtigkeit für die betroffene Partei schlechthin untragbar wäre[185].

Ein hartes Ergebnis genügt nicht. Da diese Formel jedoch relativ unklar ist, haben sich mehrere Fallgruppen herausgebildet.

> **hemmer-Methode:** Sofern man nicht über § 242 BGB die Unbeachtlichkeit der Formnichtigkeit bejahen kann, kommt ein Anspruch aus § 280 I i.V.m. § 311 II BGB in Betracht, der u.U. auch auf das Erfüllungsinteresse gehen kann. Dies ist dann der Fall, wenn es ohne die schuldhafte Pflichtverletzung des einen Partners zum formgerechten Vertragsabschluss gekommen wäre (Bsp.: arglistiges Abbringen vom formgerechten Abschluss).
> Dieser Anspruch geht nach dem BGH allerdings nur auf Geldersatz, da die Formvorschriften nicht über die Schadensersatzverpflichtung außer Kraft gesetzt werden dürfen. Im Falle des § 311b BGB ist der Schadensersatzanspruch dann auf Zahlung des Kaufpreises eines gleichwertigen Grundstücks gerichtet.
> Kommt eine Unbeachtlichkeit der Formnichtigkeit aus Treu und Glauben in Betracht, ist diese von Amts wegen zu beachten.

---

183 Vgl. oben, Rn. 74, 83.

184 S.o. Rn. 81 ff.

185 BGHZ 138, 339 [348 m.w.N.]

a) Bewusste Nichtbeachtung der Form

bewusste Nichtbeachtung

Der Geschädigte hat das Formerfordernis gekannt, aber dessen Beachtung nicht durchsetzen können.   **101**

Edelmannfall

> *Bsp. (Edelmannfall): S verspricht G als Belohnung für geleistete Dienste die Übereignung eines Grundstückes. Dem Verlangen des G nach notarieller Beurkundung entgegnet S, er sei von Adel, sein Edelmannswort genüge.*

frühere Rspr:
bei bewusstem Verzicht nicht
schutzwürdig

Das RG[186] hat den Erfüllungsanspruch des G verneint. G habe das Risiko bewusst und freiwillig übernommen; die Nachteile, die mit der Formunwirksamkeit des Vertrages verbunden seien, müsse er selber tragen. Wolle er kein Risiko eingehen, so dürfe er den formlosen Vertrag nicht schließen. Die Hoffnung des G, der S werde sein Edelmannswort erfüllen, ist unbeachtlich. Wer nämlich sein Geschäft bewusst nicht dem Recht unterstellt, sondern einem Edelmannswort, dem hilft das Recht auch nicht. Ersatzansprüche aus §§ 280 I, 311 II BGB bestehen ebenfalls nicht, da das Formerfordernis nicht in den alleinigen Pflichtenkreis des S fällt.

neuere Rspr.:
Anspruch auf Erfüllung aus c.i.c.

Demgegenüber hat der BGH[187] für den Fall schlechthin untragbarer Ergebnisse die Auffassung des RG korrigiert und gewährt dem G einen Erfüllungsanspruch über § 242 BGB. Soweit ein Erfüllungsanspruch zugebilligt wird, scheiden Ersatzansprüche aus § 280 I i.V.m. § 311 II BGB aus. Dieser Ansicht ist aber aus den genannten Gründen im vorliegenden Fall nicht zu folgen. G ist nicht schutzwürdig. Er kann nicht verlangen, von der Rechtsordnung geschützt zu werden, wenn er den Vertrag bewusst nicht unter die Rechtsordnung stellt, er sich vielmehr mit einem formlosen Vertragsschluss begnügt, obwohl er weiß, dass er aus diesem keine Rechte ableiten kann.

b) Täuschung über Formbedürftigkeit

bei arglistiger Täuschung Schadens-
ersatz nicht ausreichend

Eine Partei täuscht arglistig die andere über die Formbedürftigkeit   **102**
des Vertrages, um später gegebenenfalls die Nichtigkeit der Erklärung geltend zu machen.

In Fällen der arglistigen Täuschung über die Formbedürftigkeit hilft ein Schadensersatzanspruch aus § 826 BGB dem Geschädigten allein noch nicht, denn dieser Anspruch geht nur auf Ersatz des negativen Interesses. Er ist darauf gerichtet, dem Getäuschten das zu gewähren, was er ohne die Täuschung gehabt hätte.

Rechtsgedanke des § 162 BGB

Die h.M. gibt dem Getäuschten gleichwohl unter Hinweis auf den Rechtsgedanken des § 162 BGB trotz Formunwirksamkeit des Vertrages nach dessen Wahl einen Erfüllungsanspruch: Danach muss derjenige, der wider Treu und Glauben verhindert, dass die Rechtsbedingung eintritt, von der die Gültigkeit des Vertrages abhängt, sich so behandeln lassen, als sei sie eingetreten.[188]

> *Bsp.: Hat der Verkäufer dem Käufer bewusst wahrheitswidrig mitgeteilt, eine Zusicherung über eine Eigenschaft des Grundstücks brauche, um wirksam zu sein, nicht notariell beurkundet zu werden, und hat der Käufer dieser Mitteilung geglaubt, dann muss der Vertrag so behandelt werden, wie wenn die Zusicherung notariell beurkundet worden wäre.*

Wahlrecht des Getäuschten

Dem Getäuschten steht ein Wahlrecht zu, ob er den formunwirksamen Vertrag als wirksam behandeln lassen will oder nicht. Dies entspricht der Rechtslage bei § 123 BGB. Auch dort hat es der Getäuschte in der Hand, ob er durch Anfechtung den Vertrag vernichten will oder nicht. Daher können auf das Wahlrecht des Getäuschten §§ 124, 143 BGB entsprechend angewendet werden.[189]

---

186   RGZ 117, 121.

187   BGH, NJW 1969, 1167.

188   LARENZ, SchR I, § 10 III; MEDICUS, BR, Rn. 182.

189   MEDICUS, BR, Rn. 182.

c) Versehentliche Nichtbeachtung der Form

versehentliche Nichtbeachtung

Die Nichteinhaltung der Form ist auf fahrlässige Unkenntnis zurückzuführen oder die Einhaltung der bekannten Formvorschrift ist versehentlich unterblieben.

103

> *Bsp.: Ein Wohnungsbauunternehmen überließ Kaufinteressenten Eigenheime gegen eine privatschriftliche Vereinbarung, in welcher sich die Interessenten zur Zahlung des Kaufpreises verpflichteten. Ein endgültiger Vertrag sollte später geschlossen werden, was jedoch unterblieben ist.*

grds. § 125 BGB; Ausnahme: untragbare Ergebnisse

Der BGH[190] setzt sich über den Formmangel gem. § 242 BGB nur dann hinweg, wenn es nach den Beziehungen der Parteien und den gesamten Umständen mit Treu und Glauben unvereinbar wäre, das Rechtsgeschäft am Formmangel scheitern zu lassen. Ein hartes Ergebnis allein genügt nicht, es muss schlechthin untragbar sein.

Ist das der Fall, ist das Rechtsgeschäft als gültig zu behandeln. Es besteht dann ein Erfüllungsanspruch. Ein schlechthin untragbares Ergebnis wird aber nur in krassen Ausnahmefällen bejaht. So bei einem schwerwiegenden Verstoß gegen Betreuungspflichten oder bei wirtschaftlicher Existenzgefährdung.

a.A.:
§§ 280 I i.V.m. § 311 II BGB ausreichend

In der Literatur[191] wird dagegen die Ansicht vertreten, der Vertrag sei nie wirksam. Die Partei, auf deren Verschulden der Formmangel zurückgehe, muss Schadensersatz aus § 280 I i.V.m. § 311 II BGB in Höhe des negativen Interesses leisten.

Ob eine Partei zum Schadensersatz verpflichtet ist, ist jeweils im Einzelfall gesondert zu prüfen. Dabei kommt es vor allem auf die Schutzbedürftigkeit der Partei an. Der hauptsächliche Zweck der Formvorschrift ist der Schutz vor Übereilung. Fehlt insoweit die Schutzbedürftigkeit so ist ein Anspruch aus § 280 I i.V.m. § 311 II BGB zu verneinen, denn es ist nicht ersichtlich, warum eine Partei der anderen ohne weiteres zur Sorge um die Einhaltung der Form verpflichtet sein soll. Eine Schutzbedürftigkeit wird regelmäßig nur bei einer unerfahrenen Partei vorliegen, nicht aber z.B. bei einem Wohnungsbauunternehmen.

Ein Anspruch aus § 280 I i.V.m. § 311 II BGB besteht aber auch dann, wenn die eine Partei der anderen besondere Betreuungspflichten schuldet.[192]

zwar grds. nur negatives Interesse aber im Einzelfall positives Interesse

Ersatzfähig ist regelmäßig nur das negative Interesse. Dieser Grundsatz kann aber im Einzelfall durchbrochen werden. So hat der BGH[193] im Beispielsfall die Untragbarkeit des Ergebnisses verneint, aber dem Kaufinteressenten einen Anspruch auf das positive Interesse in Geld gegeben, wenn der Vertrag bei Hinweis auf die nötige Form notariell abgeschlossen worden wäre. Daher kann der vom Wohnungsbauunternehmen nach § 985 BGB auf Herausgabe der Wohnung in Anspruch genommene Kaufinteressent gem. § 273 BGB i.V.m. § 280 I BGB i.V.m. § 311 II BGB ein Zurückbehaltungsrecht geltend machen.

---

190   BGH, NJW 1965, 812; 1987, 1070.

191   MEDICUS, BR, Rn. 184.

192   PALANDT, § 125, Rn.23.

193   BGH, NJW 1965, 812.

hemmer-Methode: Wird ein Vertrag trotz Formverstoß über längere Zeit hinweg als wirksam behandelt, so verstößt die Berufung auf den Formmangel nicht bereits dann gegen § 242 BGB, wenn die Voraussetzungen der Verwirkung gegeben sind. Zur Verwirkung reicht es aus, dass von einem Recht über einen längeren Zeitraum hinweg kein Gebrauch gemacht wurde und besondere auf dem Verhalten des Berechtigten beruhende Umstände hinzutreten, die das Vertrauen rechtfertigen, das Recht werde nicht mehr geltend gemacht[194].

Die Begründung der Verwirkung setzt mithin nicht den Eintritt eines schlechthin untragbaren Ergebnisses und insbesondere keine besonders schwere Treuepflichtverletzung voraus. Zwar kann letztere auch daran anknüpfen, dass ein Vertrag über längere Zeit als wirksam behandelt wurde, vergleichbar dem „Zeitmoment" der Verwirkung also eine Geltendmachung der Formnichtigkeit über einen längeren Zeitraum hinweg unterblieben ist. Allein die Missachtung des hierdurch begründeten Vertrauens genügt aber noch nicht für die Annahme einer besonders schweren Treuepflichtverletzung.

Zu einem wegen Widersprüchlichkeit treuwidrigen Verhalten, zu dem als eigenständige Ausprägung auch die Verwirkung zählt, müssen vielmehr Umstände hinzukommen, die das Verhalten als im hohen Maße widersprüchlich erscheinen lassen[195].

---

194   BGH Z 105, 290, 298 m.w.N.

195   BGH Urteil vom 16.07.2004, V ZR 222/03; download unter **www.bundesgerichtshof.de**

G. § 134 BGB, Verstoß gegen ein gesetzliches Verbot

I. Anwendungsbereich

§ 134 BGB, Nichtigkeit des Rechtsgeschäfts

Nach § 134 BGB ist ein Rechtsgeschäft, das gegen ein gesetzliches Verbot verstößt, nichtig, wenn sich nicht aus dem Gesetz ein anderes ergibt.

104

Verbotsgesetz maßgebend, Auslegung

Ob eine Rechtsnorm ein gesetzliches Verbot enthält und ob bei einem Gesetzesverstoß die Rechtsfolge der Nichtigkeit des Geschäfts eingreift, lässt sich § 134 BGB nicht entnehmen. Dies muss durch Auslegung nach Sinn und Zweck der einzelnen Gesetzesvorschrift ermittelt werden.[196]

Einschränkung der Privatautonomie

Verbotsgesetze stellen eine Einschränkung der grundsätzlich gegebenen Privatautonomie, d.h. der Freiheit der Parteien bzgl. des Inhalts der von ihnen getätigten Rechtsgeschäfte, dar: Wegen § 134 BGB ist es den Parteien nicht möglich, einen gegen ein Verbotsgesetz verstoßenden rechtlichen Erfolg herbeizuführen.

> **hemmer-Methode: Verstößt das Rechtsgeschäft gegen ein gesetzliches Verbot, so führt dies u.U. zur Nichtigkeit nach § 134 BGB. Verstößt es gegen ungeschriebene Verbote, so kann ein Verstoß gegen die guten Sitten vorliegen, der nach § 138 I BGB zur Nichtigkeit des Rechtsgeschäftes führt. Dagegen führen Verstöße gegen Verfügungsverbote, die nur einzelne Personen schützen sollen, nur zur Unwirksamkeit ihnen gegenüber, §§ 135, 136 BGB.**

II. Voraussetzungen

Voraussetzungen des § 134 BGB sind:

- *Verstoß* des Rechtsgeschäfts gegen das Verbotsgesetz

105

- Vorliegen eines *Verbotsgesetzes*

- Verbotsgesetz erfordert seinem Sinn und Zweck nach *Nichtigkeit* des Rechtsgeschäftes

1. Verbotsgesetz

Verbotsgesetz: rechtl. Missbilligung d. Inhalts, der Umstände, des Zwecks des Rechtsgeschäfts

Verbotsgesetze sind Vorschriften, die eine nach unserer Rechtsordnung grundsätzlich mögliche rechtsgeschäftliche Regelung wegen ihres *Inhalts*, wegen der *Umstände ihres Zustandekommens* oder wegen des *bezweckten Rechtserfolges* untersagen. Das Verbot muss sich dabei gerade gegen die Vornahme des Rechtsgeschäfts richten.[197]

106

Gesetz = jede Rechtsnorm

Als Gesetz gilt jede Rechtsnorm, Art. 2 EGBGB. Danach können nicht nur formelle Gesetze, sondern auch Rechtsverordnungen, autonome Satzungen und Gewohnheitsrecht Verbotsgesetze enthalten.[198] Ausländische Verbotsgesetze fallen nicht unter § 134 BGB.

---

196 JAUERNIG, § 134 Anm. 1.

197 PALANDT, § 134, Rn. 1; BGH, NJW 1983, 2873.

198 BROX, AT, Rn. 275.

Wortlaut als Anhaltspunkt	Letztlich entscheidet die Auslegung nach Sinn und Zweck der Norm darüber, ob ein Verbotsgesetz vorliegt. Einen gewissen Anhaltspunkt bietet der jeweilige *Wortlaut* der Norm: Spricht das Gesetz davon, jemand "könne" ein bestimmtes Rechtsgeschäft nicht vornehmen oder eine bestimmte Rechtsfolge "könne" nicht vereinbart werden (Bsp.: §§ 137, 181, 276 III, 399, 400, 719 I, 1419 I, 2033 II BGB), so handelt es sich regelmäßig nicht um ein Verbotsgesetz i.S.d. § 134 BGB, sondern um eine Einschränkung der rechtlichen Gestaltungsmacht, d.h. des rechtlichen *Könnens*.

Verbotsgesetze betreffen aber Rechtsgeschäfte, die der Betroffene zwar vornehmen kann, aber nicht vornehmen darf, stellen also eine Beschränkung des rechtlichen *Dürfens* dar. Oft gebraucht das Gesetz dann Wendungen wie "soll nicht", "darf nicht" (vgl. §§ 51, 627 II, 671 II BGB).[199]

Sanktionscharakter	Echte Verbotsnormen stellen auch die Gesetze dar, die an die Vornahme eines Rechtsgeschäftes eine Strafe oder ähnliche Maßnahmen, wie z.B. den Entzug einer Erlaubnis, knüpfen:

> *Bspe. :[200] Ankauf gestohlener Sachen, § 259 StGB; verbotenes Glücksspiel, § 284 I StGB; Schenkung zur Bestechung eines Amtsträgers, § 334 I StGB.*

Das Verbot muss im Gesetz nicht ausdrücklich ausgesprochen sein. Es genügt, dass es im Gesetz zum Ausdruck kommt und durch Auslegung zu ermitteln ist.[201]

---

hemmer-Methode: Retardation des Gedankenablaufs! Für § 134 BGB genügt das Vorliegen eines Verbotsgesetzes alleine noch nicht! Nur sofern die zivilrechtliche Wirksamkeit des verbotenen Rechtsgeschäftes mit Sinn und Zweck des Verbotsgesetzes unvereinbar ist, ist dieses gem. § 134 BGB nichtig. Letzteres stellt einen eigenen Prüfungspunkt dar!

---

2. Verstoß gegen Verbotsgesetz

objektiver Verstoß ausreichend	Als nächstes ist zu prüfen, ob das in Frage stehende Rechtsgeschäft gegen das Verbotsgesetz verstößt. Dies ist dann der Fall, wenn der Tatbestand des Verbotsgesetzes *objektiv* erfüllt ist.	**107**

Auf ein Verschulden der Parteien kommt es nicht an. Nur bei Strafgesetzen muss auch der subjektive Tatbestand erfüllt sein[202].

3. Verbotsgesetz erfordert Nichtigkeit

Auslegung der Verbotsnorm	Nicht jeder Verstoß gegen ein gesetzliches Verbot hat die Nichtigkeit des Rechtsgeschäftes zur Folge. Nach § 134 BGB ist ein Rechtsgeschäft wegen eines Gesetzesverstoßes nur dann nichtig, "wenn sich aus der Verbotsnorm nicht ein anderes ergibt". Daher kommt es auf die Auslegung der Verbotsnorm an, d.h. ob das Geschäft selbst (wegen seines Inhalts oder der mit ihm verfolgten Zwecke) oder nur die äußeren Umstände (Zeit und Ort der Vornahme) missbilligt werden.[203]	**108**

Demnach ist nach dem Inhalt der jeweiligen Verbotsnorm zu entscheiden.

---

199   LARENZ, AT § 22 II.

200   Nach BROX, a.a.O.

201   BGHZ 51, 262.

202   PALANDT § 134 Rn. 12a; BGHZ 37, 366.

203   LARENZ, a.a.O.

a) Ordnungsvorschriften

Ordnungsvorschriften:
§ 134 BGB (-)

Einige Verbotsgesetze, richten sich nur gegen die Art und Weise, in der das Rechtsgeschäft abgeschlossen wird, nicht aber gegen den Erfolg des Geschäftes.   **109**

Solche Verbotsnormen sind bloße *Ordnungsvorschriften*, die nicht die Nichtigkeit des unter Verstoß gegen sie vorgenommenen Rechtsgeschäftes nach sich ziehen.

> *Bsp.: V verkauft nach Ladenschluss ein Brötchen an K, das dieser sofort verzehrt. Als V Bezahlung begehrt, verweigert ihm K die Bezahlung unter Berufung auf § 134 BGB.*

z.B. LadenschlussG

V könnte gegen K einen Anspruch auf Zahlung des Kaufpreises nach § 433 II BGB haben. Voraussetzung hierfür wäre, dass ein wirksamer Kaufvertrag zustande gekommen ist. Dies wäre dann nicht der Fall, wenn der Kaufvertrag nach § 134 BGB unwirksam wäre.

Der Verkauf des Brötchens nach Ladenschluss verstößt gegen das Ladenschlussgesetz. Dieses stellt ein Verbotsgesetz dar. Zu prüfen bleibt aber, ob der Verstoß die Nichtigkeit des Kaufvertrages zur Folge hat. Dies wäre nur dann der Fall, wenn die Verbotsnorm den Erfolg des Rechtsgeschäftes verhindern möchte.

Das Ladenschlussgesetz wendet sich nur gegen die Art und Weise, in der das Rechtsgeschäft abgeschlossen wird (Ordnungsvorschrift). Es will nicht verhindern, dass aus einem unter Verstoß gegen das Ladenschlussgesetz vorgenommenen Rechtsgeschäft den Parteien rechtliche Bindungen erwachsen. Vielmehr soll der Verkauf aus Gründen des Schutzes der Arbeitnehmer nur zu bestimmten Zeiten erfolgen. Die Gültigkeit eines Lebensmittelverkaufs außerhalb der Ladenzeiten will das Ladenschlussgesetz nicht beeinflussen. Deshalb führt ein Verstoß hier nicht zur Nichtigkeit des Vertrages. Der Primäranspruch auf Zahlung des Kaufpreises ist wirksam entstanden. Somit kann V von K Zahlung des Kaufpreises verlangen.

---

hemmer-Methode: Bei einem Verstoß gegen Ordnungsvorschriften kann der Gesetzeszweck durch Sanktionen gewahrt werden (z.B. Geldbuße). Ein Verstoß gegen Ordnungsvorschriften, die nicht den Inhalt des Rechtsgeschäfts, sondern nur die Art und Weise seiner Vornahme missbilligen, führt auch nicht zur Nichtigkeit nach § 134 BGB. Daher sollten Sie, selbst wenn Sie sich über den Charakter der einschlägigen Verbotsnorm als Ordnungsvorschrift nicht im klaren sind, stets ihr juristisches Gespür entscheiden lassen, ob in der Klausur die Wirksamkeit oder Nichtigkeit des fraglichen Rechtsgeschäftes Ihnen die wertvolleren Probleme eröffnet. Denken Sie zur Wiederholung des Gelernten kurz über den Fall "Bier nach Sperrstunde" nach!

---

b) Inhaltsverbote

Inhaltsverbot

Andere Verbotsnormen dagegen wollen Rechtsgeschäfte ihres Inhalts wegen verhindern. Ein Verstoß gegen solche *Inhaltsverbote* führt regelmäßig zur Nichtigkeit des Geschäfts. Bei Inhaltsverboten ist zu unterscheiden.   **110**

---

hemmer-Methode: Anders als bei den Ordnungsvorschriften kann bei den Inhaltsverboten der Gesetzeszweck häufig nur durch die Nichtigkeit des Vertrages gewahrt werden. Pauschales Lernen führt aber auch hier nicht zum Erfolg: Die Differenzierung zwischen einseitigem und zweiseitigem Verstoß beruht vor allem auf der Überlegung, dass der gesetzestreue Vertragspartner nicht wegen dem Verstoß des anderen Teils um seine Vertragsrechte gebracht werden soll.

---

aa) Einseitiger Verstoß

einseitiger Verstoß:
Einzelfall maßgeblich

Sofern die Verbotsnorm das Verhalten nur *einer* Partei des Rechtsgeschäfts missbilligt, ist im Einzelfall zu prüfen, ob das Rechtsgeschäft nichtig sein soll, oder ob das Interesse der redlichen Partei fordert, das Rechtsgeschäft gültig sein zu lassen. **111**

> *Bsp.: Hat der Verkäufer bei Abschluss eines Kaufvertrags den Käufer betrogen, so liegt ein Verstoß gegen das gesetzliche Verbot des § 263 StGB vor. Dennoch kann der redliche Käufer ein Interesse an der Gültigkeit des Vertrags haben. Die strenge Folge des § 134 BGB wäre hier folglich nicht interessengerecht. Dem Getäuschten bleibt ja die Möglichkeit, den Vertrag wegen arglistiger Täuschung nach §§ 123, 124 BGB anzufechten oder Schadensersatz zu fordern (§ 826 BGB). Mit dieser gesetzlichen Regelung wäre eine automatische Nichtigkeitsfolge kaum zu vereinbaren.*

i.d.R. Rechtsgeschäft gültig

In der Regel ist daher ein Rechtsgeschäft, das nur für einen Teil verboten ist, *gültig*, insbesondere dann, wenn der Gesetzesverstoß ein bloßes Internum in der Sphäre einer Partei bleibt. Aus dem Zweck des Verbots kann sich aber auch die Nichtigkeit des Rechtsgeschäfts ergeben, wenn dieser nur dadurch erreicht werden kann.

> *Bsp.:[204]*
>
> - *Verstoß gegen das Rechtsberatungsgesetz,[205]*
>
> - *Arbeitsvermittlungsverbot,[206]*
>
> - *Verbot der Heilmittelwerbung.[207]*

bb) Beiderseitiger Verstoß

beiderseitiger Verstoß:
i.d.R. Nichtigkeit

Sofern sich jedoch die Verbotsnorm gegen *beide Parteien* richtet und auch beide mit Vornahme des Rechtsgeschäftes gegen diese verstoßen haben, kann regelmäßig gem. § 134 BGB Nichtigkeit des Rechtsgeschäftes angenommen werden. Insoweit erfordert dann auch nicht die Schutzwürdigkeit eines der Beteiligten die Wirksamkeit des Rechtsgeschäftes. **112**

Dies gilt z.B. dann, wenn das Gesetz beide Beteiligte im Fall der Zuwiderhandlung mit Strafe bedroht. Rechtsfolge ist dann die Nichtigkeit des Verpflichtungsgeschäftes. Die in Erfüllung des nichtigen Verpflichtungsgeschäftes erfolgten Verfügungen bleiben jedoch grds. wirksam, können aber nach Bereicherungsrecht rückabgewickelt werden.

> **hemmer-Methode:** Die bereicherungsrechtliche Rückabwicklung macht § 134 BGB für Examensklausuren attraktiv. So stellt sich die Nichtigkeit nach § 134 BGB lediglich als „Einfallstor" für eine Reihe weiterer Probleme i.R.d. Bereicherungsrechts dar (Entreicherung, Bösgläubigkeit, Rückabwicklung "über's Eck", falls Vertrag zugunsten Dritter nichtig...).

c) Einzelne Verbotsgesetze i.S.d. § 134 BGB

Beispiele

Beispiele für Verbotsgesetze, die zur Nichtigkeit nach § 134 BGB führen, sind:[208] **112a**

---

204   Vgl. PALANDT, § 134, Rn. 9.

205   BGHZ 37, 262.

206   BGH, NJW 1969, 661.

207   BGHZ 53, 156.

208   Vgl. PALANDT, § 134, Rn. 14 ff.

- *Verstoß gegen Arbeitnehmerschutzgesetze (z.B. JArbSchG)[209]*

- *Verbot des Glücksspiels führt auch zur Nichtigkeit des dazu erteilten Darlehensvertrages[210]*

- *§ 1 I Nr.2 SpielbankVO: Spielvertrag mit ortsansässigem Spieler[211]*

- *§ 288 StGB: Vertrag zur Vollstreckungsvereitelung[212]*

- *§ 146 StPO: Verbot der Mehrfachverteidigung[213]*

> **hemmer-Methode: Übergreifende Zusammenhänge erkennen! Gerade im Arbeitsrecht spielt § 134 BGB eine wichtige Rolle, denn es stellt sich dort regelmäßig die Frage nach der Wirksamkeit der Kündigung. Diese kann insbesondere nach § 134 BGB i.V.m. § 613a IV BGB, § 9 I MuSchG, §§ 85, 91 SGB IX oder § 18 BErzGG nichtig sein. Zu den Voraussetzungen der einzelnen Vorschriften lesen Sie HEMMER/WÜST, Arbeitsrecht, insbes. Rn. 239 ff., 257 ff. und 271 ff., 292 ff.**
> **Bei § 102 BetrVG handelt es sich aber nicht um ein Verbotsgesetz, da die Nichtigkeitsfolge bereits in § 102 I S.3 BetrVG geregelt ist.**

nicht:
§ 540 BGB (Untervermietung)

Um kein Verbotsgesetz handelt es sich dagegen bei § 540 BGB im Fall der *unberechtigten Untervermietung*. Die unerlaubte Untervermietung stellt lediglich eine Pflichtverletzung des Hauptmietvertrages dar. Das Rechtsgeschäft zwischen Hauptmieter und Untermieter wird von der fehlenden Erlaubnis zur Untervermietung nicht berührt. Der Untermietvertrag ist nicht nach § 134 BGB nichtig.

nicht:
§ 8 BUrlG

Gleiches gilt für § 8 BUrlG. Entgegen einer früheren Rechtsprechung[214] nimmt das BAG[215] nunmehr an, dass der Vertrag nicht gegen § 134 BGB verstößt. Ein Verstoß gegen § 8 BUrlG ist jedoch anderweitig beachtlich.[216]

113

Grundrechte i.d.R. nicht, Ausnahme:
Art. 9 III, 48 II, 38 I S.2 GG

Die *Grundrechtsartikel* stellen grundsätzlich keine Verbotsgesetze im Sinne des § 134 BGB dar. Nach ihrer geschichtlichen Entwicklung, ihrem Inhalt und Zweck betreffen sie das Verhältnis zwischen Bürger und öffentlicher Gewalt. Die Grundrechte wirken zwar über die Generalklauseln (§§ 134, 242, 826 BGB) in das Privatrecht ein, sie sind aber keine allgemeinen Verbotsgesetze i.S.d. § 134 BGB.

Ausnahmen davon sind die unmittelbar wirkenden Verbotsschranken der Art. 9 III, 48 II und 38 I S.2 GG.[217]

> **hemmer-Methode: Merken Sie sich: Zunächst muss durch Auslegung nach Sinn und Zweck der Norm ermittelt werden, ob ein Verbotsgesetz vorliegt. Sofern eine ausdrückliche Bestimmung fehlt, kommt es für die Frage der Nichtigkeit nach § 134 BGB darauf an, ob es mit dem Sinn und Zweck des Verbotsgesetzes unvereinbar wäre, die durch das Rechtsgeschäft getroffene Regelung hinzunehmen und bestehen zu lassen.**
> **Entscheidend ist, ob das Gesetz sich nicht nur gegen die Art und Weise des Abschlusses des Rechtsgeschäfts, sondern auch gegen seine privatrechtliche Wirksamkeit und damit gegen seinen wirtschaftlichen Erfolg wendet.[218]**

---

209   Dazu näher PALANDT, v. § 611, Rn. 83, 85.

210   OLG Celle NJW-RR 1987, 1190.

211   BGHZ 37, 365.

212   OLG Schleswig SchlHA 57, 96.

213   LG München NJW 1983, 1688.

214   ArbG Herne DB 1965, 1670.

215   BAG, NJW 1988, 2757.

216   Auch HEMMER/WÜST/GOLD, Bereicherungsrecht, Rn. 278 sowie Arbeitsrecht, Rn. 519 ff.

217   PALANDT, § 134 , Rn. 4; das BAG sieht weitere Grundrechte als gesetzliche Verbote an, Vgl. PALANDT, § 134, Rn. 15.

218   BGH, NJW 1990, 2542.

d) Verstoß gegen SchwArbG als „Examensklassiker"

SchwArbG

Das Schwarzarbeitergesetz (SchwArbG, Beck-Text, „Arbeitsgesetze **114** Nr. 52) richtet sich sowohl gegen den nicht in die Handwerksrolle eingetragenen Handwerker (§ 1 I SchwarzArbG) als auch gegen dessen Auftraggeber (§ 2 I SchwarzArbG).

Daher ist ein beiderseitiger Verstoß gegen das SchwArbG grds. möglich, aber nicht die Regel: So verstößt z.B. ein Auftraggeber, der von der fehlenden Eintragung des Handwerkers nichts weiß, nicht gegen das SchwArbG.

bei beiderseitigem Verstoß § 134 BGB (+)

Bei einem Verstoß gegen das SchwArbG ist die Nichtigkeit nach § 134 BGB nur dann zu bejahen, wenn beide Teile dagegen verstoßen haben.[219]

> *Bsp.: K trifft S, der im Malergeschäft des E angestellt ist, und hört von ihm, dass er sich des Öfteren in den Abendstunden und an den Wochenenden durch private Malerarbeiten zusätzlich Geld nebenher verdiene. K sieht eine günstige Gelegenheit, die nötigen Renovierungsarbeiten in seinem Eigenheim billig erledigen zu lassen. S führt diese am Wochenende aus. Als er Zahlung begehrt, verweigert K diese mit der Begründung, S habe mangelhaft gearbeitet.*
>
> *1. Stehen K Rechte aufgrund der Mangelhaftigkeit zu?*
>
> *2. Welche Ansprüche hat S, wenn festgestellt wird, dass er ordnungsgemäß gearbeitet hat?*

Frage 1:

Mängelrechte:

a) K könnten Mängelrechte nach §§ 634 ff. BGB zustehen.

Voraussetzung hierfür wäre, dass ein wirksamer Werkvertrag zwischen **115** den Parteien vorliegt. Hier könnte der Vertrag gegen § 134 BGB verstoßen haben und damit nichtig sein. Dies wäre dann der Fall, wenn ein Verstoß gegen das SchwArbG gegeben wäre und dies zur Unwirksamkeit führte.

Verstoß gg. SchwArbG (+)

Werden Arbeiten in erheblichem Umfang übernommen und soll das übliche Entgelt, welches bei Zuziehung eines Handwerksmeisters anfällt, eingespart werden, liegt ein Verstoß gegen das SchwArbG vor.

[handschriftliche Notiz: Bei bloßer Schwarz-Bezahlung zur Steuerhinterziehung ⊖]

> **hemmer-Methode:** Dagegen ist der Vertrag wirksam, wenn mit dem Auftraggeber vereinbart wurde, dass das Honorar schwarz, das heißt ohne Rechnungsstellung, bezahlt werden solle. Der Umstand, dass die Abrede eine Steuerhinterziehung erleichtern soll, hat auf die Wirksamkeit des Vertrages dann keinen Einfluss, wenn nicht gegen das Gesetz zur Bekämpfung der Schwarzarbeit verstoßen wurde[220].
>
> Lesen Sie dazu bitte den Wortlaut des § 1 I Nr. 1 bis 3 SchwarzArbG nach. Nur in diesen Fällen ist bei einem beiderseitigen Verstoß die Rechtsfolge die Nichtigkeit gem. § 134 BGB.
> Nach der Rechtsprechung des Bundesgerichtshofs ist ein Vertrag, mit dessen Abwicklung eine Steuerhinterziehung verbunden ist, aber gemäß § 138 BGB nichtig, wenn die Steuerhinterziehung Hauptzweck des Vertrages ist[221]. Der Hauptzweck des (Architekten- oder Bau)Vertrages ist aber in der Regel nicht auf eine Steuerhinterziehung, sondern auf die Errichtung des vereinbarten Werkes gerichtet. Grundsätzlich kann auch nicht davon ausgegangen werden, dass die Nichtigkeit der Abrede, keine Rechnung zu stellen (§ 138 BGB), die Nichtigkeit des gesamten Vertrages erfasst, sodass § 139 BGB insoweit widerlegt ist[222].

---

219   PALANDT, § 134, Rn. 22.

220   BGH NJW-RR 2001, 280; PALANDT § 134 Rn. 22 a.E. sowie § 138 Rn. 44

221   BAG NZA 2004, 314 ff.; BGHZ 136, 125 [132]; PALANDT § 138 Rn. 44

222   **BGH Life & Law 2003, 831 ff.** = NJW 2003, 2742 ff.; a.A. OLG Hamm NJW-RR 1997, 722

> **Beachten Sie also:** Nach der Rechtsprechung des BGH ist Schwarzarbeit i.S.d. § 134 BGB nur die gegen das SchwarzarbG verstoßende Arbeit, nicht aber die „schwarz" ohne Rechnung erbrachte Arbeitsleistung !

für § 134 BGB beiderseitiger Verstoß notwendig
⇨ *keine Mängelrechte*

Ob der Vertrag dann dem § 134 BGB unterfällt, hängt davon ab, ob die im SchwArbG geregelten Bußgeldandrohungen lediglich die Verletzung gewisser Ordnungsvorschriften sanktionieren, oder ob mit der Bußgeldandrohung auch der Eintritt des zivilrechtlichen Erfolges verhindert werden soll.

Aus dem Schutzzweck des SchwArbG, Schutz des Handwerks, ergibt sich, dass es als Verbotsgesetz gewertet werden muss, das auch die Wirksamkeit des Rechtsgeschäfts selbst ergreift. Andernfalls wäre der Schuldner gezwungen, eine verbotene, mit Bußgeld bewehrte Handlung vorzunehmen. Danach ist der Vertrag nach § 134 BGB nichtig. Mängelrechte nach §§ 634 ff. BGB sind bei einem nichtigen Vertrag ausgeschlossen.[223]

> **hemmer-Methode:** Wichtig ist jedenfalls in der Klausur die genaue Subsumtion des Sachverhalts unter das SchwArbG (§§ 1, 2 SchwArbG). Beachten Sie auch, dass nach h.M. nur beim *beiderseitigen* Verstoß gegen das Schwarzarbeitergesetz die Folge des § 134 BGB eintritt. Nur nach einer Mindermeinung soll auch bei einem einseitigen Verstoß der Vertrag grundsätzlich nichtig sein, da man einen Schwarzarbeiter nicht zur Erbringung seiner Leistung verurteilen könne. Dagegen spricht aber, dass der Schwarzarbeiter den Vertrag nicht in Person erfüllen muss, vielmehr kann er ihn durch Dritte erfüllen lassen (§ 267 BGB).
> Andererseits nimmt die Rechtsprechung die Nichtigkeit auch bei einseitigem Verstoß an, wenn der Auftraggeber den einseitigen Verstoß kennt und ihn bewusst zu seinem Vorteil ausnutzt (PALANDT, § 134 BGB, Rn. 22).

keine Umgehung durch § 280 I i.V.m. § 311 II BGB

b) Schadensersatz-Ansprüche lassen sich auch nicht aus §§ 280 I i.V.m. § 311 II BGB begründen. Es wäre widersinnig, über § 280 I i.V.m. § 311 II BGB trotz Nichtigkeit des Vertrages Schadensersatz-Ansprüche entstehen zu lassen, da ansonsten der Schutzzweck des SchwArbG umgangen würde.

c) Ansprüche aus § 280 I BGB i.V.m. der berechtigten GoA entfallen nach h.L. schon deshalb, weil die GoA bei einem unwirksamen Vertrag nicht anwendbar ist.

> **hemmer-Methode:** An dieser Stelle kann in der Klausur eines der Hauptprobleme liegen, da die Rechtsprechung die GoA in den Fällen des nichtigen Vertrages - insbesondere auch im Bereich der Schwarzarbeit[224] - anwenden will. Für die h.L. spricht indessen, dass ansonsten die Wertung der §§ 814, 817 S.2, 818 III BGB umgangen würde. Ausführlich hierzu auch HEMMER/WÜST, Basics-Zivilrecht, Rn. 336 sowie HEMMER/WÜST, Bereicherungsrecht, Rn. 65, 448 a.E.!

d) Auch deliktische Ansprüche scheiden insoweit aus.

ebenso bzgl. Delikt u. GoA

Zwar stellt ein mangelhafter Wandanstrich eine Eigentumsverletzung dar. Aber wenn aus dem SchwArbG keine Ansprüche auf Schadensersatz bestehen sollen, dann muss dies auch für die deliktische Anspruchsgrundlage gelten. Insoweit gilt derselbe Schutzzweck. Der Deliktsanspruch besteht dann nicht, wenn er Ersatzansprüche gewährt, die nach dem Gesetzeszweck gerade nicht bestehen sollen.

---

223   BGH, NJW 1990, 2542.

224   PALANDT, § 817, Rn. 2.

Frage 2:

Zahlung: Vertrag (-)

a) Ein Anspruch des S aus § 631 BGB auf Vergütung besteht nicht, denn der Werkvertrag ist wegen Verstoßes gegen das SchwArbG nach § 134 BGB nichtig.

116

Bereicherungsrecht

b) Ein Zahlungsanspruch des S gegen K könnte sich aber aus § 812 I S.1, 1.Alt. BGB ergeben.

Leistung ohne Rechtsgrund

S hat eine Leistung an K erbracht, indem er durch die Renovierungsarbeiten das Vermögen des K ziel- und zweckgerichtet vermehrte. Dies erfolgte ohne Rechtsgrund, denn der der Leistung zugrunde liegende Vertrag ist wegen Verstoßes gegen das SchwArbG nach § 134 BGB nichtig.

§ 814 BGB (-)

Der Anspruch ist auch nicht durch § 814 BGB ausgeschlossen. Dieser fordert positive Kenntnis der Rechtslage seitens des leistenden S, wovon nicht ausgegangen werden kann.

§ 817 S.2 BGB

Der Bereicherungsanspruch könnte aber nach § 817 S.2 BGB ausgeschlossen sein.

Voraussetzung hierfür wäre, dass § 817 S.2 BGB auch auf einen Anspruch aus Leistungskondiktion nach § 812 I S.1, 1.Alt. BGB Anwendung findet. Seinem klaren Wortlaut nach findet § 817 S.2 BGB auf alle Fälle der Leistungskondiktion Anwendung, nicht aber auf eine Bereicherung in sonstiger Weise.[225] Greift § 817 S.2 BGB ein, dann sind Ansprüche aus Leistungskondiktion nach § 812 BGB ausgeschlossen.[226]

Würde man im vorliegenden Fall § 817 S.2 BGB anwenden, so hätte dies andererseits zur Folge, dass K die erbrachten Malerarbeiten nicht vergüten müsste. Dadurch würde dem verbotswidrigen Geschäft faktisch ein dauernder Bestand verliehen und im Ergebnis wäre ein Ausgleich nicht möglich.

Bei strikter Anwendung des § 817 S.2 BGB bliebe die von S geleistete Arbeit ersatzlos. Ein Verstoß gegen das SchwArbG ginge dann im Ergebnis nur zu Lasten des regelmäßig vorleistenden Arbeitnehmers.

dagegen: Unbillige Härte zu Lasten d. Handwerkers

~ WERTUNGSMÄSSIGE KORREKTUR 242

Dieses Rückforderungsverbot nach § 817 S.2 BGB stellt deshalb regelmäßig eine unbillige Härte zu Lasten des Handwerkers dar und bedarf daher einer wertungsmäßigen Korrektur:

Hierbei käme eine Einschränkung des § 817 S.2 BGB über § 242 BGB in Betracht. § 817 S.2 BGB sanktioniert wegen § 242 BGB nicht eine Vermögensverschiebung als endgültig, die gegen Treu und Glauben verstößt.

> **hemmer-Methode: Beachte: Durch die restriktive Auslegung des § 817 S.2 BGB wird die Folgeproblematik des § 818 II BGB, in welcher Höhe Wertersatz für die Schwarzarbeit zu leisten ist, erst eröffnet. § 817 S.2 BGB greift auch dann ein, wenn nur dem Leistenden und nicht zugleich dem Leistungsempfänger ein Gesetzes- oder Sittenverstoß zur Last fällt. Der Empfänger darf nämlich bei einwandfreiem Verhalten nicht schlechter stehen als bei makelhaftem.[227]**

Rechtsfolge wäre dann die Rückabwicklung nach Bereicherungsrecht, der Anwendung von § 817 S.2 BGB stünde § 242 BGB entgegen.[228]

Zweck SchwArbG: Wahrung öffentlicher Belange

Für die Frage, ob § 817 S.2 BGB im Einzelfall durch § 242 BGB überlagert wird, ist zu berücksichtigen, welchen Zweck das in Frage stehende Verbotsgesetz verfolgt. Das Gesetz zur Bekämpfung der Schwarzarbeit verfolgt in erster Linie nicht den Schutz eines oder beider Vertragspartner, sondern vor allem die Wahrung öffentlicher Belange.

---

225   PALANDT, § 817, Rn. 2.

226   MEDICUS, BR, Rn. 696.

227   MEDICUS a.a.O.

228   BGH, NJW 1990, 2542.

Insbesondere standen arbeitsmarktpolitische Gesichtspunkte bei Erlass des Gesetzes im Vordergrund der Überlegungen. Schwarzarbeit führt nämlich zu Arbeitslosigkeit in einigen Berufszweigen, verursacht Steuerausfälle, schädigt die Sozialversicherungsträger und gefährdet selbständige Betriebsinhaber, die nicht so billig arbeiten können wie die Schwarzarbeiter. Nur in zweiter Linie soll auch der Auftraggeber davor geschützt werden, dass er bei fehlerhafter Werkleistung keine Gewährleistungsansprüche hat.

> **hemmer-Methode: Noch einmal im Überblick! Schutzzweck des SchwArbG ist also:**
> - **die Bekämpfung der Arbeitslosigkeit**
> - **der Schutz redlicher Handwerker vor der Preisunterbietung durch Schwarzarbeiter**
> - **die Minderung von Steuerausfällen**
> - **der Schutz des Auftraggebers vor minderwertiger Leistung**

auch ohne § 817 S.2 BGB Zweck erreichbar

Mit dem Ausschluss vertraglicher Ansprüche ist der vorrangigen ordnungspolitischen Zielsetzung des Gesetzes weitgehend Genüge getan. Dass der Besteller von Schwarzarbeit die Leistung auf Kosten des vorleistenden Schwarzarbeiters unentgeltlich soll behalten dürfen, ist zur Durchsetzung der Ziele des Gesetzes nicht geboten.

Die generalpräventive Wirkung wird bereits durch den Ausschluss vertraglicher Ansprüche, verbunden mit der Gefahr der Strafverfolgung und der Nachzahlung von Steuern und Sozialabgaben bei Bekanntwerden der Schwarzarbeit, erzielt. Die Gewährung eines bereicherungsrechtlichen Ausgleichs steht dieser generalpräventiven Wirkung nicht entgegen. Der meist wirtschaftlich stärkere Auftraggeber soll zudem keinesfalls günstiger behandelt werden als der wirtschaftlich schwächere Schwarzarbeiter. Daher entspricht es nicht der Billigkeit (§ 242 BGB), dem durch die Vorleistung begünstigten Besteller den durch nichts gerechtfertigten Vorteil unentgeltlich zu belassen.

Demzufolge ist der Bereicherungsanspruch des S dem Grunde nach gegeben. Der Anwendung von § 817 S.2 BGB steht § 242 BGB entgegen.[229]

Umfang: Wertersatz

Der Umfang des Bereicherungsanspruchs bestimmt sich nach § 818 BGB. Da die Herausgabe der durch Vorleistung erbrachten Zuwendung dem K in natura nicht möglich ist, kommt nur Wertersatz nach § 818 II BGB in Betracht.

Problematisch sind dabei die Bewertungsfaktoren.

Bestimmt man den Wert der Werkleistung auf einer objektiven Bewertungsebene, so könnte man zu einer Bereicherungshaftung kommen, die das im unwirksamen Vertrag vereinbarte Entgelt übersteigt. Um dieses missliche Ergebnis zu vermeiden, muss man entweder auf den Inhalt des unwirksamen Vertrages zurückgreifen oder eine Begrenzung durch das Institut des Rechtsmissbrauchs vornehmen.

nicht mehr als vereinbart

u. Wertminderung

Den Rückgriff auf den unwirksamen Vertrag nimmt der BGH[230] vor. Demnach kann der Schwarzarbeiter im Wege des Bereicherungsausgleichs keinesfalls mehr verlangen, als er mit seinem Auftraggeber - in nichtiger Weise - als Entgelt vereinbart hat. Von diesem Entgelt sind dann wegen der mit der Schwarzarbeit verbundenen Risiken Abschläge zu machen. Dabei ist stark wertmindernd zu berücksichtigen, dass vertragliche Mängelansprüche wegen der Nichtigkeit des Vertrages nicht gegeben sind.

Ergebnis: S steht gegen K ein Anspruch auf Wertersatz nach §§ 812 I S.1, 1.Alt., 818 II BGB zu.

---

229 A.A. TIEDTKE, BB 1990, 2308: Die generalpräventive, abschreckende Wirkung geht verloren; wer sich dem Schutz des Gesetzes nicht unterstellen will, verdiene den Schutz des Gesetzes nicht.

230 BGH, NJW 1990, 2542.

> **hemmer-Methode:** Ist die Werkleistung des S mangelhaft, so sind diese Mängel im Rahmen der Saldierung in die Ausgleichsberechnung einzubeziehen. Die Mangelhaftigkeit führt zur Entreicherung nach § 818 III BGB. Das Bereicherungsrecht stellt nämlich auf die tatsächliche Vermögenslage ab und will nur den wirtschaftlichen Wertzuwachs abschöpfen. Daher muss das Faktum der mangelhaften Leistung berücksichtigt werden, auch wenn dadurch im Ergebnis de facto eine Gewährleistungshaftung zum Ausdruck kommt.

4. Nichtigkeit des Erfüllungsgeschäftes

§ 134 BGB auch bzgl. Erfüllungsgeschäft möglich

Missbilligt das Verbotsgesetz nicht nur den Inhalt des Verpflichtungsgeschäftes, sondern untersagt darüber hinaus auch eine Verschiebung der Güter, dann ist außer dem Verpflichtungsgeschäft auch das Erfüllungsgeschäft nichtig.

117

In diesen Fällen bleibt der über sein Eigentum Verfügende weiterhin Eigentümer, er kann dann sein Eigentum nach § 985 BGB herausverlangen und ist nicht auf Bereicherungsansprüche angewiesen.

Auslegung der Verbotsnorm notwendig

Ob das Verbotsgesetz auch auf das Verfügungsgeschäft durchschlägt, ist im Wege der Auslegung der Verbotsnorm zu ermitteln. So ist beispielsweise bei Verstößen gegen § 29 BtMG auch das Verfügungsgeschäft nichtig.[231]

Exkurs:

§ 817 S.2 BGB allgemeine Rechtsschutzversagung?

Ist auch das Verfügungsgeschäft wegen eines Verstoßes gegen ein Verbotsgesetz nach § 134 BGB nichtig und macht der ursprüngliche Eigentümer einen Anspruch nach § 985 BGB auf Herausgabe geltend, so fragt sich, ob dem Herausgabeverlangen § 817 S.2 BGB entgegenstehen könnte.

118

Dies wäre dann der Fall, wenn § 817 S.2 BGB auch auf andere als bereicherungsrechtliche Ansprüche anwendbar wäre.

Rspr.: keine Anwendung über Bereicherungsrecht hinaus

Die Rechtsprechung[232] verneint eine Anwendung mit der Begründung, § 817 S.2 BGB bilde wegen seines Strafcharakters im Zivilrecht einen Fremdkörper und dürfe daher nicht extensiv über seinen Wortlaut hinaus ausgelegt werden.

Lit.: Erst recht für Erfüllungsgeschäft

Dagegen wird von Teilen der Literatur[233] eingewandt, dass es bei beiderseitigem Gesetzesverstoß sinnlos wäre, den einen Täter zum Vorteil des anderen zu bestrafen. Daher sei § 817 S.2 BGB als allgemeine Rechtsschutzversagung aufzufassen, die jegliche Ansprüche ausschließe, zu deren Begründung sich der Gläubiger auf ein gesetzwidriges Verhalten berufen muss. Wenn nämlich verwerfliche Gesinnung dem Leistenden schon schade, wenn nur das Grundgeschäft nichtig sei, so müsse dies erst recht gelten, wenn auch das Erfüllungsgeschäft wegen Gesetzesverstoß nichtig sei.

dann aber teleologische Reduktion notwendig

Zu beachten ist aber, dass dann § 817 S.2 BGB den gesetzwidrigen Zustand beständig machen würde. So könnte der Erwerber von Rauschgift dieses an Dritte veräußern und daraus Gewinn erzielen. Daher müsste § 817 S.2 BGB, sofern er überhaupt auf Vindikationsansprüche anwendbar ist, erneut teleologisch eingeschränkt werden.[234]

Dies spricht dann aber dafür, in diesem Fall § 817 S.2 BGB nicht als allgemeine Rechtsschutzversagung eingreifen zu lassen.

---

231   BGH, NJW 1983, 636.

232   Vgl. Nachweise bei PALANDT, § 817, Rn. 2; dazu auch ausführlich HEMMER/WÜST, Bereicherungsrecht, Rn. 447.

233   MEDICUS, BR, Rn. 697.

234   Vgl. MEDICUS, BR, Rn. 698.

5. Umgehungsgeschäfte

Die Rechtsfolge des § 134 BGB erfasst auch *Umgehungsgeschäfte*.

bei Umgehungsgeschäft:
Erfolg d. Rechtsgeschäftes
verboten?

Darunter sind Rechtsgeschäfte zu verstehen, die den vom Verbotsgesetz missbilligten Erfolg auf einen Weg zu erreichen suchen, welchen die Verbotsnorm nicht erfasst. Für diese Geschäfte gilt die Folge des § 134 BGB aber nur dann, wenn die Verbotsbestimmung den Erfolg des Rechtsgeschäftes schlechthin verhindern will, unabhängig vom Weg, auf dem die Parteien dieses Ziel erreichen wollen. Das Verbotsgesetz muss dann über seinen Wortlaut hinaus auch auf die Fälle angewandt werden, auf die es nach der im Gesetz enthaltenen Wertung angewandt werden soll.

119

> *Bsp.: Gastwirt G wird die Erlaubnis seines Betriebes wegen Trunksucht entzogen. G verkauft die Gaststätte an K und vereinbart mit ihm, für diesen als dessen Geschäftsführer das Restaurant zu führen.*
>
> Aus der Bestimmung des § 15 i.V.m. § 4 GastG (Sart. Nr. 810) ergibt sich, dass G keine Gaststätte führen darf. Der Sinn und Zweck der einschlägigen Bestimmungen würde umgangen, wenn G durch Vereinbarung mit K faktisch in die Lage versetzt würde, die Gaststätte trotzdem zu leiten. Der Vertrag zwischen G und K ist daher wegen Umgehung des § 4 GastG nach § 134 BGB nichtig.

> **hemmer-Methode: Die Vereinbarung wäre auch nicht nach § 117 I BGB nichtig, da die vereinbarten Rechtsfolgen tatsächlich gewollt sind und damit nicht nur der äußere Schein.**

III. Schadensersatz bei verbotswidrigen Rechtsgeschäften

rechtlich verbotene Leistungen

Sofern sich der Vertragsschluss auf eine rechtlich verbotene Leistung bezieht, liegt auf Seiten des Schuldners objektive anfängliche Unmöglichkeit vor. Der Vertrag ist zwar gemäß § 311a I BGB wirksam, jedoch kann der Vertragspartner gemäß § 311a II BGB Schadensersatz statt der Leistung verlangen.

120

Ist der Vertrag nach § 134 BGB nichtig, besteht ein Anspruch gemäß §§ 280 I, 311 II BGB, sofern der Vertragspartner den Verstoß gegen § 134 BGB zu vertreten hat.

Ob der Anspruch der Höhe nach durch das positive Interesse begrenzt wird, ist zweifelhaft.

H. § 138 BGB: Sittenwidrigkeit

I. Anwendungsbereich

Sittenwidrigkeit
⇨ Nichtigkeit über § 138 BGB

Verstößt ein Rechtsgeschäft gegen die guten Sitten, so ist es nach **121** § 138 I BGB nichtig. Die Nichtigkeit erstreckt sich in der Regel auf das Rechtsgeschäft im Ganzen.[235] Ausnahmsweise kann das Rechtsgeschäft gemäß § 139 BGB ohne den sittenwidrigen Teil aufrecht erhalten werden, wenn dies dem mutmaßlichen Parteiwillen entspricht. Dies setzt voraus, dass sich der Sittenverstoß eindeutig auf einen abtrennbaren Teil des Rechtsgeschäfts beschränkt und im Übrigen gegen Inhalt und Zustandekommen des Vertrages keine Bedenken bestehen.

> **hemmer-Methode: § 138 II BGB (vgl. Rn. 132 ff.) ist gegenüber § 138 I BGB grundsätzlich die speziellere Vorschrift und deshalb in der Klausur (wenigstens gedanklich) zuerst zu prüfen. Zum vereinfachten Verständnis wird nachfolgend jedoch zuerst Absatz 1 erläutert.**

1. Verpflichtungs- und Verfügungsgeschäft

grds. nur Verpflichtungsgeschäft

Nichtig gem. § 138 I BGB ist grundsätzlich nur das Verpflichtungs- **122** geschäft, nicht auch das Verfügungsgeschäft[s].[236] Dieses ist in aller Regel wertneutral, weil es lediglich auf eine Änderung der Güterzuordnung abzielt. Liegt jedoch der Sittenverstoß gerade in der Veränderung der Güterzuordnung, d.h. dem Vollzug der Leistung, so ist auch das Verfügungsgeschäft nichtig.

> *Bsp.: Die Bank B vereinbart mit dem stark verschuldeten K, dass dieser alle seine Maschinen an B zur Sicherung eines Kredits zu Eigentum übertragen soll. Der Kredit beträgt 250.000,- €, der Wert der Maschinen 1.000.000,- €.*

ggf. auch Verfügungsgeschäft

Hier ist nicht nur die schuldrechtliche Verpflichtung zur Sicherung, sondern auch die Übereignung sittenwidrig und damit nichtig. Denn die Übereignung sämtlicher Maschinen des K führt dazu, dass diese dem Zugriff der übrigen Gläubiger entzogen sind.

Dies stellt eine sittenwidrige Gefährdung der übrigen Gläubiger dar, welche gerade durch den Verlust des Eigentums beim Schuldner bewirkt wird.

> **hemmer-Methode: Bei Sicherungsübereignung und Globalzession ist stets auch die Sittenwidrigkeit des Verfügungsgeschäftes zu prüfen. Dabei ist die Sittenwidrigkeit im Hinblick auf zwei Gesichtspunkte zu untersuchen. Zum einen kommt die Knebelung des Vertragspartners in Betracht. Durch den Vertrag wird die wirtschaftliche Freiheit so sehr beschränkt, dass dadurch die freie Selbstbestimmung verloren geht. Zum anderen im Hinblick auf eine Gläubigergefährdung. Diese ist dann zu bejahen, wenn sich die Bank durch den Sicherungsvertrag leichtfertig über die Belange etwaiger Geschäftspartner des Schuldners hinwegsetzt.**

Berufung auf Sittenwidrigkeit:
Grenze § 242 BGB

Die Nichtigkeit ist *von Amts wegen* zu beachten. Bei einem einseiti- **123** gen Sittenverstoß kann es aber *rechtsmissbräuchlich* sein, wenn sich der sittenwidrig Handelnde auf die Nichtigkeit beruft, § 242 BGB.

---

235   PALANDT, § 138, Rn. 19.

236   Anders aber unten Rn. 151.

2. Einseitige Rechtsgeschäfte

§ 138 BGB auch bei einseitigen Rechtsgeschäften

§ 138 BGB gilt für Rechtsgeschäfte jeder Art. Erfasst werden auch *einseitige Rechtsgeschäfte* wie Rücktritt und Kündigung oder geschäftsähnliche Handlungen wie Mahnung und Fristsetzung. Auch letztwillige Verfügungen können nach § 138 BGB nichtig sein.

124

3. Besonderheiten im Gesellschaftsrecht

Gesellschaftsrecht:
§ 75 GmbHG, 262 ff. AktG

Besondere Grundsätze gelten im Gesellschaftsrecht. Im Interesse des Verkehrsschutzes findet § 138 BGB auf Beitrittserklärungen zu Kapitalgesellschaften keine Anwendung. In diesem Fall können die Nichtigkeitsgründe nur mit ex-nunc-Wirkung geltend gemacht werden, vgl. §§ 77 GmbHG, 277 II AktG.

125

Gesellschafterbeschluss:
§ 241 ff. AktG

Die Nichtigkeit von Gesellschafterbeschlüssen bei Kapitalgesellschaften ist in §§ 241 ff. AktG abschließend geregelt.[237] Gem. § 241 Nr.4 AktG ist daher ein Gesellschafterbeschluss nur dann wegen Sittenwidrigkeit nichtig, wenn er seinem *Inhalt* nach gegen die guten Sitten verstößt.

Grundsätze der fehlerhaften Gesellschaft;
Ausnahme bei sittenwidrigem Gesellschaftszweck

Für die Sittenwidrigkeit eines Vertrages zur Gründung einer *Personengesellschaft* gelten die Grundsätze über die fehlerhafte Gesellschaft,[238] d.h. die Nichtigkeit des Gesellschaftsvertrages kann i.d.R. nur mit ex-nunc-Wirkung im Wege der Auflösungsklage geltend gemacht werden. Eine anfängliche Nichtigkeit kommt allein dann in Betracht, wenn schon der Gesellschaftszweck selbst sittenwidrig ist.[239]

> **hemmer-Methode:** Beachten Sie, dass nach Ansicht des BGH ein Verstoß gegen das Konzessionserfordernis durch das Einschalten eines Strohmanns mit „sauberer Weste" für den Betrieb einer Spielhalle nicht zur Nichtigkeit des zum Zwecke des Betriebs der Spielhalle abgeschlossenen Gesellschaftsvertrages führt[240].

Ausschlussrecht eines Mit-Gfters. ohne sachlichen Grund ist sittenwidrig

Grundsätzlich ist eine Vereinbarung im Gesellschaftsvertrag, die das Recht gewährt, einen Mitgesellschafter ohne Vorhandensein eines sachlichen Grundes ausschließen zu dürfen, sittenwidrig.

⇨ *„Damokles-Schwert-Argument"*

Aus Sorge, der Willkür des ausschließungsberechtigten Gesellschafters ausgeliefert zu sein, könnte der Mitgesellschafter möglicherweise nicht frei von seinen Mitgliedschaftsrechten Gebrauch machen oder seinen Gesellschafterpflichten nicht nachkommen, sondern sich dessen Vorstellungen beugen. Die durch eine solche Klausel begünstigten Gesellschafter könnten zudem mit einer solchen Handhabe den betroffenen Gesellschafter um den wirtschaftlichen Wert seiner Beteiligung bringen, wenn der Zeitpunkt der Hinauskündigung geschickt gewählt wird.

> **hemmer-Methode:** Diese Erwägungen wurden vom BGH z. T. auch eingängig als das „Damoklesschwert"-Argument bezeichnet und sind gefestigte Rechtsprechung[241].

Ausnahme: Berechtigtes Interesse

Der Grundsatz der Sittenwidrigkeit gilt nicht ausnahmslos. Es sind Fälle vorstellbar, in denen ein berechtigtes Interesse an einer Ausschließungsmöglichkeit auch ohne sachlichen Grund bestehen.

---

237   Laut BGHZ 15, 385 auch auf die GmbH anwendbar.

238   Vgl. oben, Rn. 54.

239   PALANDT, § 138 Rn. 11.

240   Vgl. **BGH Life & Law 2004, 1 ff.** = NJW-RR 2003, 1116 ff.

241   BGHZ 125, 74 [79] m.w.N.

In der Rechtsprechung wurde dies in Fällen anerkannt, in denen der Erbe eines Gesellschafters ohne wichtigen Grund ausgeschlossen werden konnte[242] bzw. der ausschließungsberechtigte Gesellschafter mit Rücksicht auf die enge persönliche Beziehung zu seiner Mitgesellschafterin die volle Finanzierung der Gesellschaft übernommen und der Partnerin die Mehrheitsbeteiligung und die Geschäftsführung eingeräumt hatte[243].

Erprobung = Sachgrund

Ausnahmsweise ist eine solche Vereinbarung nicht als sittenwidrig anzusehen, wenn ein neuer Gesellschafter in eine seit langer Zeit bestehende Sozietät von Freiberuflern aufgenommen wird und das Ausschließungsrecht alleine dazu dient, den Altgesellschaftern binnen einer angemessenen Frist die Prüfung zu ermöglichen, ob zu dem neuen Partner das notwendige Vertrauen hergestellt werden kann und ob die Gesellschafter auf Dauer in der für die gemeinsame Berufsausübung erforderlichen Weise harmonieren können

Eine Prüfungsfrist von zehn Jahren überschreitet den anzuerkennenden Rahmen bei weitem.

> **hemmer-Methode: Lesen Sie dazu BGH Life & Law 2004, 582 ff. = NJW 2004, 2013 ff.**

4. Verhältnis von § 138 BGB zu anderen Vorschriften

Schadensersatz § 826 BGB u. § 280 I i.V.m. § 311 II BGB

126

Neben der Nichtigkeit des Rechtsgeschäfts können dem durch das sittenwidrige Geschäft Geschädigten Schadensersatzansprüche gegen den Schädiger zustehen, sofern ihm selbst kein Sittenverstoß vorzuwerfen ist. Als Anspruchsgrundlagen kommen § 826 BGB und § 280 I BGB i.V.m. § 311 II BGB in Betracht.[244]

Dabei ist zu beachten, dass § 138 BGB und § 826 BGB unterschiedliche Funktionen haben. Während § 138 BGB sittenwidrigen Rechtsgeschäften lediglich die rechtliche Anerkennung versagt, knüpft § 826 BGB an eine vorsätzliche sittenwidrige Schädigung eines anderen eine Schadensersatzpflicht.

Bei beiderseitigem Sittenverstoß ist § 138 BGB, nicht aber § 826 BGB anwendbar. Eine Konkurrenz zwischen beiden Vorschriften besteht dann, wenn ein Rechtsgeschäft wegen eines sittenwidrigen Verhaltens gegenüber dem Geschäftspartner nichtig ist. Hier kann die Anwendung des § 826 BGB dazu führen, dass dem Geschädigten die Vorteile aus dem sittenwidrigen Rechtsgeschäft ganz oder teilweise erhalten bleiben.[245]

§ 138 I BGB greift dann nicht ein, wenn ein Rechtsgeschäft durch arglistige Täuschung oder widerrechtliche Drohung zustande gekommen ist. Ein solches ist lediglich nach § 123 BGB anfechtbar. Eine andere Handhabung würde §§ 123, 124 BGB leer laufen lassen. Dort ist aber eine klare gesetzgeberische Wertung getroffen! Zielt jedoch der Vertrag auf eine von den Parteien gemeinschaftlich begangene Täuschung eines nicht anfechtungsberechtigten Dritten ab, kann die Absicht der Drittschädigung den Vertrag sittenwidrig machen.[246]

---

242   BGHZ 105, 213 ff.

243   BGHZ 112, 103 ff.

244   BGHZ 99, 106.

245   PALANDT, § 138, Rn. 17;.

246   BGH, NJW 1988, 903.

> **hemmer-Methode:** Das Verhältnis von § 826 BGB zu § 138 BGB und § 123 BGB wird in der Klausurprüfung maßgeblich durch den typischerweise notwendigen Aufbau bestimmt. Danach sind grundsätzlich zuerst vertragliche, anschließend quasivertragliche und dann erst deliktische Ansprüche zu prüfen. Insoweit haben § 123 BGB und § 138 BGB grundsätzlichen Vorrang, da sie schon im Rahmen der vertraglichen Ansprüche zu prüfen sind. Gleichwohl kann sich aus §§ 826 i.V.m. 249 I BGB (Naturalrestitution) auch ein Anspruch auf Vertragsaufhebung ergeben. Voraussetzung dafür ist allerdings das Bestehen eines Schadens. Vgl. zum Ganzen HEMMER/WÜST, Deliktsrecht I, Rn. 142 ff.

II. Voraussetzungen

objektiver + subjektiver Sittenverstoß

Damit der Primäranspruch nach § 138 I BGB nichtig ist, muss das fragliche Rechtsgeschäft *gegen die guten Sitten verstoßen*. Dies erfordert seinerseits:

- einen objektiven Sittenverstoß und

- subjektiv *Kenntnis* des Handelnden von den Umständen, aus denen sich die Sittenwidrigkeit ergibt.

maßg. Zeitpunkt: Geschäftsabschluss

Maßgebender *Zeitpunkt* für die Frage des Sittenverstoßes ist der des Geschäftsabschlusses. Eine spätere Änderung der Moralanschauung hat keinen Einfluss auf die Wirksamkeit eines Rechtsgeschäftes, wenn es sofort abgewickelt wird. Wandelt sich die Moralauffassung in der Zeitspanne zwischen Geschäftsabschluss und Eintritt des Rechtserfolges, so ist der letztere Zeitpunkt maßgebend.[247]

Denn § 138 BGB will nicht eine vermutliche Gesinnung bestrafen, sondern einen zu missbilligenden Rechtserfolg verhindern.[248] Bei Änderung der tatsächlichen Umstände ist dagegen der Zeitpunkt maßgebend, in dem der Rechtserfolg eintritt

> *Bsp.: Setzt der Erblasser E in einem Testament seine Geliebte G ausschließlich zur Belohnung für die geschlechtliche Hingabe als Alleinerbin ein, verstößt die Verfügung von Todes wegen nach dem BGH gegen § 138 BGB. Heiratet E nach dem Tod seiner Ehefrau die G, liegt beim Tod des E kein Grund mehr vor, die Erbeinsetzung der G als sittenwidrig anzusehen.*

> **hemmer-Methode:** Der maßgebliche Zeitpunkt der Sittenwidrigkeit ist aber insbesondere beim Geliebtentestament umstritten. Während eine Ansicht auf den Zeitpunkt der Testamentserstellung abzielt, soll nach anderer Ansicht erst der Zeitpunkt der Erbschaft maßgeblich sein.[249] Für die erste Ansicht spricht, dass schon im Zeitpunkt der Erstellung das Rechtsgeschäft vorgenommen wird. Die wohl h.M. stellt dagegen darauf ab, dass die Rechtsfolgen der Verfügung erst mit dem Tod selbst eintreten. Für die h.M. spricht vor allem die Wertung, wenn nunmehr kein zu missbilligender Erfolg mehr besteht. Die Ansicht der h.M. knüpft aber auch an die Fragen der Beweislast und Beweisbarkeit an, denn damit kommt es auf die Zustände der näheren und nicht die der entfernteren Vergangenheit an, die oftmals gar nicht mehr rekonstruierbar sind. Achten Sie wegen dieser für die Geliebte eher günstigen Umstände darauf, dass ein Testament nur noch in Ausnahmefällen nach § 138 BGB nichtig ist.

---

247 PALANDT, § 138, Rn. 10.

248 BROX, AT, Rn. 286; Vgl. auch näher PALANDT, § 138, Rn. 10.

249 Dazu HEMMER/WÜST, Erbrecht, Rn. 71 ff.

1. Sittenverstoß

"Anstandsgefühl aller billig und gerecht Denkenden"

Der Tatbestand des § 138 BGB verlangt einen Verstoß gegen die guten Sitten. Der Ausdruck gute Sitten ist ein ausfüllungsbedürftiger Begriff. Gegen die guten Sitten verstößt ein Rechtsgeschäft, welches dem *Rechts- und Anstandsgefühl aller billig und gerecht Denkenden* widerspricht und somit gegen die herrschende Rechts- und Sozialmoral verstößt.

128

Dabei ist ein durchschnittlicher Maßstab anzulegen und das im Grundgesetz verkörperte Wertsystem zu beachten. Besonders strenge oder laxe Anschauungen sind unbeachtlich. Die Sittenwidrigkeit kann sich dabei aus dem Inhalt oder aus dem Gesamtcharakter des Rechtsgeschäfts ergeben.

Beachte: Bei der Prüfung des § 138 BGB ist die eigene Moralvorstellung außer acht zu lassen. Dennoch ist die Generalklausel des § 138 BGB in ihrer Unbestimmtheit ausfüllungsbedürftig. Daher hat die Rechtsprechung im Laufe der Zeit folgende Fallgruppen[250] herausgebildet:

- Sittenwidrigkeit gegenüber dem Geschäftspartner (§ 138 II BGB als Unterfall)

- Sittenwidrigkeit gegenüber der Allgemeinheit

- Sittenwidrigkeit gegenüber einem Dritten.

2. Subjektive Vorwerfbarkeit

subjektives Element notwendig

Ist der objektive Sittenverstoß festgestellt, so muss ein *persönliches Verhalten* des Handelnden hinzukommen, das dem Beteiligten zum Vorwurf gemacht werden kann. Dabei ist danach zu unterscheiden, aus welchem Gesichtspunkt sich der objektive Sittenverstoß ergibt.

129

Besteht der Sittenverstoß in einem Verhalten gegenüber dem Geschäftspartner, muss die Kenntnis oder grob fahrlässige Unkenntnis der Tatsachen, aus denen sich die Sittenwidrigkeit ergibt, nur bei dem sittenwidrig Handelnden, nicht aber beim anderen Teil gegeben sein.

---

hemmer-Methode: Gerade bei dem wichtigen Fall des sog. wucherähnlichen Rechtsgeschäfts der Bank gegenüber dem Kunden stehen sich zwei Geschäftspartner gegenüber.[251] Dabei wird häufig die Besonderheit vorliegen, dass für die Bank (als Gesellschaft oder als juristische Person) ein Filialleiter handelt. Deshalb muss das Wissen des Handelnden über § 166 I BGB[252] der Bank zugerechnet werden. Nur so ist dann auch der für die Nichtigkeit notwendige subjektive Tatbestand des § 138 I BGB erfüllt.

Dabei wird in der Praxis so verfahren, dass bei Vorliegen der objektiven Voraussetzungen der subjektive Tatbestand widerlegbar vermutet, also unterstellt wird.[253] Die Bank trifft dann insoweit die Beweislast dafür, dass die subjektiven Voraussetzungen nicht vorliegen. Dabei kann im Ergebnis regelmäßig offen bleiben, ob von einer Beweislastumkehr oder nur von einem prima-facie-Beweis auszugehen ist.[254]

---

250 Dazu gleich unten, Rn. 130 ff.

251 Dazu direkt anschließend, Rn. 130.

252 Vergleicht man § 138 I mit § 307 so wäre auch die Anwendung von § 31 bzw. § 278 vertretbar, so zu verstehen wohl auch PALANDT, § 276, Rn. 92; insbesondere bei § 138 II scheint dies nahe liegender zu sein.

253 BGH, NJW 1984, 2292 ff.

254 Dazu THOMAS/PUTZO § 286, Rn. 12 ff. einerseits und THOMAS/PUTZO v. § 284, Rn. 39 andererseits: danach ist der Anscheinsbeweis keine wirkliche Abweichung von dem Prinzip der Beweislastverteilung, nach der jeder diejenigen Umstände darzulegen hat, die ihm günstig sind.

Bei einem sittenwidrigen Verhalten gegenüber der Allgemeinheit o-der Dritten ist § 138 BGB dagegen grds. nur dann anwendbar, wenn *alle* Beteiligten subjektiv sittenwidrig handeln.[255] Der gute Glaube ei-nes Beteiligten ist jedoch dann unerheblich, wenn die übrigen ihn für vollständig informiert hielten.

3. Fallgruppen des § 138 I BGB

a) Sittenwidriges Verhalten gegenüber dem Geschäftspartner

1. Fallgruppe:
Schutz des Geschäftspartners

Die Funktion des § 138 I BGB besteht im Schutz des Schwächeren vor wirtschaftlicher und intellektueller Übermacht. Zur Fallgruppe "Schutz des Geschäftspartners" gehört daher die Anwendung des § 138 I BGB auf *Knebelungsverträge*, auf Verträge mit *übermäßiger Freiheitsbeschränkung*, auf Verträge, die unter *Ausnutzung von wirt-schaftlicher Übermacht* zustande gekommen sind, auf manche ähn-liche Rechtsgeschäfte und auf Verträge, die den Schwächeren in ei-ne *ausweglose Lage* bringen.

130

aa) Ratenkreditverträge

Ratenkredit, § 138 I BGB

Ratenkreditverträge sind nach § 138 I BGB dann sittenwidrig, wenn zwischen Leistung und Gegenleistung:

> *(1.)* ein auffälliges oder besonders grobes Missverhältnis besteht

und

131

> *(2.)* der Kreditgeber die schwächere Lage des anderen Teils *be-wusst zu seinem Vorteil ausnutzt* oder sich leichtfertig der Er-kenntnis verschließt, dass der Kreditnehmer sich nur wegen sei-ner schwächeren Lage auf die drückenden Bedingungen ein-lässt.[256]

Vergleich Vertrags-/Marktzins

Ausgangspunkt für die Beurteilung der Sittenwidrigkeit des Raten-kreditvertrages ist zunächst ein *Vergleich* zwischen dem vertraglich vereinbarten Zins und dem marktüblichen Zinssatz. Bei diesem Zinsvergleich sind beim Vertragszins die Vermittlungsprovisionen in die Umrechnung mit einzubeziehen. Dem Marktzins ist eine Bearbei-tungsgebühr von 2 - 3 % hinzuzurechnen.

> **hemmer-Methode: Generell gilt, dass Vermittlungsprovisionen, fremde Vermittlungskosten (= verdecktes Packing) und Kreditgebühren einzu-beziehen sind. Nicht einbezogen werden hingegen die Bearbeitungs-gebühr sowie Restschuldversicherungskosten.**

(1) Objektiver Tatbestand

auffälliges Missverhältnis, 100 % re-lativ bzw. 12 % absolut über Markt-zins

Sind danach Vertragszins und Marktzins ermittelt, so ist in einem zweiten Schritt zu prüfen, ob zwischen Vertragszins und Schwer-punktzins ein *auffälliges Missverhältnis* besteht. Das ist nach der Rechtsprechung dann zu bejahen, wenn der vereinbarte Zins mehr als doppelt so hoch ist, wie der Marktzins,[257] wobei die 100 %-Grenze kein starres Maß darstellt. So ist bereits dann ein auf-fälliges Missverhältnis anzunehmen, wenn der Vertragszins den Marktzins absolut um mehr als 12 % übersteigt.[258]

---

255   BGH, NJW 1990, 568; vgl. unten, Rn. 137.

256   BGH, NJW 1988, 818.

257   BGHZ 104, 105, PALANDT, § 138, Rn. 27.

258   BGH, NJW 1990, 1595.

*Bsp.: Bei einem Marktzins von 14 % bestünde nach der 100 %-Grenze
ein auffälliges Missverhältnis bei einem Vertragszins von über 28 . Folglich wäre bei starrer Anwendung ein Ratenkreditvertrag mit einer Zinsbe-
lastung von 26,5 % noch nicht sittenwidrig. Aber nach der 12 %-Regel
übersteigt ein Vertragszins von 26,5 % den Marktzins um absolut mehr
als 12 % und deshalb besteht ein auffälliges Missverhältnis, sodass die
Sittenwidrigkeit des Kreditvertrages bejaht werden kann.*

(2) Subjektiver Tatbestand

*leichtfertiges Verschließen
ausreichend*

Beim auffälligen Missverhältnis ist für die Annahme des subjektiven
Tatbestandes ausreichend, dass der Kreditgeber sich leichtfertig der
Erkenntnis verschließt, dass der andere Teil sich nur aufgrund seiner
schwächeren Lage auf die drückenden Bedingungen eingelassen
hat.[259]

> **hemmer-Methode: Der objektive Tatbestand indiziert diesbezüglich das
> Vorliegen der subjektiven Voraussetzungen, diese werden deshalb *wi-
> derleglich* vermutet.**

*bei mehr als 200 % wird subjektiver
Tatbestand unwiderleglich vermutet*

Ein *besonders grobes* Missverhältnis liegt dann vor, wenn der vereinbarte den marktüblichen Zins um mehr als 200 % übertrifft, d.h.
das 3-fache des marktüblichen Zinssatzes beträgt.

Bedeutung hat die Unterscheidung von auffälligem und besonders
grobem Missverhältnis deshalb, weil bei Ersterem im Rahmen der
subjektiven Voraussetzungen die Grundsätze der Beweislastumkehr
bzw. des prima-facie-Beweises gelten; der Gegenbeweis ist also
möglich.

Nicht aber beim besonders groben Missverhältnis: Hier wird das
Vorliegen des subjektiven Tatbestands *unwiderleglich* vermutet, d.h.
fingiert.

interne Umschuldung, § 242 BGB

Wird ein Ratenkreditvertrag zur Ablösung eines vorangegangenen
Kreditvertrags verwendet, so kann sich die Sittenwidrigkeit des Fol-
gevertrages daraus ergeben, dass die Zinsen des abgelösten Vertrages wesentlich niedriger waren.[260] In Fällen der internen Umschuldung kann dann eine Anpassung des zweiten Vertrages nach
§ 242 BGB erfolgen.[261]

132

> **hemmer-Methode: Richtige Einordnung des Gelernten: Der nach
> § 138 I BGB sittenwidrige Ratenkredit ist ein wucherähnliches Rechts-
> geschäft. Vergessen Sie deshalb nicht, den spezielleren § 138 II BGB
> vor § 138 I BGB zu prüfen. In der Regel wird dieser aber abzulehnen
> sein, weil es an einer Zwangslage bzw. am subjektiven Tatbestand
> fehlt. Gerade um der besonderen Schutzbedürftigkeit des Kunden im
> Rahmen des Kreditverkehrs gerecht zu werden, wurde deshalb das
> wucherähnliche Rechtsgeschäft von der Rechtsprechung entwickelt:
> Im Vergleich zu § 138 II BGB bestehen hier geringere Anforderungen
> an den subjektiven Tatbestand.
> Hüten Sie sich deshalb davor, in einer Klausur vorschnell die Voraus-
> setzungen des § 138 II BGB anzunehmen. Regelmäßig will man von Ih-
> nen gerade wissen, ob sie die Besonderheiten des wucherähnlichen
> Rechtsgeschäfts kennen.**

---

259   BGH, NJW 1981, 1206.

260   BGH, NJW 1989, 818.

261   PALANDT, § 138, Rn. 31f.

bb) Andere wucherähnliche Rechtsgeschäfte

wucherähnliches Rechtsgeschäft

Auch andere Rechtsgeschäfte können gemäß § 138 I BGB als wucherähnliche Rechtsgeschäfte nichtig sein. Grundgedanke der Bestimmung ist, dass im Wirtschaftsleben niemand die schwächere Lage des anderen ausnutzen darf, um übermäßigen Gewinn zu erzielen. Voraussetzung ist ein besonders grobes Missverhältnis zwischen Leistung und Gegenleistung oder die bewusste Ausnutzung einer Zwangslage.

133

§ 138 I BGB ist anwendbar, wenn das objektiv wucherische Geschäft dadurch zustande gekommen ist, dass der wirtschaftlich oder intellektuell Überlegene die schwächere Lage des anderen Teils bewusst zu seinem Vorteil ausgenutzt hat.

Neben der objektiven Sittenwidrigkeit ist stets erforderlich, dass der sittenwidrig Handelnde eine verwerfliche Gesinnung hat oder sich leichtfertig der Erkenntnis verschließt, dass sich der andere nur wegen seiner schwächeren Lage auf den ungünstigen Vertrag einlässt.

> *Bspe.: Bindung eines minderjährigen Arbeitnehmers durch einen für zwei Jahre unkündbaren Vertrag, der umsatzabhängigen Lohn und weitere drückende Vertragsbedingungen vorsieht. Sittenwidrig ist auch die übermäßige Ausnutzung einer Monopolstellung.*

> *Diese darf nicht dazu ausgenutzt werden, dem Vertragspartner, der ohnehin schon in der freien Wahl seines Geschäftsgegners beschränkt ist, unbillige und unverhältnismäßig strenge Vertragsbedingungen vorzuschreiben.*

cc) Bürgschaften und Schuldbeitritt naher Angehöriger

Grenzen der Privatautonomie: Ausnutzen auswegloser Lage

Nach den Grundsätzen der Privatautonomie ist jeder Schuldner zunächst für sich selbst verantwortlich. Es steht ihm frei, sich so hoch zu verschulden, wie er will. Er hat selbst zu entscheiden und zu prüfen, wo die Grenzen seiner Leistungsfähigkeit liegen.

134

Die Tatsache, dass eine Verpflichtung das Leistungsvermögen des Schuldners überfordert, rechtfertigt nicht ohne weiteres die Sittenwidrigkeit nach § 138 I BGB. Hinzukommen muss, dass der Gläubiger sich bewusst ist oder sich leichtfertig der Erkenntnis verschließt, dass der Schuldner die Verpflichtung nicht durchhalten kann und in eine aussichtslose Lage gerät.[262]

Bürgschaft von Mittellosen

> Bsp.: Familienvater K begehrt von der Sparkasse S Kredit in Höhe von 250.000 €. Zur Sicherung der Darlehensverbindlichkeit begehrt die S eine Bürgschaft der 20-jährigen arbeitslosen Tochter des K, der T.

> Der Vertreter der Sparkasse erklärt T, die Übernahme der Bürgschaft sei nicht so bedeutsam, sie helfe damit dem Vater K, den Kredit zu erhalten. T unterschreibt. K bleibt, wie abzusehen war, arbeitslos und kann die Tilgungsraten nicht leisten. S nimmt T aus der Bürgschaft in Anspruch.

1. Wirksamer Bürgschaftsvertrag

Ein Anspruch aus der Bürgschaft könnte sich gemäß § 765 BGB ergeben. Voraussetzung hierfür wäre, dass ein wirksamer Bürgschaftsvertrag zustande gekommen ist.

§ 311b II BGB

I. Bürgschaftsvertrag könnte nach **§ 311b II BGB** unwirksam sein, wenn in der Bürgschaftsübernahme durch T ein Vertrag über deren gesamtes künftiges Vermögen oder einen Bruchteil desselben zu erblicken ist.

---

262   PALANDT, § 138, Rn. 36.

auch analog (-)

Diese Voraussetzungen liegen im Fall jedoch nicht vor: Auch wenn die T zur Erfüllung der Bürgschaftsverbindlichkeit ihren gesamten künftigen Lohn (oder zumindest den pfändbaren Teil davon) benötigen sollte, liegt darin nicht die Eingehung einer Verpflichtung zur Übertragung ihres künftigen Vermögens i.S.v. § 311b II BGB Da die ratio des § 311b II BGB darauf abzielt, zu verhindern, dass sich jemand seiner Vermögensfähigkeit begibt und dadurch zugleich jegliche Motivation für eine Erwerbstätigkeit verliert,[263] scheidet auch eine analoge Anwendung des § 311b II BGB auf Verträge aus, die nur im Endergebnis zur wirtschaftlich gleichen Vermögenslage führen können.[264]

Im Zeitpunkt des Vertragsschlusses lässt sich nämlich nicht mit hinreichender Sicherheit vorhersagen, wie sich das Vermögen eines Vertragspartners im Laufe seines weiteren Lebens entwickelt und ob die Erfüllung der Bürgschaftsverpflichtung praktisch den Einsatz des gesamten künftigen Vermögens der T oder einer bestimmten Quote desselben erfordert. Zwar kann auch bei einer vertraglichen Verpflichtung, die letztlich zur Zahlung einer bestimmten Geldsumme führt, die Gefahr bestehen, dass der Schuldner in eine lebenslange Verschuldung gerät und jede Motivation für eine Erwerbsfähigkeit verliert. Dies ist aber im Rahmen des § 138 I BGB zu berücksichtigen und reicht nicht aus, eine generelle Einschränkung der Vertragsfreiheit durch Anwendung des § 311b II BGB zu rechtfertigen.

Die gegenteilige Auffassung entsprach schon vor dem Inkrafttreten der Insolvenzordnung nicht der h.M., die für § 311b II BGB - anders als bei § 1365 BGB - verlangte, dass das künftige Vermögen *als solches* Gegenstand des Vertrages war.

Seit dem 01.01.1999 kann sie erst recht nicht mehr aufrechterhalten werden, da durch die Einführung des Verbraucherinsolvenzverfahrens mit der Möglichkeit der Restschuldbefreiung (§§ 304 ff., 286 ff. InsO) auch eine früher hoffnungslose Überschuldung nicht mehr zur lebenslänglichen Haftung führt, mithin eine "endliche", absehbare Haftung vorliegt, die vom Zweck des § 311b II BGB nicht erfasst ist. Danach kann § 311b II BGB auf Bürgschaften, durch die der Bürge seine Leistungsfähigkeit überschreitet, keine, auch keine analoge Anwendung finden.

II. Daher ist zu prüfen, ob der **Bürgschaftsvertrag nach § 138 I BGB sittenwidrig** ist. Die Höhe der verbürgten Forderung allein begründet noch keine Sittenwidrigkeit. Jeder ist berechtigt, sich so hoch zu verschulden, wie er will. Die Privatautonomie lässt dies auch für den Bürgen zu. Die Sittenwidrigkeit kann sich daher nur aus anderen Umständen ergeben.

Bürge unerfahren

Die Bürgin ist sehr jung und in geschäftlichen Dingen nicht erfahren. Sie hätte den Bürgschaftsvertrag nicht geschlossen, wenn sie erkannt hätte, auf was sie sich einlässt. Die S hat dies auch gewusst bzw. ohne weiteres wissen können. S hat K zur Stellung einer Bürgschaft gedrängt und die Kreditgewährung von der Bürgschaft abhängig gemacht.

Wunsch des Vaters als Zwangslage

S hat weiter die seelische Zwangslage der T ausgenutzt, die als Tochter kaum in der Lage war, die Bitte ihres Vaters nach Übernahme der Bürgschaft abzulehnen. T war wirtschaftlich von ihm abhängig und wollte ihren Vater auch nicht im Stich lassen. S hat daher unverantwortlich gehandelt. Sie hat mit der Tochter ihres Kunden Verträge abgeschlossen, die diese, wie für die S von Anfang an voraussehbar war, wirtschaftlich ruinieren.

überlegene Kenntnis der Bank
⇨ § 138 I BGB (+)

Die T hatte kein Vermögen und als arbeitslose Studentin auch keine oder allenfalls geringe Einnahmen. Bei Eintritt des Bürgschaftsfalles wäre sie nicht in der Lage, die Darlehens- und Verzugszinsen zu zahlen. T hätte voraussichtlich Zeit ihres Lebens ihre gesamten Einnahmen, soweit sie der Pfändung unterliegen, an den Gläubiger abführen müssen. S hat das Risiko ausdrücklich bagatellisiert. S hat T ins offene Messer laufen lassen, weshalb der Bürgschaftsvertrag wegen Sittenwidrigkeit nach § 138 I BGB unwirksam ist.[265]

---

263   PALANDT, § 310, Rn. 1.

264   BGH, MDR 1989, 630.

265   TIEDTKE ZIP 1990, 415, 416.

An diesem Ergebnis ändert auch die Schaffung des Verbraucherinsolvenzverfahrens mit der Möglichkeit der Restschuldbefreiung nichts. Zwar ist festzuhalten, dass die unbeschränkte Haftung des Bürgen seit dem 01.01.1999 nicht mehr in gleichem Maße existenzvernichtend ist wie zuvor, das Bedürfnis nach einem materiellrechtlichen Schutz also tendenziell geringer einzuschätzen ist. Jedoch verfolgen die Insolvenzordnung und § 138 I BGB unterschiedliche Zwecke:

Während die Insolvenzordnung dem Schutz vor lebenslanger Haftung dient, mithin im Rahmen der Zwangsvollstreckung das Recht des Schuldners auf eine menschenwürdige Existenz sichern soll, schützt § 138 I BGB in seiner vorliegenden Ausprägung die rechtsgeschäftliche Entscheidungsfreiheit, d.h. die materielle Privatautonomie vor untragbaren Beschränkungen im Rahmen des Vertragsabschlusses. § 138 I BGB ist daher auch dann berührt, wenn die verwerfliche Einschränkung der Entscheidungsfreiheit nicht zur lebenslangen Haftung führt wie in den vom BVerfG entschiedenen Fällen, sondern der Schuldner "nur" in ein Insolvenzverfahren getrieben wird.

Umgekehrt schützt die Insolvenzordnung auch in den Fällen, in denen der Schuldner erst nach Übernahme der Bürgschaft vermögenslos geworden ist und ein Schutz über § 138 I BGB daher mangels Überforderung im Zeitpunkt der Bürgschaftsübernahme nicht möglich ist.

Der BGH hat die Sittenwidrigkeit früher regelmäßig verneint.[266]

a.A. BGH:
Privatautonomie

Die Bürgschaft sei ein risikoreicher Vertrag und der Inhalt des Bürgschaftsvertrages sei nicht zu beanstanden. Der Bürge hätte dieses Risiko zu tragen.

Diese Rechtsprechung („Den Bürgen muss man würgen") hat sich durch eine wichtige Entscheidung des BVerfG (NJW 1994, S.37) geändert. Besteht ein zu starkes Übergewicht der einen Partei, würde für den anderen Teil wegen der strukturellen Unterlegenheit faktisch eine "Fremdbestimmung" vorliegen. In solchen Fällen müssten die Gerichte im Einzelfall korrigierend eingreifen können. Die stereotype Feststellung des BGH "Vertrag sei Vertrag" ist nach dem BVerfG deshalb unhaltbar. Ein Verfassungsverstoß (und damit eine Nichtigkeit des Vertrags entweder unmittelbar nach § 134 BGB i.V.m. Art. 2 I GG oder § 138 I BGB), kann also nicht allein wegen der Volljährigkeit der T verneint werden.

Nach der neuen Linie der Rechtsprechung ist der Bürgschaftsvertrag damit sittenwidrig nach § 138 I,¹ wenn eine risikoreiche Bürgschaft erkennbar unter Ausnutzung der Unerfahrenheit des Bürgen zustande kommt, die²Inanspruchnahme des Bürgen vorhersehbar ist und diesen für³viele Jahre auf die Pfändungsfreibeträge beschränkt wird.[267]

Aufgrund dieser BVerfG-Entscheidung erging eine „Flut" von BGH-Entscheidungen zur Bürgschaft zugunsten naher Angehöriger, wie z.B. Eltern - Kind, Ehegattenbürgschaften und neuerdings auch Geschwisterbürgschaften.[268]

134a

Diese Grundsätze gelten nun auch für den Schuldbeitritt und nicht nur für die Bürgschaft.

Die von der höchstrichterlichen Rechtsprechung zur Sittenwidrigkeit von Mithaftungsübernahmen naher Angehöriger entwickelten Grundsätze gelten nicht nur für Kreditinstitute, sondern auch für andere gewerbliche oder berufliche Kreditgeber[269].

Beispiel: V kaufte von der GmbH ein Hausgrundstück. Da die Bezahlung des Kaufpreises sich nicht sicherstellen ließ, gewährte die GmbH dem V ein Darlehen über 35.000,- €, verlangte aber von seiner Ehefrau und dem Sohn des V (S) eine vollstreckbare Mithaftungsübernahme.

134b

266 BGH, NJW 1989, 1605 u. NJW 1991, 2012

267 PALANDT, § 138, Rn. 38; so auch BGH, NJW 1991, 924.

268 Vgl. Life&Law 1998, 210 ff.

269 Vgl. **BGH, ZIP 2002, 123 = Life & Law 2002, 145 ff.**

In notarieller Urkunde vom 29.10.2002 erkannten daraufhin der damals 18 Jahre alte S und seine Mutter an, der GmbH als Gesamtschuldner 35.000,- € zzgl. 10 % Zinsen zu schulden, verpflichteten sich zur Rückzahlung des Kredites spätestens am 01.01.2003 und unterwarfen sich wegen dieser Verpflichtung der sofortigen Zwangsvollstreckung in ihr gesamtes Vermögen.

Der S, der bei Abgabe der notariellen Erklärungen noch die Realschule besuchte und nach zwischenzeitlicher Ableistung des Wehrdienstes arbeitslos ist, ist der Ansicht, der Schuldbeitritt zur Darlehensschuld seines Vaters sei wegen Verstoßes gegen die guten Sitten und darüber hinaus auch nach §§ 494, 496 BGB nichtig. Die GmbH hält dem u.a. entgegen, der Kläger habe ihren Angestellten ausdrücklich versichert, das seinem Vater gewährte Darlehen aus eigenen Mitteln zurückzahlen zu können, weil er sich entweder selbständig machen oder als Berufs- bzw. Zeitsoldat verpflichten wolle.

Ist die Unterwerfungserklärung wirksam ?

Da die Schuldmitübernahme im Entstehen akzessorisch ist, muss im Zeitpunkt des Beitritts eine wirksame Forderung gegen den Vater bestanden haben. Davon ist nach obigem Sachverhalt auszugehen.

§§ 491 ff. 496 BGB

I. Der Schuldbeitritt könnte gem. **§§ 491, 496 BGB** unwirksam sein.

1. Nach st. Rspr. finden §§ 491 ff. auf den von S erklärten Schuldbeitritt zur Darlehensschuld seines Vaters entsprechende Anwendung[270].

Der Schuldbeitritt zu einem Kreditvertrag ist dabei trotz der Unentgeltlichkeit dem Abschluss eines Kreditvertrags gleichzustellen. Denn der Beitretende ist genauso schutzwürdig wie der Schuldner, da er die volle Haftung übernimmt, aber nicht einmal eine Gegenleistung dafür erhält. Anders als ein Bürge ist er auch nicht bereits über die Form des § 766 BGB geschützt.

Der Schuldbeitritt wurde zwischen einem Unternehmer als Kreditgeber und einem Verbraucher als Beitretendem geschlossen, § 491 BGB.

Voraussetzung für die Anwendbarkeit des § 491 BGB ist allein, dass der Beitretende Verbraucher ist - er ist die Zentralperson. Anders als bei der Bürgschaft besteht keine akzessorische Haftung, deswegen bleibt die Person des Schuldners außen vor.

2. Daher wäre zu überlegen, ob der Fall, dass der S sich einer sofort vollstreckbaren Urkunde nach § 794 I Nr. 5 ZPO unterwirft und somit die Durchsetzung von Einwendungen oder Einreden erschwert wird, den genannten Fällen von § 496 BGB - nämlich einem von vornherein erklärten Einwendungsverzicht oder der Eingehung einer Wechselverbindlichkeit - gleichzusetzen ist.

Dies ist jedoch abzulehnen, der Wortlaut von § 496 BGB ist insoweit eindeutig.

§ 138 I BGB

II. Der **Schuldbeitritt** könnte jedoch den S in seiner finanziellen Leistungsfähigkeit überfordert haben und deswegen gem. **§ 138 I BGB sittenwidrig** sein.

Voraussetzung ist ein Verstoß gegen die guten Sitten. Da dieser Begriff schwer zu verallgemeinern ist und einem ständigen Wandel unterliegt, hat die Rspr. Fallgruppen entwickelt.

Eine dieser anerkannten Fallgruppen ist die Überforderung von Bürgen und Schuldbeitretenden. Die Rspr. hat dazu eine ausführliche Kasuistik entwickelt, die sich in einigen wichtigen Aspekten unterschied.

---

270   BGH, NJW 2000, 3496 m.w.N.

strukturelle Unterlegenheit

1. Ein Schuldbeitritt oder eine Bürgschaft ist nach der Rspr. des BVerfG sittenwidrig, wenn er erkennbar **Ausdruck einer strukturellen Unterlegenheit** des Beitretenden ist und für den Beitretenden eine nicht hinnehmbare, mit seinen Einkunfts- und Vermögensverhältnissen unvereinbare Belastung begründet[271].

Der BGH setzte die Vorgaben des BVerfG um und konkretisierte für einen Schuldbeitritt (bzw. Bürgschaft) naher Angehöriger die Anforderungen noch weiter.

Die Sittenwidrigkeit hängt bei diesen entscheidend vom Grad des Missverhältnisses zwischen dem Verpflichtungsumfang und der finanziellen Leistungsfähigkeit des dem Hauptschuldner persönlich nahe stehenden Mitverpflichteten ab[272].

krasse finanzielle Überforderung

Im Falle einer finanziellen krassen Überforderung ist Sittenwidrigkeit danach regelmäßig nur zu bejahen, wenn nicht noch erkennbare eigene persönliche oder wirtschaftliche Interessen an der Kreditaufnahme bestanden haben.

2. Eine **krasse Überforderung** ist nach st. Rspr. des XI. Senats zu bejahen, **wenn** der Betroffene voraussichtlich **nicht** einmal die **vertragliche Zinslast** aus dem pfändbaren Teil seines Einkommens oder Vermögens **tragen kann**.

Der vermögenslose S ist arbeitslos und deshalb nicht in der Lage, die laufenden Zinsen des Darlehens aufzubringen. Etwas anderes war nach der erforderlichen Prognose im Zeitpunkt der Übergabe der Mithaftungserklärung auch nicht zu erwarten.

Bei der Prognose ist auf die vertraglich festgelegte Kreditlaufzeit abzustellen. Ist der Mithaftende innerhalb dieser Zeit voraussichtlich nicht in der Lage, wenigstens die laufenden Zinsen aus dem pfändbaren Teil seines Einkommens oder Vermögens aufzubringen, so liegt eine krasse finanzielle Überforderung vor.

Hier haben die Vertragsschließenden für das ausgezahlte Darlehen über 35.000,- € lediglich eine Laufzeit von nicht einmal drei Monaten bis zum 01.01.2003 vereinbart. Dafür, dass der S, der bei Übernahme der Mithaftung am 29.10.2002 noch die Realschule besuchte und auf die Unterhaltsleistungen seiner Eltern angewiesen war, innerhalb dieses kurzen Zeitraums einen nennenswerten Beitrag zur Tilgung des Kredits werde leisten oder zumindest die vertragliche Zinslast von 10 % p.a. werde tragen können, ist nichts dargetan oder ersichtlich.

Bei der Äußerung des S, er wolle sich entweder selbständig machen oder als Berufs- bzw. Zeitsoldat verpflichten, handelte es sich nur um einen allgemeinen Zukunftswunsch eines gerade erst volljährig gewordenen Jugendlichen ohne jede Berufsausbildung. Offenbar wusste der S zum damaligen Zeitpunkt nicht einmal, in welchem Berufsfeld er eine selbständige Tätigkeit ausüben wollte. Ebenso waren konkrete Hinweise darauf, dass er die von der Bundeswehr für Zeit- oder Berufssoldaten verlangten Einstellungsvoraussetzungen mit einer gewissen Wahrscheinlichkeit erfüllen würde, nicht vorhanden. Dass solche vagen und substanzlosen Angaben nicht zur Grundlage einer seriösen und vernünftigen Zukunftsprognose gemacht werden können, liegt auf der Hand.

subjektiver Tatbestand

3. Auch im Rahmen von § 138 I BGB muss zum objektiven Tatbestand stets ein persönliches Verhalten hinzutreten, das den Beteiligten zum Vorwurf gemacht werden kann. Bei sittenwidrigem Handeln gegenüber dem Geschäftspartner genügt die subjektive Vorwerfbarkeit in der Person des sittenwidrig Handelnden.

Hier müssten der GmbH die Tatsachen bekannt gewesen sein, aus denen sich die Sittenwidrigkeit - also die krasse Überforderung des Klägers - ergibt. Dem wäre es gleichzustellen, wenn sie sich der Erkenntnis bewusst oder grob fahrlässig verschlossen hätte.

---

271   Vgl. BVerfG, NJW 1994, 36 und 2749, BGHZ 125, 206

272   BGHZ 125, 206 [211], BGHZ 146, 37 [42] = MDR 2001, 1180)

Zunächst gilt - wie auch sonst -, dass jeder die Tatsachen zu beweisen hat, auf die er sich beruft, also hätte hier der Kläger alle objektiven und subjektiven Tatbestandsvoraussetzungen nachzuweisen.

⇨ Vermutung der subjektiven Sittenwirdigkeit

Allerdings gewährt die Rspr. in Fällen krasser Überforderung eine widerlegliche Vermutung. So wird vermutet, dass die ruinöse Bürgschaft oder Mithaftung allein **aus emotionaler Verbundenheit** mit dem Kreditnehmer übernommen wurde und die Bank dies in sittlich anstößiger Weise ausgenutzt hat.[273]

keine andere Beurteilung, nur weil Kreditgeber keine Bank ist

4. Fraglich ist, ob eine **andere Beurteilung** angezeigt ist, **wenn** der **Kreditgeber keine Bank ist**, da er dann evtl. keine vergleichbare Machtposition innehat; es könnte an der ungleichen Verhandlungsstärke fehlen. Dies **ist** aber aus folgenden Gründen **abzulehnen**:

Nach den Vorgaben des BVerfG[274] gebietet die grundrechtlich gewährleistete Privatautonomie (Art. 2 I GG) sowie das Sozialstaatsprinzip (Art. 20 I, Art. 28 I GG) bei typisierbaren Fallgestaltungen, die eine strukturelle Unterlegenheit des einen Vertragsteils erkennen lassen, eine Korrektur geschlossener Verträge, wenn die Vertragsfolgen für den unterlegenen Teil ungewöhnlich belastend sind. Je gravierender die Vertragsfreiheit im konkreten Einzelfall gestört ist und die Folgen für den strukturell unterlegenen Vertragspartner sind, desto dringender ist eine Korrektur geschlossener Verträge mithilfe der Generalklauseln des Bürgerlichen Gesetzbuchs.

Nach der Lebenserfahrung ist die Unterlegenheit des Bürgen oder Mithaftenden bei Forderungen von Kreditinstituten nach Übernahme ruinöser Bürgschaften oder Mithaftungen finanziell krass überforderter Ehegatten oder naher Angehöriger in aller Regel besonders groß. Eine ähnliche wirtschaftliche Überlegenheit kommt aber auch bei anderen Kreditgebern in Betracht, insbesondere wenn sie ihre laufenden Einkünfte ganz oder teilweise aus Geldgeschäften beziehen und als Unternehmer i.S.d. § 14 BGB anzusehen sind. So liegen die Dinge auch hier.

Bei der GmbH handelt es sich um eine Kapitalgesellschaft, die sich gewerbsmäßig auch mit der Vermittlung von Finanzierungen befasst. Sie betreibt Geldgeschäfte und ist als Kreditgeberin i.S.d. § 14 BGB anzusehen.

Ferner waren die Verhältnisse hier so, dass der Vater wegen seiner damals schlechten finanziellen Verhältnisse von einer Bank oder Sparkasse kein Darlehen mehr bekommen hätte und der Kaufvertrag über das Hausgrundstück ohne das Kreditengagement der GmbH nicht durchgeführt worden wäre. Wenn sie ihm in dieser ausweglosen wirtschaftlichen Lage unter der nicht verhandelbaren Bedingung einer unbeschränkten Mithaftung der Familienmitglieder ein auf dem freien Kapitalmarkt nicht mehr zu erhaltendes Darlehen zur Erfüllung der kaufvertraglichen Verpflichtungen anbot, so geschah dies aus einer wirtschaftlichen Machtstellung heraus, die durchaus mit der eines Kreditinstituts zu vergleichen ist. Nichts spricht daher dafür, an die Wirksamkeit des Schuldbeitritts des völlig mittellosen S weniger strenge Anforderungen zu stellen. Die Beklagte muss sich daher genauso behandeln lassen wie ein Kreditinstitut.

Ergebnis: Da der Schuldbeitritt unwirksam ist, geht die Unterwerfungserklärung ins Leere.

---

hemmer-Methode: Der IX. und XI. Senat des BGH stellten seit jeher unterschiedliche Kriterien auf, wobei der IX. Senat der Strengere von beiden war (getreu dem Motto „den Bürgen sollst du würgen").
Ihre Differenzen führten schließlich zu einem Vorlagebeschluss des XI. Senats zum Großen Zivilsenat. Zu einer Entscheidung des Großen Senats kam es allerdings nie, da die streitgegenständliche Revision zurückgenommen wurde und somit kein Bedürfnis nach einer einheitlichen Entscheidung bestand.
Auch haben sich die beiden Senate in ihren Ansichten angenähert, da der IX. Senat sich in zwei zentralen Fragen der Ansicht des XI. Senats angeschlossen hat.

---

273   BGHZ 146, 37 [45]; beachten Sie hier die Parallele zur Rspr. bei den Ratenkreditgeschäften, wo bei auffälligen Missverhältnissen eine widerlegliche, bei besonders groben Missverhältnissen sogar eine unwiderlegliche Vermutung angewandt wird

274   BVerfGE 89, 214 ff. = WM 1994, 1837 [1839]

> Zu beachten ist auch, dass für Neueingänge seit dem 01.01.2001 die Zuständigkeit für Bürgschaften auf den XI. Senat übergegangen ist, somit wird sich für diese Neufälle der Streit erledigt haben.

Grundsätze gelten grds. nicht bei Bürgen, die GmbH Gesellschafter sind

Zu beachten ist, dass die vom BGH entwickelten Grundsätze zur Sittenwidrigkeit von Mithaftung und Bürgschaft finanziell überforderter Lebenspartner grundsätzlich nicht für GmbH-Gesellschafter gelten, die für Verbindlichkeiten der GmbH die Mithaftung oder Bürgschaft übernehmen. Etwas anderes gilt, wenn der GmbH-Gesellschafter ausschließlich Strohmannfunktion hat, die Mithaftung oder Bürgschaft nur aus emotionaler Verbundenheit mit der hinter ihm stehenden Person übernimmt und beides für die kreditgebende Bank evident ist[275].

134c

Ehegattenbürgschaften

Bei **Ehegattenbürgschaften** galten lange Zeit Besonderheiten, bis der BGH am 14.05.2002 „ein Machtwort" sprach und für die Ehegattenbürgschaften klar umrissene Grundsätze aufstellte und den lange Zeit umstrittenen Sonderregelungen ein Ende bereitete[276].

134d

Fall: Die Beklagte verbürgte sich 2002 gegenüber der klagenden Sparkasse bis zum Höchstbetrag von rund 100.000,-€. Hauptschuldnerin war die K. GmbH & Co. KG. Deren einziger Kommanditist und alleiniger Gesellschafter der Komplementärin war der Ehemann der Beklagten.

Bei Abgabe der Bürgschaftserklärung war sie Eigentümerin eines sanierungsbedürftigen Mehrfamilienhauses, das mit einem mit rund 300.000,-€ valutierenden Hypothekendarlehen wertausschöpfend belastet war. Pfändbares Einkommen war nicht vorhanden.

Bei Eintritt des Sicherungsfalls nahm die Sparkasse die Beklagte aus dem Bürgschaftsvertrag in Anspruch. Zu recht ?

Die Bürgschaft könnte gegen die guten Sitten verstoßen und infolgedessen gem. **§ 138 I BGB** nichtig sein.

krasse Überforderung (+)

1. Nach der inzwischen übereinstimmenden Rechtsprechung des IX. und des XI. Zivilsenats des BGH liegt eine solche Überforderung des Bürgen oder Mitverpflichteten bei nicht ganz geringen Bankschulden grundsätzlich vor, wenn er voraussichtlich nicht einmal die von den Darlehensvertragsparteien festgelegte Zinslast aus dem pfändbaren Teil seines Einkommens und Vermögens bei Eintritt des Sicherungsfalls dauerhaft tragen kann. In einem solchen Falle krasser finanzieller Überforderung ist nach der allgemeinen Lebenserfahrung widerleglich zu vermuten, dass der dem Hauptschuldner persönlich nahe stehende Bürge oder Mithaftende die für ihn ruinöse Personalsicherheit allein aus emotionaler Verbundenheit mit dem Hauptschuldner übernommen und der Kreditgeber dies in sittlich anstößiger Weise ausgenutzt hat.

a) Die Beklagte war bei Abgabe der Bürgschaftserklärung - unter Berücksichtigung ihrer Unterhaltspflicht gegenüber ihrem damals sieben Jahre alten Sohn (§ 850 c Abs. 1 ZPO) - nicht in der Lage, die laufenden Zinsen für die verbürgte Hauptschuld über 100.000,- € aus dem pfändbaren Teil ihres Einkommens zu tragen.

Berücksichtigung von Bürgenvermögen

b) Fraglich ist allerdings, ob die Beklagte über pfändbares Vermögen verfügt, das bei der Beurteilung ihrer Leistungsfähigkeit zu berücksichtigen wäre. Ihr Grundstück hat einen Verkehrswert von 300.000,- € und ist wertausschöpfend belastet. Zu klären ist, inwieweit diese Belastung bei der Beurteilung der Leistungsfähigkeit des Bürgen zu berücksichtigen ist.

Nach dieser neuen Rechtsprechung ist es allein folgerichtig, das verbürgte Risiko nur um den im Einzelfall effektiv verfügbaren Sicherungswert des mitverhafteten dinglichen Vermögens zu mindern, also valutierende dingliche Belastungen vermögensmindernd zu berücksichtigen.

---

275   BGH, ZIP 2002, 389 = **Life & Law 2002, 285 ff.**

276   BGH NJW 2002, 2228 = **Life & Law 2002, 658 ff.**

Deren Nichtberücksichtigung widerspräche auch der banküblichen Praxis und würde insbesondere bei wertausschöpfenden dinglichen Belastungen dazu führen, dass ein Bürge als finanziell leistungsfähig behandelt werden müsste, obwohl er dies ersichtlich nicht ist[277].

An der vorgenannten älteren Rechtsprechung des IX. Zivilsenats kann deshalb nicht festgehalten werden. Zu dieser Änderung der Rechtsprechung ist der erkennende Zivilsenat ohne Anrufung des Großen Zivilsenats für Zivilsachen gem. § 132 GVG in der Lage, da er nach dem Geschäftsverteilungsplan des BGH seit dem 01.01.2001 anstelle des IX. Zivilsenats für Bürgschaftssachen zuständig ist.

2. Die danach bestehende Vermutung, dass sich die Beklagte bei Übernahme der ruinösen Bürgschaft von ihrer emotionalen Bindung an ihren Ehemann, den wirtschaftlichen Alleineigentümer der Hauptschuldnerin, hat leiten lassen, ist nicht zu entkräften.

Dass die Beklagte zunächst bei der Hauptschuldnerin angestellt, geschäftlich nicht unerfahren war und als Vertreterin ihres Ehemannes an Gesprächen zur Sanierung der Hauptschuldnerin teilgenommen hat, fällt nicht entscheidend ins Gewicht. Auch erfahrene und geschäftsgewandte Personen können aus emotionaler Verbundenheit zu ihrem Ehegatten Verbindlichkeiten eingehen, die sie finanziell krass überfordern.

Die Voraussetzungen für die Annahme einer Sittenwidrigkeit liegen damit vor.

Anderes Ergebnis wegen Schutzes vor Vermögensverschiebungen zwischen Eheleuten ?

3. Nach der Rechtsprechung des vormals für das Bürgschaftsrecht zuständigen IX. Zivilsenats des BGH kann ein Interesse der kreditgebenden Bank, sich vor Vermögensverschiebungen zwischen Eheleuten zu schützen, die Sittenwidrigkeit einer krass überfordernden Bürgschaft ausschließen. Fraglich ist, inwieweit diese Rechtsprechung hier anwendbar ist.

a) Der Gesichtspunkt der Verhinderung von Vermögensverschiebungen des Hauptschuldners als ein die Sittenwidrigkeit vermeidendes Moment ist erstmals als Reaktion auf die Grundsatzentscheidungen des BVerfG vom IX. Zivilsenat des BGH berücksichtigt worden. Er hat dabei ausdrücklich der abweichenden Rechtsprechung des XI. Zivilsenats widersprochen.

Der XI. Zivilsenat hat auch in der Folgezeit stets daran festgehalten, dass allein das Ziel, etwaigen Vermögensverschiebungen vorzubeugen, ein wirtschaftlich sinnloses Mithaftungsbegehren des Kreditgebers grundsätzlich nicht rechtfertigt:

Ohne besondere, vom Kreditgeber im Einzelnen darzulegende und notfalls zu beweisende Anhaltspunkte könne grundsätzlich nicht davon ausgegangen werden, dass eine krass überfordernde Bürgschafts- oder Mithaftungsübernahme inhaltlich von vornherein nur eine erhebliche Vermögensverlagerung zwischen Hauptschuldner und Sicherungsgeber verhindern soll. Eine solche Vereinbarung, die der Personalsicherheit einen ganz besonderen Sinn verleihe, sei keineswegs üblich oder den außerhalb der Vertragsurkunde liegenden Umständen zu entnehmen. Wer unter Berufung auf den wirklichen Willen verständiger Vertragsparteien eine solche einschränkende Auslegung der Bürgschaft oder Mithaftungsabrede vornimmt, setze sich daher über allgemein anerkannte Auslegungsgrundsätze hinweg und verstoße überdies gegen das Verbot einer geltungserhaltenden Reduktion formularmäßiger Bürgschafts- oder Mithaftungsverträge.

---

277   NOBBE/KIRCHHOF, BKR 2001, 1 [9 f.]

Nimmt der Kreditgeber den Betroffenen – wie hier – in Anspruch, ohne auch nur ansatzweise zu behaupten, dass und in welchem Umfang eine im Verhältnis zur Kreditsumme erhebliche Vermögensverschiebung stattgefunden hat, so zeige auch dieses im Rahmen der Vertragsauslegung zu berücksichtigende nachvertragliche Verhalten[278], dass die Annahme einer stillschweigend getroffenen Haftungsbegrenzung nicht gerechtfertigt ist.

Änderung in der Rechtsprechung zum 01.01.1999 ⇨ gespaltene Lösung

b) Die Auffassung des XI. Zivilsenats wird für die Zeit ab 01.01.1999 im Grundsatz auch vom IX. Zivilsenat des BGH geteilt. Für die Zukunft gilt damit: Ein Interesse des Kreditgebers, sich vor etwaigen Vermögensverschiebungen zwischen Eheleuten zu schützen, kann die Sittenwidrigkeit in aller Regel nur dann vermeiden, wenn dieser beschränkte Zweck durch eindeutige Erklärungen zum Inhalt der den unterlegenen Vertragsteil sonst krass überfordernden Bürgschaft oder Mithaftungsabrede gemacht worden ist.

Der IX. Zivilsenat sieht sich jedoch daran gehindert, die von ihm für die Zukunft anerkannten Grundsätze auch auf Bürgschaftsverträge aus der Zeit vor dem 01.01.1999 anzuwenden, weil für die Kreditinstitute nicht hinreichend klar gewesen sei, inwieweit sie ihr Interesse an einem möglichst wirksamen Schutz vor Vermögensverschiebungen über die bloße Hereinnahme einer Bürgschaft hinaus durch geeignete vertragliche Regelungen absichern mussten.

Machtwort des XI. Senats am 14.05.2002

⇨ bei allen Ehegattenbürgschaften (auch rückwirkend) muss der Schutz vor Vermögensverschiebungen nun ausdrücklich im Bürgschaftsvertrag vereinbart worden sein, um den Vorwurf der Sittenwidrigkeit zu verhindern

c) Fraglich ist, inwieweit dieser differenzierenden Betrachtungsweise zu folgen ist. Dabei kann offen bleiben, ob und inwieweit das Vertrauen einer Prozesspartei in den Fortbestand höchstrichterlicher Rechtsprechung überhaupt schutzwürdig ist[279]. Auf die Beantwortung dieser Frage kommt es nicht entscheidend an, wenn sich bei einem vernünftigen Gläubiger kein für einen etwaigen Dispositionsschutz unerlässliches Vertrauen bilden konnte. Von einer gefestigten höchstrichterlichen Rechtsprechung zur Berücksichtigungsfähigkeit des Interesses des Gläubigers, sich vor Vermögensverschiebungen zu schützen, konnte allerdings angesichts der ablehnenden Haltung des XI. Zivilsenats keine Rede sein. Somit konnte sich kein schützenswertes Vertrauen bilden, so dass ein Dispositionsschutz hier ausscheidet.

An der abweichenden Rechtsprechung des IX. Zivilsenats kann deshalb nicht festgehalten werden. Zu dieser Änderung der Rechtsprechung ist der erkennende Zivilsenat ohne Anrufung des Großen Zivilsenats für Zivilsachen gem. § 132 GVG in der Lage, da er nach dem Geschäftsverteilungsplan des BGH seit dem 1. 1. 2001 anstelle des IX. Zivilsenats für Bürgschaftssachen zuständig ist. Die Grundsätze des XI. Zivilsenats gelten damit auch für die Zeit vor dem 1.01.1999.

Ein mögliches Interesse der Bank, sich vor Vermögensverschiebungen zu schützen, kann die Sittenwidrigkeit nicht entfallen lassen.

Der Bürgschaftsvertrag ist sittenwidrig und somit gem. § 138 I BGB nichtig. Ein Anspruch der Bank besteht nicht.

---

278   Vgl. dazu etwa BGH, Urt. v. 16. 10. 1997, WM 1997, 2305 [2306] m. w. N.

279   siehe dazu Schimansky, WM 2001, 1889 ff. m.w.N.

„Checkliste" zur Prüfung der Sittenwidrigkeit
von Ehegattenbürgschaften

1. <u>Positive Voraussetzungen</u>

a) *Finanzielle Überforderung*
⇨ Kriterium Fähigkeit des Schuldners, die laufenden Zinsen zu tilgen.

⇨ hier ist insbesondere die tatsächliche Leistungsfähigkeit des Schuldners maßgeblich, was vorliegender Fall auch hinsichtlich belasteter Grundstücke klar stellt.

b) *Emotionale Verbundenheit zum Hauptschuldner*
⇨ wird vermutet

c) *Kenntnis der Bank*
⇨ es reicht Kenntnis von den die Sittenwidrigkeit begründenden Tatsachen

2. <u>Ausnahmsweise Ausschluss der Sittenwidrigkeit</u>
⇨ Interesse der Bank an Schutz vor Vermögensverschiebungen kommt allein in Betracht, wenn er durch eindeutige Erklärung Bestandteil des Vertrags wurde; dies gilt nunmehr auch für die Zeit vor 1. 1. 1999
⇨ Geschäftserfahrung und wirtschaftliches Eigeninteresse des Bürgen unter engen Voraussetzungen

Nr. 1 stellt den objektiven (a + b) und subjektiven (c) Tatbestand dar, Nr. 2 einen möglichen Rechtfertigungsgrund. Das Schema lehnt sich damit an den aus dem <u>Delikts- und Strafrecht</u> bekannten Aufbau an.*

AUFBAU WIE IM STRAFRECHT (handschriftliche Notiz)

Exkurs: Übertragung der Grundsätze auf AN-Bürgschaften

AN Bürgschaften

Nicht selten übernehmen Arbeitnehmer zur (vermeintlichen) Sicherung ihres Arbeitsplatzes eine Bürgschaft für Geschäftskredite des Arbeitgebers. Dann wird es sehr häufig auch zu einer finanziellen Überforderung wie unter a) geschildert kommen.

Eine emotionale Verbundenheit vergleichbar der eines bürgenden Ehegatten wird indes kaum zur Übernahme der Bürgschaft führen. Nach Ansicht des BGH[280] kann diese Voraussetzung aber anderweitig ersetzt werden:

Keine emotionale Verbundenheit;
aber unkalkulierbares Risiko

„Durch die Übernahme der Bürgschaft wurde der Bekl., der nur über ein mäßiges Nettoeinkommen verfügt, ohne Gewinnbeteiligung und ohne irgendeine Gegenleistung in einem Umfang mit dem wirtschaftlichen Risiko der GmbH und dem Kreditrisiko belastet, der geeignet war, ihn für den Rest seines Lebens wirtschaftlich zu ruinieren. Wenn der Bekl. die Bürgschaft dennoch übernahm, so geschah dies allein aus Angst um seinen Arbeitsplatz....DAFÜR BESTEHE IN ZEITEN HOHER ARBEITSLOSIGKEIT EINE TATSÄCHLICHE, WIDERLEGBARE VERMUTUNG!!!!!"

In diesem Fall konnte die Bank (wie häufig) diese Vermutung nicht widerlegen. Es kam erschwerend hinzu, dass die Bank in ihren AGB Klauseln verwendet hatte, die nach gefestigter Rechtsprechung unzulässig sind (gem. § 305c BGB), so vor allem die Klausel, dass sich die Bürgschaft auf sämtliche jetzigen und künftigen Forderungen beziehe, wenn nicht ausdrücklich und besonders darauf hingewiesen werde. Dadurch wird das Risiko für den AN schlechterdings unkalkulierbar.

Exkurs: Ende

---

280   BGH NJW 2004, 161 = Life and Law 2004, 78 ff.; besprochen in NJW 2004, 1707.

dd) Knebelungsverträge

Knebelungsvertrag

Sittenwidrig sind auch Verträge, durch die die wirtschaftliche Bewegungsfreiheit des anderen Teils so sehr beschränkt wird, dass er praktisch dem anderen Teil mehr oder weniger ausgeliefert ist (sog. Knebelungsverträge).

135

Als Knebelungsvertrag können insb. Sicherungsübereignungen, Bierbezugsverträge und sonstige langfristige Überlassungs- oder Bezugsverträge sittenwidrig sein.[281]

> *Bsp.: G möchte eine Gastwirtschaft errichten. Zur Finanzierung der Einrichtung erhält er von der Brauerei B ein Darlehen von 100.000 €.*
>
> *Gleichzeitig verpflichtet sich G, von der Brauerei B für 25 Jahre ausschließlich deren Getränkeangebot zu festgelegten Preisen zu beziehen. Weiter verpflichtet sich G, monatlich mindestens 5 hl Bier von B abzunehmen. Als G nur 3 hl im Monat abnimmt, verlangt B von G Abnahme und Bezahlung der restlichen 2 hl.*

z.B. Bierbezugsvertrag

Ein solcher Anspruch der B könnte sich aus dem Bierbezugsvertrag ergeben. Darin hat sich G zur Mindestabnahme von 5 hl pro Monat verpflichtet.

Voraussetzung ist aber, dass der Primäranspruch aus dem Vertrag nicht nach § 138 I BGB unwirksam ist. Grundsätzlich ist eine solche Bierbezugsverpflichtung wirksam. Die Sittenwidrigkeit kann sich erst daraus ergeben, dass G über den Zeitraum von 25 Jahren an die Verpflichtung gebunden ist. Darin könnte eine übermäßige Freiheitsbeschränkung des G erblickt werden.

mehr als 15 Jahre Bindung
⇨ § 138 I BGB

Für die Dauer der Bezugsverpflichtung ist G dem Willen der B ausgeliefert. Er muss sich daran halten und kann nicht von einer anderen Brauerei die Getränke beziehen. Daher sind nach der Rspr.[282] Bierbezugsverträge dann sittenwidrig, wenn die Laufzeit 15 Jahre übersteigt, da längere Laufzeiten den G in seiner wirtschaftlichen Bewegungsfreiheit zu sehr einschränken.

Reduzierung entspr. § 139 BGB möglich

Zu prüfen bleibt aber, ob nicht eine Rückführung auf das zulässige Maß der Bezugsverpflichtung möglich ist. Dies wird von der Rechtsprechung[283] dann in entsprechender Anwendung des § 139 BGB für zulässig erachtet, wenn der Bierlieferungsvertrag allein wegen übermäßig langer Laufzeit gegen die guten Sitten verstößt.

In diesem Fall entspricht es dem tatsächlichen oder vermutlichen Parteiwillen, den Vertrag mit einer geringeren Laufzeit aufrechtzuerhalten.

Merke: Bierbezugsverträge sind i.d.R. dann sittenwidrig, wenn die Laufzeit 15 Jahre überschreitet. Dabei kann die Laufzeit mehrerer aneinander anschließender Verträge zusammengerechnet werden.[284]

Im Einzelfall ist aber dann zu prüfen, ob nicht in entsprechender Anwendung des § 139 BGB eine Rückführung auf das zulässige Maß möglich ist.

> **hemmer-Methode:** Beachten Sie, dass Bierlieferungsverträge als Ratenlieferungsverträge i.S.d. § 505 I Nr.3 BGB anzusehen sind, wenn der Bierlieferungsvertrag als Geschäftsgründer einen Bierbezugsvertrag abschließen und der Barzahlungspreis 50.000,- € nicht übersteigt, § 507 BGB. Die Rückabwicklung nach Widerruf erfolgt dann gemäß § 505 I BGB i.V.m. §§ 355, 357, 346 BGB.

---

281   Bsp. aus der Rspr.: RGZ 128, 251; 143, 48; 147, 344.

282   Nachweise bei PALANDT, § 138, Rn. 81.

283   BGH, MDR 1991, 41.

284   BGH, MDR 1991, 41.

ee) Übersicherung

Übersicherung

Eine weitere Fallgruppe der Nichtigkeit nach § 138 I BGB ist die Übersicherung. Dies ist dann der Fall, wenn der Wert der zu sichernden Forderung und der Wert des Sicherungsmittels in unangemessenen Verhältnis stehen.

136

Aufgrund der neueren Rspr. des Großen Senats des BGH[285] ist zu beachten, dass bei einer Sicherungsabtretung bzw. -übereignung eine **nachträgliche** Übersicherung nicht mehr zur Übersicherung führen kann, da in diesen Fällen stets ein stillschweigender schuldrechtlicher Freigabeanspruch besteht. Dies gilt auch bei revolvierenden Globalsicherheiten mit wechselndem Bestand und Wert.

Sittenwidrigkeit ist damit nur noch bei anfänglicher Übersicherung denkbar.[286] Dabei wird aber vorausgesetzt, dass der Schätzwert des Sicherungsgutes **weit über 150 %** der zu sichernden Forderung liegt.

> **hemmer-Methode: Lesen Sie ausführlich zu dieser sehr wichtigen Problematik vertiefend HEMMER/WÜST, Kreditsicherungsrecht Rn. 112 ff., 121 ff.**
> **Arbeiten Sie dort das Kapitel zu den schuldrechtlichen Freigabeklauseln und den dinglichen Verzichtsklauseln durch. Diese Probleme tauchen regelmäßig in „Kreditsicherungs-Klausuren" auf, sodass wir diese Fragen ganz bewusst im Zusammenhang in unserem Kreditsicherungsrecht dargestellt haben. Im BGB-AT II wollen wir Sie nur auf dieses examensrelevante Problem kurz hinweisen und zum „Weiterarbeiten" anregen!**

b) Sittenwidriges Verhalten gegenüber der Allgemeinheit

sittenwidriges Verhalten ggü. Allgemeinheit

Die Nichtigkeit von Rechtsgeschäften kann sich nicht nur aus einem sittenwidrigen Verhalten gegenüber dem Vertragspartner ergeben, sondern auch aus einem solchen gegenüber der *Allgemeinheit*. Während sich im ersten Fall *die Sittenwidrigkeit bereits aus dem Inhalt des Rechtsgeschäftes* selbst ergibt, ist im letzteren Fall für die Sittenwidrigkeit auf den Gesamtcharakter des Rechtsgeschäftes abzustellen.

137

⇨ *Vorwurf ggü. allen Beteiligten*

Die Sittenwidrigkeit gegenüber der Allgemeinheit erfordert im Unterschied zu der gegenüber dem Geschäftspartner grds., dass *allen* Beteiligten der Vorwurf sittenwidrigen Verhaltens zu machen ist. Dies erfordert zumindest grob fahrlässige Unkenntnis der die Sittenwidrigkeit begründenden Tatsachen.[287] Aber selbst die Gutgläubigkeit eines der Beteiligten ist unerheblich, solange die übrigen ihn für vollständig informiert hielten.[288]

Eine Herausbildung von Fallgruppen ist bisher an der Vielzahl der zum sittenwidrigen Verhalten gegenüber der Allgemeinheit zu zählenden Fälle gescheitert. Dennoch lässt sich eine gewisse Unterteilung vornehmen.

---

285 BGH in NJW 1998, 671 ff. = **Life&Law 1998, 138 ff.**

286 Vgl. BGH NJW 1998, 2047.

287 PALANDT, § 138, Rn. 40.

288 BGH, NJW 1990, 568.

aa) Gemeinschaftswidrige Rechtsgeschäfte

rechtlich geschützte Belange der Allgemeinheit

So kann sich die Nichtigkeit des Rechtsgeschäfts nach § 138 I BGB aus einem Verstoß gegen wichtige rechtlich geschützte Belange der Allgemeinheit ergeben. Da diese Gemeinschaftsbelange ihren Niederschlag in gesetzlich normierten Ge- und Verboten gefunden haben, kommt somit neben § 134 BGB auch § 138 BGB die Funktion der Wahrung der Rechtsordnung zu.[289]

Daher sind insb. Rechtsgeschäfte über strafrechtlich sanktioniertes Verhalten nichtig.

138

> *Bspe.: Sittenwidrig sind somit Verträge zur Förderung des Schmuggels, Verträge, die auf die Bestechung Dritter gerichtet sind oder Versprechen, jemandem Geld zu zahlen, wenn er von einem ihm zustehenden Zeugnisverweigerungsrecht Gebrauch macht.*

Hauptzweck maßgeblich

> *Verträge, die mit einer Steuerhinterziehung verbunden sind, verstoßen dagegen erst dann gegen § 138 I BGB, wenn diese den Hauptzweck des Vertrages darstellt. Daher ist ein Grundstückskaufvertrag, in welchem aus Steuerersparnisgründen der Kaufpreis zu niedrig angegeben wird, nicht sittenwidrig. Sein Hauptzweck ist auf die Grundstücksübertragung und nicht auf die Steuerhinterziehung gerichtet.[290]*

Allerdings kann die Nichtigkeit bereits Rechtsgeschäfte über noch straflose Vorbereitungshandlung erfassen, da auch diesen der gemeinschaftswidrige Gesamtcharakter anhaftet.

bb) Ehe- und Familienordnung, Sexualsphäre

Ehe, Familienordnung, Sexualsphäre

An der Grenzlinie zwischen sittenwidrigem Verhalten gegenüber dem Vertragspartner und der Allgemeinheit stehen Rechtsgeschäfte, die gegen die allgemeine Ehe- und Familienordnung verstoßen oder Bindungen über den sexuellen Intimbereich einer Person beinhalten.

139

— Daher ist eine Vereinbarung, die gegen das *Wesen der Ehe* verstößt, nichtig.

> *Bsp.: Dies wäre der Fall bei Vereinbarungen eines Entgelts oder Darlehens für das Eingehen einer Ehe, eines Vertragsstrafeversprechens zur Sicherung ehegemäßen Verhaltens oder eine Vereinbarung über den Ausschluss der Scheidung.[291]*

> *Kein Verstoß gegen § 138 BGB stellen dagegen regelmäßig Scheidungsfolgenvereinbarungen dar. So sind Vereinbarungen über den Zugewinnausgleich und den nachehelichen Unterhalt grundsätzlich zulässig.[292]*

Eltern-Kind-Verhältnis

— Im Bereich des *Eltern-Kind-Verhältnisses* sind Vereinbarungen nach § 138 I BGB unwirksam, wenn sie den durch Art. 6 GG geschützten Bereich missachten. So dürfte wohl ein Leihmuttervertrag gegen § 138 I BGB verstoßen.[293] Als nicht sittenwidrig sind sie nur dann anzusehen, wenn das Recht des Kindes auf Kenntnis der eigenen Abstammung gewährleistet ist und mögliche Konflikte zwischen genetischer und sozialer Elternschaft ausgeräumt werden.[294] Unwirksam sind auch entgeltliche Vereinbarungen zwischen Vater und Mutter, die nichteheliche Vaterschaft zu verschweigen.

140

---

289   PALANDT, § 138, Rn. 43.

290   Dennoch sind derartige Verträge aufgrund des Formverstoßes (zunächst) nichtig; vgl. oben, Rn. 60.

291   BGHZ 97, 304; a.A. HATTENHAUER FamRZ 1989, 232.

292   PALANDT, § 138, Rn. 47.

293   KOLLHOSSER, JZ 1986, 496.

294   Vgl. BVerfG NJW 1988, 3010.

Mätressentestament

⌐ Diskutiert wird die Nichtigkeit einer letztwilligen Verfügung nach § 138 I BGB, wenn zugunsten einer Geliebten nahe Angehörige zurückgesetzt werden (sog. *Mätressentestament*).[295]

> *Bsp.: Der vermögende verheiratete E setzt seine Geliebte testamentarisch zur Alleinerbin ein. Seine Frau und die Kinder beanstanden das Testament.*

frühere Rspr:
nichtig

Während die frühere Rechtsprechung bis 1970 ein solches Testament für sittenwidrig nach § 138 I BGB und damit für nichtig hielt, ist dies nunmehr nur noch in Ausnahmefällen anzunehmen.

GROS: 138 I E

Die Zurücksetzung von Angehörigen durch Verfügung von Todes wegen verstößt grundsätzlich nicht gegen § 138 I BGB. Die Abkömmlinge des Erblassers und seine Ehefrau sind über das Pflichtteilsrecht nach §§ 2303 f. BGB ausreichend geschützt. Die Testierfreiheit wird durch das Bestehen familiärer Bindungen daher grundsätzlich nicht beschränkt.

Das Testament ist auch nicht allein deshalb sittenwidrig, weil zwischen dem Zuwender und dem Bedachten ein außereheliches Liebesverhältnis bestanden hat. Auch dass einer oder beide Partner des außerehelichen Liebesverhältnisses verheiratet waren, begründet die Sittenwidrigkeit nicht.[296]

heute:
nur bei "Hergabe für Hingabe"
Für z.B. SEX → 138 I E

Die Sittenwidrigkeit des Mätressen-Testaments ist nur dann zu bejahen, wenn die letztwillige Zuwendung nichts anderes als Entgelt für eine geschlechtliche Hingabe war ("Hergabe für Hingabe"). Besondere Beweislastregeln sind dabei ebenso angebracht wie die Suche nach besonders achtbaren Beweggründen des Zuwendenden oder die Testfrage, ob die Zuwendung auch ohne die geschlechtliche Hingabe erfolgt wäre.

Beweispflichtig für die Unsittlichkeit sind die Ehefrau und die Kinder.[297] Gelingt Ihnen der Beweis nicht, so ist das Testament gültig, die Angehörigen sind auf den Pflichtteil angewiesen.

MORALVORSTELLUNG DER
BGH - RICHTER

> **hemmer-Methode:** Das Mätressentestament ist ein schönes Beispiel dafür, dass es i.R.d. Beurteilung der Sittenwidrigkeit eines bestimmten Verhaltens nicht auf die eigenen Moralvorstellungen ankommt, sondern auf die des BGH. Aber auch der BGH unterliegt dem Wandel bei der Beurteilung der Sittenwidrigkeit.
> Weitere interessante Beispiele aus dem Bereich des Erbrechts sind Adelstestamente, in denen das Erbrecht von einer „ebenbürtigen" Heirat abhängig gemacht wird[298], und sog. Behindertentestamente[299].
> In der Klausur bedeutet das für Sie, dass Sie u.U. ihre eigenen Vorstellungen zugunsten der des BGH zurückstellen müssen. Nur nach der Auffassung des BGH kommt möglicherweise § 138 BGB in Betracht. Bedenken Sie dabei jeder beliebige Dritte ist als Erbe einsetzbar, es gilt der Grundsatz der Testierfreiheit. Versuchen Sie möglichst nicht, im Examen den Korrektor von den eigenen Moralvorstellungen zu überzeugen.
> Lesen Sie zu diesem Problemkreis auch HEMMER/WÜST, Erbrecht, Rn. 71!

Verpflichtung zu geschlechtlichem Verhalten → PROSTITUIERTE

Rechtsgeschäfte, die zu einem geschlechtlichen Verhalten verpflichten, sind als sittenwidrig nach § 138 I BGB anzusehen, da sich die sexuelle Intimsphäre eines Menschen von vornherein einer rechtsgeschäftlichen Bindung entzieht.

141

---

295   Vgl. dazu Hemmer/Wüst, Erbrecht Rn. 72.

296   PALANDT, § 138, Rn. 50.

297   BGHZ 53, 375.

298   BGH, NJW 1999, 566,

299   Palandt-Heinrichs, § 138, Rn. 50a

Bsp.: Sittenwidrig ist daher das mit einer Prostituierten oder einem Strich-jungen abgeschlossene Verpflichtungsgeschäft. Daran hat auch das **Prostituiertengesetz** *nach ganz h.M. nichts geändert.[300]*

Allerdings sieht das **Prostituiertengesetz** *vor, dass die Prostituierte nach der Vornahme der sexuellen Handlungen aus dem zunächst wegen Sit-tenwidrigkeit unwirksamen Vertrag nachträglich eine rechtswirksame Forderung auf das vereinbarte Entgelt erwirbt.*

ggf. fehlerhafter Vertrag

Geht es nicht um geschlechtliche Hingabe, sondern um Schaustel-lung als sexuelles Stimulans, so liegen die Dinge etwas anders: Für eine Stripteasetänzerin hat das BAG1[301] die Frage der Sittenwidrig-keit ihres Arbeitsvertrages offen gelassen, den Lohnanspruch für die Vergangenheit aber mit Recht nach den Grundsätzen über die feh-lerhaften Arbeitsverhältnisse bejaht.

Nach der neueren (sehr umstrittenen) Rspr. des BGH[302] sind Verträ-ge über Telefonsex, bei denen der Gesprächspartner im Wesentli-chen akustische Leistungen zu erbringen hat, als Kommerzialisie-rung des Intimbereichs gem. § 138 I BGB sittenwidrig.

> **hemmer-Methode: Selbst nach Ansicht des in dieser Frage „antiquier-ten" BGH soll aber der Telefondienstvertrag, der nur die Herstellung der 0190-Telefonverbindung zum Gegenstand hat, mit § 138 BGB ver-einbar sein.**

cc) Standeswidrige Rechtsgeschäfte

standeswidriges Rechtsgeschäft nur bei anerkanntem Berufsstand

Standeswidrige Rechtsgeschäfte können zugleich sittenwidrig sein, wenn der betreffende Berufsstand rechtlich anerkannt ist und wichti-ge Gemeinschaftsaufgaben erfüllt.[303]

142

z.B. Erfolgshonorar

So ist die Vereinbarung eines Erfolgshonorars durch den Rechtsan-walt in Deutschland immer noch als sittenwidrig anzusehen! Denn sie gefährdet die Unabhängigkeit des Rechtsanwaltes.[304]

Sittenwidrig sind auch entgeltliche Vereinbarungen über die Zufüh-rung von Mandanten oder Patienten an Steuerberater, Rechtsanwäl-te oder Ärzte.[305]

c) Sittenwidriges Verhalten gegenüber Dritten

bei Dritten besonderes Maß an Rücksichtslosigkeit notwendig

Die Bedeutung der guten Sitten erschöpft sich nicht in der Bezie-hung zwischen Kontrahenten.

Werden schon erworbene Rechte Dritter durch Rechtsgeschäft ge-fährdet oder zielt dieses auf Beeinträchtigung künftiger Rechtspositi-onen von Dritten, so kann sich hieraus ein Sittenverstoß ergeben.

Das Eindringen eines Dritten in die Beziehungen von Vertragspart-nern kann Rechtsgeschäfte sittenwidrig machen, wenn sich in ihm ein besonderes Maß an Rücksichtslosigkeit und ein Mangel an Loyalität im Rechtsverkehr manifestiert.

---

300   vgl. Palandt § 138 Rn. 52

301   BAG, BB 1973, 291.

302   Vgl. BGH, NJW 1998, 2895; vgl. auch die Entscheidungsrezension in JuS 1999, 636 ff., wo auch die bereicherungsrechtlichen Folgefragen gut auf-
       gearbeitet werden; a.A. ist zu Recht Palandt § 138 Rn. 52 m.w.N.

303   PALANDT, § 138, Rn. 57.

304   Vgl. BGH, NJW- RR 1990, 949.

305   PALANDT, § 138, Rn. 58.

> **hemmer-Methode: Merken Sie sich: Ein durch _Verleitung zum Vertrags-_** **143**
> **_bruch_ auch gegenüber einem früheren Kontrahenten erwirktes Rechts-**
> **geschäft ist nichtig. Insoweit zeigt sich eine Parallele zur Nichtigkeit auf-**
> **grund sittenwidrigen Verhaltens gegenüber dem Geschäftspartner,**
> **wenn dieser zur Sicherung eines Kredites sein gesamtes Warenlager an**
> **den Darlehensgeber sicherungsübereignet und so seinen zukünftigen**
> **Lieferanten gegenüber zum Vertragsbruch verleitet wird. Lesen Sie dazu**
> **unbedingt vertiefend HEMMER/WÜST, Kreditsicherungsrecht Rn. 121 ff.**

Bspe.: Abwerbung von langfristig gebundenen Arbeitnehmern im Konkurrenzkampf, Beeinträchtigung von Verkaufsrechten in bewusstem Zusammenwirken z.B. durch Tauschverträge, oder die Zahlung von Schmiergeldern.

wichtig:
Globalzession u. verlängerter
Eigentumsvorbehalt

Der Treuebruch als sittenwidriges Verhalten hat insbesondere Bedeutung bei dem Verhältnis zwischen Globalzession und Ansprüchen aus verlängertem Eigentumsvorbehalt.[306]   **144**

III. Wucher, § 138 II BGB

§ 138 II BGB, Wucher

Ein Sonderfall des sittenwidrigen Rechtsgeschäfts (vgl. Wortlaut: „insbesondere") wegen Verhaltens gegenüber dem Geschäftspartner ist der Wucher nach § 138 II BGB.   **145**

Wegen seiner engen subjektiven tatbestandlichen Voraussetzungen ist er nur von geringer praktischer Bedeutung. Sofern jedoch die Nichtigkeit eines Rechtsgeschäftes wegen Wuchers ausscheidet, kommt dennoch eine nach § 138 I BGB wegen Sittenwidrigkeit in Betracht.[307]

1. Voraussetzungen

drei Voraussetzungen

Der Wuchertatbestand des § 138 II BGB setzt dreierlei voraus: **146**

- objektiv muss ein auffälliges Missverhältnis zwischen Leistung und Gegenleistung gegeben sein.

- auf Seiten des Bewucherten muss eine *Zwangslage, Unerfahrenheit, mangelndes Urteilsvermögen* oder *erhebliche Willensschwäche* zum Abschluss des Rechtsgeschäfts geführt haben.

- diese Zwangslage oder Unerfahrenheit etc. muss der Wucherer *bewusst ausgenutzt haben.*

Fehlt die zweite Voraussetzung so ist das objektiv wucherische Rechtsgeschäft nach § 138 I BGB nichtig, sofern der Begünstigte aus verwerflicher Gesinnung gehandelt hat oder sonst anstößige Umstände vorliegen.[308]

a) Auffälliges Missverhältnis

für auffälliges Missverhältnis Einzel-
fall maßgeblich

Wann ein *auffälliges Missverhältnis* zwischen Leistung und Gegenleistung vorliegt, kann nicht einheitlich beantwortet werden. Vielmehr sind bei jedem Rechtsgeschäft sämtliche Umstände des Einzelfalls zu berücksichtigen, wie z.B. die vertragliche Risikoverteilung, der Spekulationscharakter des Geschäfts, die Marktüblichkeit und die allgemeine Marktlage.   **147**

---

306   Vgl. dazu schon oben Rn. 136 sowie ausführlich HEMMER/WÜST, Kreditsicherungsrecht, Rn. 122.

307   PALANDT, § 138, Rn. 66.

308   PALANDT, § 138, Rn. 69 und Rn. 24 f.

Ausgangspunkt für die Beurteilung ist die Ermittlung und Gegenüberstellung des objektiven Wertes der beiderseitigen Leistungen unter Zugrundelegung der bei Vertragsabschluss bestehenden Verhältnisse.

> **hemmer-Methode: In der Klausur kommt es nicht zuletzt darauf an, das auffällige Missverhältnis bloß zu behaupten. Orientieren Sie sich deshalb im Einzelfall an der Definition, dass ein auffälliges Missverhältnis dann vorliegt, wenn *der Unterschied zwischen Leistung und Gegenleistung das im Rechtsverkehr erträgliche Maß überschreitet.* Anschließend subsumieren Sie die Angaben des Sachverhalts mit einer diesbezüglichen Wertung.**

bei Darlehen doppelter Marktzins

Bei Darlehen liegt die Wuchergrenze etwa beim Zweifachen des Marktzinses. Beim Mietwucher liegt ein auffälliges Missverhältnis auf jeden Fall dann vor, wenn die vereinbarte Miete die angemessene um mehr als 50 % übersteigt,[309] teilweise wird Mietwucher auch schon bei 20 % Übersteigung bejaht.[310]

Für andere Verträge besteht ein auffälliges Missverhältnis in der Regel dann, wenn die geforderte Leistung die marktübliche um das Zwei- bis Dreifache übersteigt.

b) Zwangslage des Bewucherten

Auf Seiten des Bewucherten muss eine *Zwangslage* oder Ähnliches vorliegen.

Zwangslage, nicht unbedingt Notlage notwendig

Eine Zwangslage liegt vor, wenn wegen einer augenblicklichen dringenden, meist wirtschaftlichen Gefahrenlage ein zwingendes Bedürfnis nach Sach- und Geldleistungen besteht. Ausreichend ist, dass dem Bewucherten erhebliche Nachteile drohen. Eine wirtschaftliche Notlage ist nicht notwendig.[311]

Bsp.: Im Haus des B tritt infolge eines Wasserrohrbruchs Wasser in erheblichem Umfang aus. B beauftragt den U mit der Reparatur.

U verlangt für die Reparatur am Wochenende 2.500 €. Der Wert der Reparatur wäre marktüblich mit 300 € zu veranschlagen.

U könnte gegen B einen Anspruch auf Werklohn gemäß § 631 I haben. Voraussetzung hierfür wäre, dass ein wirksamer Werkvertrag vorliegt.

Der Werkvertrag könnte gemäß § 138 II BGB nichtig sein. Die von U geforderte Leistung steht in einem auffälligen Missverhältnis zur Gegenleistung, da der von U geforderte Werklohn den marktüblichen Werklohn um ein Vielfaches übersteigt.

Auf Seiten des B bestand auch eine Zwangslage. Er war auf die Sachleistung des U angewiesen. Denn ohne eine sofortige Reparatur wäre der Schaden durch das austretende Wasser vergrößert worden.

Diese Zwangslage hat sich U bewusst zunutze gemacht, um sich an der Zwangslage des B übermäßig zu bereichern. Er wusste, dass B gerade am Wochenende auf sein Tätigwerden angewiesen war. Damit ist der Tatbestand des § 138 II BGB erfüllt. Der Werkvertrag ist nichtig.

geltungserhaltende Reduktion (-)

Zu prüfen bleibt, ob U einen Anspruch auf die angemessene Leistung, also 300 € hat. Ein solcher Anspruch könnte sich aus einer *geltungserhaltenen Reduktion* des Vertrages ergeben. Würde man dem zwischen U und B geschlossenen Vertrag mit der angemessenen Gegenleistung aufrechterhalten, so hätte dies zur Folge, dass den Wucherer letztlich kein Schaden trifft.

---

309 PALANDT, § 138, Rn. 76.

310 LG Stuttgart NJW 1981, 2365.

311 PALANDT, § 138, Rn. 70.

Denn er würde ja stets die angemessene Leistung aus dem Vertrag erhalten. Daher ist eine geltungserhaltende Reduktion auf die angemessene Leistung abzulehnen.[312]

> **hemmer-Methode:** Die völlige Unwirksamkeit des Vertrages hat aber
> auch für den B Nachteile, denn ihm stehen für den Fall, dass der U sei-
> ne Arbeit mangelhaft ausgeführt hat, keine Mängelrechte i.S.d.
> §§ 634 ff. BGB zu. Der B ist dennoch nicht völlig ungeschützt, da zu-
> mindest Ansprüche aus Delikt und § 280 I i.V.m. § 311 II BGB gegen
> den U in Betracht kommen.
> Achten Sie aber dann darauf, dass die Anwendung von § 280 I i.V.m.
> § 311 II BGB beim nichtigen Vertrag nicht unproblematisch ist, soweit
> dadurch eine quasivertragliche Haftung entsteht. Ein Verstoß gegen
> die Wertung des § 138 II BGB wird wohl dennoch nicht vorliegen, da
> dieser in aller Regel an das Verhältnis von Primärleistung zu primärer
> Gegenleistung anknüpft. Die Gewährleistung wird davon regelmäßig
> nicht tangiert.

U könnte gegen B ein Anspruch nach § 812 I S.1, 1.Alt. BGB zustehen. B
hat etwas, nämlich die Reparaturen des Wasserrohrbruchs erlangt. Dies
erfolgte auf Grund einer bewussten und zweckgerichteten Leistung des
U.

Da der Werkvertrag nach § 138 II BGB nichtig ist, erfolgte die Leistung
ohne Rechtsgrund.

Dem Bereicherungsanspruch des U könnte aber § 817 S.2 BGB entgegenstehen.[313] Dabei ist zu prüfen, welche Leistung von der Rückforderung nach § 817 S.2 ausgeschlossen ist.

Voraussetzung einer Leistung im Sinne des § 817 S.2 BGB ist, dass der
Vermögensvorteil endgültig in das Vermögen des Leistungsempfängers
übergegangen ist.[314] Dies ist hier der Fall.

> **hemmer-Methode:** War die Leistung nur zu einem vorübergehenden
> Zweck geleistet und ist sie ihrer Natur nach zurückzugeben, so steht
> dieser Rückforderung § 817 S.2 BGB nicht entgegen.[315]

Korrektur durch § 242 BGB

Würde man im vorliegenden Fall § 817 S.2 BGB anwenden, so hätte dies
zur Folge, dass B die erbrachten Reparaturarbeiten nicht vergüten müsste. Bei strikter Anwendung des § 817 S.2 BGB bliebe die von U geleistete
Arbeit ersatzlos. Daher ist zu prüfen, ob § 817 S.2 BGB in diesem Fall
über § 242 BGB korrigiert werden muss.[316] So soll der Ausschluss des
Bereicherungsanspruchs nach § 817 S.2 BGB nur für beiderseits erbrachte Leistungen gelten. Eine Vorleistung könne stets zurückgefordert
werden.[317]

Dies hätte zur Konsequenz, dass im Ergebnis dann doch in allen Fällen
eine geltungserhaltende Reduktion stattfindet.

Letztlich ist zu prüfen, ob mit Rücksicht auf die Verkehrssitte die endgültige Aufrechterhaltung der Vermögensverschiebung gegen Treu und
Glauben verstößt, weil ein von der Rechtsordnung nicht gebilligter Zustand durch den Ausschluss der Rückforderung nicht legalisiert werden
darf.

---

312   PALANDT, § 138, Rn. 75; Beim Mietwucher und in Fällen, in denen der Preis normativ bestimmt ist, wird der Vertrag dagegen zum angemessenen

       Mietzins aufrechterhalten. Dies dient in erster Linie dem Schutz des Mieters. Denn ohne diese Reduktion wären seine Interessen nicht hinreichend

       geschützt, Medicus, BR, Rn. 699.

313   S.o., Rn. 116.

314   HEMMER/WÜST, Bereicherungsrecht, Rn. 451.

315   Zum Umfang des Rückforderungsverbotes nach § 817 S.2 beim wucherischen Ratenkredit vgl. HEMMER/WÜST, Bereicherungsrecht, Rn. 452 f.

316   Vgl. oben, Rn. 116.

317   PALANDT, § 817, Rn. 20.

Im vorliegenden Fall erscheint eine Durchbrechung des § 817 S.2 BGB nach Treu und Glauben nicht gerechtfertigt. Zwar hat U vorgeleistet. Aber durch den Ausschluss der Rückforderung wird kein sittenwidriger Zustand auf Dauer aufrechterhalten. U hat die Zwangslage des B bewusst ausgenutzt, um einen überhöhten Preis zu fordern. Daher ist es gerechtfertigt, die Rückforderung nach § 817 S.2 BGB zu versagen.

> **hemmer-Methode: Nimmt man dagegen einen Ausschluss des § 817 S.2 BGB durch § 242 BGB an, so bestimmt sich der Umfang des Bereicherungsanspruchs nach § 818 II BGB. Bei der Wertermittlung gelten dann die oben[318] zur Schwarzarbeit dargelegten Grundsätze entsprechend.**

Liegt keine Zwangslage vor, so können andere Umstände die Bejahung des Wuchertatbestandes begründen: **148**

Ausnutzen von Unerfahrenheit ggf. ausreichend

So kann die Ausnutzung schlichter Unerfahrenheit des Geschäftsgegners zur Anwendung des § 138 II BGB führen. Unerfahrenheit ist ein Mangel an Lebens- oder Geschäftserfahrung.

> *Bsp.: Ein aus zehnjähriger Staatshaft Entlassener erhält von A als Starthilfe ein monatlich mit 10 % zu verzinsendes Darlehen.*

Mangel an Urteilsvermögen

Ein *Mangel an Urteilsvermögen* besteht, wenn jemandem - meist infolge einer Verstandesschwäche - in erheblichem Maße die Fähigkeit fehlt, sich bei seinem rechtsgeschäftlichen Handeln von vernünftigen Beweggründen leiten zu lassen oder die beiderseitigen Leistungen und die wirtschaftlichen Folgen des Geschäfts richtig zu bewerten. Entscheidend ist, ob der Betroffene im konkreten Fall zu einer vernünftigen Beurteilung in der Lage ist.[319] **149**

> *Bsp.: Der einfältige X lässt sich zum Kauf eines 20-bändigen Werkes über Atomphysik überreden.*

erhebliche Willensschwäche

Unter einer *erheblichen Willensschwäche* ist eine verminderte Widerstandskraft zu verstehen. Der Betroffene durchschaut die Folgen und den Inhalt des Geschäfts, kann sich aber wegen seiner verminderten psychischen Widerstandsfähigkeit nicht sachgerecht verhalten. Eine solche Willensschwäche kann insbesondere bei Suchtkranken, aber auch bei jungen oder alten Menschen vorliegen. Die von der Werbung ausgehenden Verführungen reichen grundsätzlich nicht aus.

Führt dagegen unlautere Werbung zu einem psychologischen Kaufzwang kann beim Kunden mangelndes Urteilsvermögen oder erhebliche Willensschwäche hervorgerufen werden.[320] In Ausnahmefällen kann auch ein übertriebener Einsatz psychologischer Verkaufsförderungsmethoden die Konsumresistenz soweit herabsetzen, dass ein daraufhin abgeschlossenes Rechtsgeschäft nach § 138 II BGB nichtig ist.

> **hemmer-Methode: Denken Sie über den Tellerrand des § 138 BGB hinaus! Die Nichtigkeit des Vertrags kann sich in den Fällen des Wuchers auch aus § 134 BGB i.V.m. § 291 StGB ergeben.[321]**

---

318   Rn. 116.

319   PALANDT, § 138, Rn. 72.

320   PALANDT, § 138, Rn. 73.

321   PALANDT, § 138, Rn. 76.

c) Ausnutzen der Zwangslage durch Wucherer

Ausbeutung = Ausnutzen für übermäßigen Gewinn

Weitere Tatbestandsvoraussetzung des § 138 II BGB ist, dass der Wucherer subjektiv die Zwangslage, die Unerfahrenheit, den Mangel an Urteilsvermögen oder die erhebliche Willensschwäche eines anderen ausbeutet. Unter Ausbeuten ist das bewusste Ausnutzen der schlechten Situation des Geschäftsgegners, um einen übermäßigen Gewinn zu erzielen, zu verstehen.

150

Missverhältnis ist Indiz für Ausbeutungsabsicht

Eine besondere Ausbeutungsabsicht ist nicht erforderlich.[322] Das übermäßige Missverhältnis der Leistungen stellt ein Indiz für die bewusste Ausnutzung des Vertragsgegners dar.

> **hemmer-Methode: Ist ein Tatbestandsmerkmal des speziellen § 138 II BGB nicht erfüllt, so kann gleichwohl das Rechtsgeschäft nach § 138 I BGB sittenwidrig sein. Jedoch ist auch für die Nichtigkeit nach § 138 I BGB das Bewusstsein zumindest des sittenwidrig Handelnden von der Sittenwidrigkeit erforderlich.[323]**

2. Rechtsfolge

Rechtsfolge: Nichtigkeit von Erfüllungs- u. Verpflichtungsgeschäft

Rechtsfolge des Wuchers ist nach § 138 II BGB die Nichtigkeit des Geschäfts. Die Nichtigkeit umfasst, wie sich aus der Formulierung "oder gewähren lässt" ergibt, nicht nur das *Verpflichtungsgeschäft* sondern auch das abstrakte *Erfüllungsgeschäft* des Bewucherten.

151-165

> **hemmer-Methode: § 138 II BGB beinhaltet teilweise eine Durchbrechung des Abstraktionsprinzips, indem auch das Erfüllungsgeschäft des Bewucherten für nichtig erklärt wird. Die Vorschrift stellt damit einen gesetzlich geregelten Fall der Fehleridentität dar.**
> **Aber Achtung: Die Nichtigkeit erstreckt sich nicht auf das Erfüllungsgeschäft des Wucherers.**

📖 *Bsp.: A gibt dem B, der seine finanzielle Notlage geschildert hat, ein Darlehen, das mit 10 % pro Monat verzinst werden soll. Im ersten Monat übergibt B dem A vereinbarungsgemäß anstatt der Zinsen eine wertvolle Taschenuhr.*

Das Darlehen ist nach § 138 II BGB nichtig. Daher stehen A keine Ansprüche auf Zinszahlung zu.

⇨ *Rückgewährungsanspruch aus § 985 u. § 812 BGB*

Die Nichtigkeit des Darlehens erfasst auch die Erfüllungsgeschäfte des B. B kann daher seine Uhr nach § 985 von A herausverlangen. Daneben besteht noch ein Kondiktionsanspruch nach § 812 I S.1, 1.Alt. BGB. B kann auch Schadensersatzansprüche aus § 280 I BGB i.V.m. § 311 II BGB und § 826 BGB geltend machen. Diese gehen nach dem Grundsatz der Naturalrestitution gem. § 249 S.1 BGB ebenfalls auf Herausgabe der Uhr.

gilt auch für Gegenleistung

Die Nichtigkeit nach § 138 II BGB erfasst aber nicht das von A hingegebene Geld, sodass B Eigentümer des Geldes geworden ist und eine Vindikation nach § 985 BGB ausscheidet. A hat nur einen Anspruch auf Herausgabe des Geldes nach § 812 I S.1, 1.Alt. BGB. Der Rückforderung des Darlehensvaluta steht auch nicht § 817 S.2 BGB entgegen. Denn § 817 S.2 BGB bedeutet nicht den Ausschluss der Rückforderungsansprüche überhaupt, wenn die Überlassung nach der Parteivereinbarung nicht endgültig sein sollte.

Ausschluss gem. § 817 S.2 BGB nur für vereinbarten Zeitraum

Leistung i.S.v. § 817 S.2 BGB ist lediglich das, was endgültig in das Vermögen des Leistungsempfängers übergehen sollte, also die Nutzungsmöglichkeit am Geld für die vereinbarte Zeit. Daher ist die Rückforderung nur für den vereinbarten Zeitraum nach § 817 S.2 BGB ausgeschlossen.

---

322   BGH, BB 1990, 1510.

323   Dazu schon oben, Rn. 129.

Folglich muss das sittenwidrig Geleistete dem B bis zu dem Zeitpunkt belassen werden, in welchem er das Geld bei Gültigkeit des Vertrages zurückzuzahlen hätte.[324] Für diese Zeit der Überlassung der Darlehensvaluta kann A von B keine, auch nicht die angemessenen, Zinsen fordern. Denn einem Bereicherungsanspruch aus § 818 I, II BGB steht der Ausschluss nach § 817 S.2 BGB entgegen.

---

324 BGHZ 99, 338.

K. § 311b II BGB: Vertrag über künftiges Vermögen[325]

I. Normzweck und Anwendungsbereich

Vertrag über künftiges Vermögen § 311b II BGB

Verpflichtet sich jemand in einem Vertrag, sein **künftiges** Vermögen oder einen Bruchteil desselben zu übertragen oder mit einem Nießbrauch (§ 1085 BGB) zu belasten, so ist dieser Vertrag gem. § 311b II BGB nichtig.

166

Schutz der wirtschaftlichen Betätigungsfreiheit

Zweck der Vorschrift ist der Schutz der wirtschaftlichen Betätigungsfreiheit des einzelnen vor übermäßigen Beschränkungen. Sie soll verhindern, dass jemand sich seiner Vermögensfähigkeit begibt und dadurch jede Motivation für eine Erwerbstätigkeit verliert.[326]

Insoweit stellt § 311b II BGB ein Korrektiv zur Vertragsfreiheit dar, indem er verhindert, dass sich jemand mittels der Vertragsfreiheit die Voraussetzungen zu deren weiteren Gebrauch nimmt. Der (Teil-)Verzicht auf die Vermögensfähigkeit kommt nämlich einem teilweisen Verlust der Rechtsfähigkeit gleich, was von der Rechtsordnung niemals gebilligt werden kann.

auch für juristische Person

Dabei findet § 311b II BGB sowohl auf *natürliche* als auch auf *juristische* Personen Anwendung. Jedoch gilt er gem. § 4 I S.2 UmwG nicht für Verschmelzung und Vermögensübertragung von Kapitalgesellschaften.

167

nicht bei gegenwärtigem Vermögen und solchem von Dritten

Verpflichtet sich der Schuldner, sein gesamtes **gegenwärtiges** Vermögen zu übertragen, so ist dieser Vertrag zwar grds. zulässig, aber nach § 311b III BGB formbedürftig. Auch ein Vertrag über das künftige Vermögen eines Dritten wird von § 311b II BGB nicht erfasst.[327]

nicht bei einzelnen Vermögensgegenständen

Nicht dem § 311b II BGB unterfallen Verträge, durch die sich jemand verpflichtet, einzelne künftige Vermögensgegenstände oder -bestandteile zu übertragen, sofern diese hinreichend bestimmt oder bestimmbar sind.

> *Bsp.: S verpflichtet sich, dem G sämtliche Einnahmen aus einem bestimmten Miethaus zu übertragen. Dieser Vertrag ist wirksam, auch wenn S später außer den Mieteinnahmen keine weiteren Einkünfte erzielt.*

> **hemmer-Methode:** Gerade bei der Globalzession zur Sicherung einer Forderung kann es vorkommen, dass sich der Kreditgeber "sämtliche" Forderungen der Zukunft im Wege der Vorauszession abtreten lässt. Nach h.M liegt hier kein Fall des § 311b II BGB vor.[328] Gleichwohl ist in diesen Fällen die Möglichkeit eines sittenwidrigen und damit nach § 138 I BGB nichtigen (Knebelungs-)Vertrags gegeben.[329]

auch einseitige Rechtsgeschäfte

§ 311b II BGB ist seinem Wortlaut nach nur auf schuldrechtliche Verpflichtungs*verträge* anwendbar, kann aber auf *einseitige* schuldrechtliche Verpflichtungen (Auslobung, §§ 657 ff. BGB: "Ein Königreich für ein Pferd") analog angewandt werden.[330]

168

Umdeutung in Erbvertrag

Der nach § 311b II BGB an sich nichtige Vertrag kann, unter der Voraussetzung, dass das Vermögen erst im Zeitpunkt des Todes des Schuldners übergehen soll, nach § 140 in einen Erbvertrag umgedeutet werden. Ebenso wie auf die güterrechtlichen Verträge des Familienrechts (§§ 1415 ff. BGB) findet § 311b II BGB nämlich auch auf Erbverträge keine Anwendung.

---

325   Vgl. Sie dazu nochmals den Bürgschaftsfall unter Rn. 134!

326   Palandt, § 311b, Rn. 57

327   Vgl. RGZ 79, 315.

328   Vgl. PALANDT, § 311b, Rn. 60 m.w.N.

329   Vgl. dazu HEMMER/WÜST, Kreditsicherungsrecht Rn. 109.

330   PALANDT, § 311b, Rn. 58.

II. Voraussetzungen

Nichtigkeit nach § 311b II BGB liegt vor, wenn

- ein Verpflichtungsvertrag bzw. eine einseitige Verpflichtung

- sich auf das künftige Vermögen oder einen Bruchteil desselben bezieht und

- die Verpflichtung zur Übertragung des Vermögens (-bruchteils) oder zur Bestellung eines Nießbrauchs daran zum Inhalt hat.

1. Verpflichtungsvertrag

Die Art des Verpflichtungsvertrages ist gleichgültig. Es kann sich dabei um einen Kauf-, Tausch- oder Schenkungsvertrag, aber auch um einen Gesellschaftsvertrag oder ein Leibrentenversprechen handeln.[331] Ob eine Gegenleistung vereinbart ist, spielt keine Rolle.

nicht: Verfügungen

Beachte: Keine Anwendung findet § 311b II BGB auf Verfügungen.

2. Künftiges Vermögen als Vertragsgegenstand

Gesamtheit d. künftigen Aktiva

Der Vertrag muss sich auf das künftige Vermögen des Versprechenden beziehen. Er muss die Gesamtheit der Aktiva, d.h. die Gesamtheit der dem Schuldner in Zukunft zustehenden Vermögenswerte, oder eine Quote davon erfassen.

> **hemmer-Methode: Lernen im Zusammenhang!** Während für das Erfordernis der Vermögensübertragung i.S.v. § 1365 BGB (vgl. dazu Rn. 185) auch die Übertragung eines einzelnen Gegenstandes ausreicht, solange dieser (nahezu) das gesamte Vermögen des Schuldners ausmacht und der Übernehmer davon weiß (eingeschränkt subjektive Theorie), ist für § 311b II BGB die Verpflichtung zur Übertragung eines Einzelgegenstandes nicht ausreichend, auch wenn dieser das gesamte Vermögen ausmachen sollte.
> Auf derartige Verträge ist § 311b II BGB weder seinem Wortlaut noch seinem Normzweck nach anwendbar.

Bsp. :[332] A hat bei der Bank B ein Darlehen aufgenommen. Tilgung und Darlehenszinsen übersteigen die Leistungsfähigkeit des A dermaßen, dass A seine Schulden selbst bei Einsatz seines gesamten pfändbaren Arbeitseinkommens nicht zurückzahlen könnte.

Problem:
Darlehensvertrag

Der Darlehensvertrag zwischen A und B könnte gem. § 311b II BGB nichtig sein. Dies setzt voraus, dass § 311b II BGB auf den Darlehensvertrag Anwendung findet. Nach Ansicht des BGH[333] rechtfertigen Wortlaut und Sinn des § 311b II BGB nicht die Anwendung auf einen Darlehensvertrag.

A hat sich zur Rückzahlung und Verzinsung eines bestimmten Geldbetrages, nicht aber zur Übertragung seines Vermögens oder eines bestimmten Bruchteils davon verpflichtet.

hier nur § 138 BGB

Auch eine analoge Anwendung kommt nicht in Betracht. Im Zeitpunkt des Vertragsschlusses lässt sich nicht mit hinreichender Sicherheit vorhersagen, wie sich das Vermögen eines Vertragspartners im Laufe seines weiteren Lebens entwickelt und ob die Erfüllung einer bestimmten Geldschuld den Einsatz seines gesamten Vermögens oder einer bestimmten Quote erfordert. Zwar kann auch bei einer vertraglichen Verpflichtung zur Zahlung eines bestimmten Geldbetrages die Gefahr bestehen, dass der Schuldner in eine lebenslange Verschuldung gerät und jede Motivation für eine Erwerbstätigkeit verliert.

---

331 Palandt, § 311b, Rn. 59

332 Vgl. BGH, MDR 1989, 613 u 630.

333 BGH, a.a.O.

Diese Gefahr kann aber nur im Rahmen des § 138 BGB im Einzelfall Berücksichtigung finden.[334] Sie rechtfertigt nicht eine generelle Einschränkung der Vertragsfreiheit durch Anwendung des § 311b II BGB Daher ist der Darlehensvertrag hier nicht nach § 311b II BGB nichtig.

3. Vermögensübertragung

Das Verbot des § 311b II BGB gilt für die Verpflichtung zur Übertragung des künftigen Vermögens oder zur Bestellung eines Nießbrauchs daran. § 311b II BGB erfasst dabei auch die Verpflichtung zur sicherungsweisen Übertragung des Vermögens (Sicherungsübereignung), nicht aber die zur bloßen Verpfändung.[335]

III. Rechtsfolgen

Nichtigkeit nur d. Verpflichtungsgeschäfts

Verträge, die gegen § 311b II BGB verstoßen, sind nichtig. Die Nichtigkeit erfasst nur das schuldrechtliche Verpflichtungsgeschäft, nicht aber das dingliche Erfüllungsgeschäft.

172

ggf. Kondiktion u. Schadensersatz

Das in Erfüllung des nichtigen Vertrages Geleistete kann, soweit nicht § 814 BGB entgegensteht, gemäß § 812 I S.1, 1.Alt. BGB kondiziert werden. Daneben können sich aus § 280 I i.V.m. § 311 II BGB Schadensersatzansprüche auf Ersatz des Vertrauensschadens ergeben, sofern eine Partei den Verstoß gegen § 311b II BGB zu vertreten hat.

> **hemmer-Methode:** § 311b II BGB ist keine besonders klausurträchtige Bestimmung. Jedoch kann sie auch einmal als Einstieg für eine komplizierte bereicherungsrechtliche Klausur dienen, insb., wenn es sich um einen Vertrag zugunsten Dritter handelt. Dann scheitert die Wirksamkeit der schuldrechtlichen Verpflichtung zur Übertragung des gesamten künftigen Vermögens an den begünstigten Dritten an § 311b II BGB[336]

---

334   Siehe hierzu oben, Rn. 121 ff.

335   PALANDT, § 311b, Rn. 61

336   zur bereicherungsrechtlichen Rückabwicklung von Verträgen zugunsten Dritter vgl. HEMMER/WÜST, Bereicherungsrecht, Rn. 221 ff.

L. § 311b IV BGB: Vertrag über Nachlass eines lebenden Dritten

I. Anwendungsbereich

§ 311b IV BGB auch bzgl. Pflichtteil u. Vermächtnis

Nach § 311b IV BGB sind Verträge über den Nachlass eines noch lebenden Dritten nichtig. Die Nichtigkeit erfasst auch Verträge über Pflichtteile oder Vermächtnisse aus dem Nachlass eines noch lebenden Dritten. Das Verbot des § 311b IV BGB beruht auf sittlichen und wirtschaftlichen Erwägungen.

173

Der Sittenverstoß ist darin zu sehen, dass die Abmachungen mit dem Tod des Dritten spekulieren. Wirtschaftlich durchkreuzen sie die Dispositionsfreiheit und stellen einen Eingriff in die Testierfreiheit dar.[337]

II. Voraussetzungen

Nichtig nach § 311b IV BGB sind:

174

- schuldrechtliche Verträge

- über den Nachlass eines noch lebenden Dritten,

- bei denen keine Ausnahme nach § 311b V BGB eingreift.

1. Schuldrechtlicher Vertrag

nur schuldrechtliche Verträge

Wie § 311b II BGB gilt § 311b IV BGB grundsätzlich nur für schuldrechtliche Verträge.

175

Der BGH[338] hält aber auch Verfügungen über den Nachlass eines noch lebenden Dritten aus allgemeinen Rechtsgrundsätzen für nichtig. Dies lässt sich aber auch aus einer analogen Anwendung des § 311b IV BGB herleiten.[339]

Im Unterschied zu § 311b II BGB erfasst § 311b IV BGB nicht nur Verpflichtungen zur Übertragung oder Nießbrauchsbestellung, sondern sämtliche schuldrechtlichen Verpflichtungen, die sich auf den Nachlass eines lebenden Dritten beziehen.

> *Nichtig sind daher z.B. die Verpflichtung zur Annahme oder Ausschlagung einer Erbschaft, sowie die Verpflichtung, einen Pflichtteilsanspruch nicht geltend zu machen oder ein Testament nicht anzufechten. Anwendbar ist § 311b IV BGB auch bei Abfindungsvereinbarungen zwischen Schlusserben eines Berliner Testaments. In diesen Fällen ist aber eine Umdeutung in eine Erbverzichtsvereinbarung zu prüfen.[340]*

Verträge des Erblassers selbst werden nicht nach § 311b IV BGB, sondern ausschließlich nach Erbrecht beurteilt (z.B. §§ 1941, 2247, 2346 ff. BGB).

2. Nachlass eines lebenden Dritten

auch bzgl. Erbersatzanspruch

Erfasst werden alle Verpflichtungsgeschäfte mit Bezug auf den *Nachlass* eines lebenden Dritten. Dem Nachlass ist gem. § 311b IV S.2 BGB der *Pflichtteil* und der *Vermächtnisanspruch* gem. § 2174 BGB gleichgestellt.

176

---

337 PALANDT, § 311b, Rn. 69.

338 BGHZ 37, 324.

339 PALANDT, § 311b, Rn. 72.

340 BGH, NJW 1974, 43.

nicht Anwartschaftsrecht

Nicht erfasst sind dagegen Vereinbarungen über das *Anwartschafts-recht* des Nacherben nach Eintritt des Erbfalls. Der Nacherbe erlangt neben seinem zukünftigen Erbrecht bereits ein gegenwärtiges An-wartschaftsrecht.[341] Dieses ist dem Nacherben nicht entziehbar. Es liegt eine Verpflichtung über ein bereits bestehendes Recht des Nacherben vor, keine Verpflichtung über den Nachlass eines noch lebenden Dritten.

nicht:
einzelne Nachlassgegenstände

Verträge über einzelne Nachlassgegenstände fallen nicht unter § 311b IV BGB Ähnlich wie bei § 1365 BGB wird der Anwendungs-bereich aber dann eröffnet, wenn die Verpflichtung praktisch alle Ak-tivposten des Nachlasses erfasst.[342] Maßgebend ist dabei das Ver-mögen im Zeitpunkt des Vertragsschlusses.

177

§ 311b IV BGB ist nicht abdingbar. Auch die Zustimmung des Drit-ten, über dessen Nachlass verfügt wird, ändert an der Nichtigkeit nichts. Nichtig ist der Vertrag auch dann, wenn der Dritte bereits verstorben ist, die Vertragsbeteiligten aber subjektiv die Vorstellung haben, er sei noch am Leben.[343]

3. Ausnahmen

Ausnahme: notarielle Verträgen

Auf Grund der Ausnahmevorschrift des § 311b V BGB sind notariell beurkundete Verträge unter künftigen *gesetzlichen* Erben über ihren gesetzlichen Erb- oder Pflichtteil gültig.

178

Der Vertrag ist dann nach § 311b V BGB wirksam, wenn die am Ver-trag beteiligten Personen zur Zeit des Vertragsschlusses zu den gemäß §§ 1924 ff. BGB eventuell zur Erbfolge berufenen Personen gehören.

Beachte: § 311b V BGB findet nach der Rspr. des BGH auch bei Verträgen über *testamentarische* Erbteile und Vermächtnisse bis zur Höhe des gesetzlichen Erbteils Anwendung.[344]

Werden die vertragsschließenden Personen keine Erben, so ist zu unterscheiden: Die Personen, die sich zur Verfügung über ihren Erb-teil verpflichtet haben, müssen Erben werden, andernfalls wird die übernommene Verpflichtung gegenstandslos. Dagegen ist es un-schädlich, wenn die anderen Vertragspartner enterbt werden.[345]

---

341   Palandt, § 2100, Rn. 11.

342   Palandt, § 311b, Rn. 71.

343   Palandt, § 311b, Rn. 71.

344   BGHZ 104, 279.

345   Palandt, § 312, Rn. 6.

M. § 1365 BGB: Einschränkung der Verfügungsmacht über Vermögen im Ganzen

> **hemmer-Methode: Hier werden nur die Grundzüge dargestellt. Lesen Sie dazu also vertiefend unbedingt auch HEMMER/WÜST, Familienrecht Rn. 141 ff.**

I. Allgemeines

§ 1365 BGB

Das Ehegüterrecht enthält in den §§ 1365, 1366, 1369 BGB Bestimmungen, die der Wirksamkeit eines Vertrages entgegenstehen können.

179

Erhaltung d. wirtschaftlichen Lebensgrundlage

Nach § 1365 BGB ist ein Vertrag, in welchem sich ein Ehegatte zur Übertragung seines Vermögens im Ganzen verpflichtet, nur mit Einwilligung des anderen Ehegatten wirksam. Normzweck ist dabei die Erhaltung der wirtschaftlichen Lebensgrundlage der Familie und die Sicherung des künftigen Zugewinnausgleichs. Insoweit wird durch § 1365 BGB das in § 1364 BGB normierte selbständige Verwaltungsrecht jedes Ehegatten eingeschränkt.

absolutes Veräußerungsverbot

Das Verbot des § 1365 I S.2 BGB enthält ein *absolutes* Veräußerungsverbot. Demnach sind die Vorschriften über den gutgläubigen Erwerb weder direkt noch analog anwendbar. Auch der Rechtsscheinschutz des § 135 II BGB greift nicht ein.[346]

180

    Bsp.: Ehefrau A veräußert ohne Zustimmung des Ehemannes ihr einziges Grundstück an B. B weiß, dass A sonst über kein nennenswertes Vermögen verfügt. Der M, Ehemann der A, verlangt das Grundstück heraus. B trägt vor, er habe nicht gewusst, dass A verheiratet sei.[347]

M könnte nach § 1368 BGB in Form gesetzlicher Prozessstandschaft Herausgabe des Grundstücks an die A nach § 985 BGB und Grundbuchberichtigung nach § 894 verlangen.

§ 1368 BGB
⇨ *keine Mithilfe v. Partner notwendig*

§ 1368 BGB gewährt dem benachteiligten Ehegatten die Möglichkeit, im eigenen Namen die Unwirksamkeit des Vertrages geltend zu machen. Er ist nicht auf die Mithilfe des anderen Ehegatten angewiesen.

Die Klage hätte Erfolg, wenn der Vertrag zwischen A und B nach § 1365 BGB unwirksam wäre. Dies ist hier der Fall.[348] B kann sich nicht darauf berufen, er habe nicht gewusst, dass A verheiratet sei. Ein Gutglaubensschutz findet nicht statt. B muss sich selbst vergewissern, ob sein Vertragspartner verheiratet ist und im gesetzlichen Güterstand lebt. Der Anspruch aus § 985 BGB ist begründet.

B kann auch nicht wegen des gezahlten Kaufpreises ein Zurückbehaltungsrecht ausüben. Den Kaufpreis kann B nur von A, nicht aber von M zurückfordern. Dies wäre eine unzulässige Einrede aus dem Rechtsverhältnis zu einem Dritten.

> **hemmer-Methode: § 1368 BGB ist i.R.d. Zulässigkeit der Klage ein Fall der gesetzlichen Prozessstandschaft. Gleichzeitig regelt er die Aktivlegitimation, denn ohne § 1368 BGB könnte der Ehegatte, der ja kein Eigentum an dem Grundstück besitzt, den Anspruch nicht geltend machen.**

---

346   PALANDT, § 1365, Rn. 14.

347   Diese Konstellation war Gegenstand im 1. Staatsexamen Termin 2003/I in Bayern.

348   Siehe im Einzelnen sogleich unter Rn. 182 ff.

Rechtsfolge:
schwebende Unwirksamkeit

Hat ein Ehegatte ohne die erforderliche Einwilligung einen Vertrag abgeschlossen, so ist dieser zunächst *schwebend unwirksam*. Bis zur Genehmigung oder ihrer Ersetzung durch das Vormundschaftsgericht, vgl. § 1365 II BGB, können aus dem Vertrag keine Rechte geltend gemacht werden. Wird die Genehmigung verweigert, ist der Primäranspruch endgültig gescheitert, § 1366 IV BGB. **181**

Zustimmung bzgl. Verpflichtungs- u.
Verfügungsgeschäft

Zustimmungsbedürftig sind sowohl Verpflichtungs- als auch Verfügungsgeschäft. Die Zustimmung zu dem einen enthält zugleich die Zustimmung zum anderen Geschäft. Sofern jedoch das Verpflichtungsgeschäft nicht zustimmungsbedürftig war (z.B. aufgrund der fehlenden Kenntnis des Vertragspartners, dass es sich bei dem Vertragsgegenstand um das gesamte Vermögen des Schuldners handelt), ist auch das Erfüllungsgeschäft ohne Zustimmung wirksam.[349]

II. Voraussetzungen

Ein Vertrag ist nach §§ 1365, 1366 IV BGB unwirksam, wenn **182**

- die Ehegatten im Güterstand der Zugewinngemeinschaft leben und

- einer der Ehegatten ein Geschäft über sein Vermögen im Ganzen vornimmt

- ohne Einwilligung oder Genehmigung bzw. Ersetzung der Zustimmung durch das Vormundschaftsgericht.

1. Güterstand der Zugewinngemeinschaft

Die Vorschrift gilt *nur* für den gesetzlichen Güterstand der *Zugewinngemeinschaft*.

> **hemmer-Methode: Enthält der Sachverhalt keine Angaben über den Güterstand, so ist vom gesetzlichen Güterstand der Zugewinngemeinschaft auszugehen, vgl. § 1363 BGB.** **183**

nach Beendigung d. Güterstandes

Fraglich ist jedoch die Anwendung des § 1365 BGB bei Beendigung des Güterstandes.

> *Bsp.: Ehefrau A veräußert ihr gesamtes Vermögen ohne Wissen des Ehemannes M an ihren Liebhaber B. Auf Antrag des M wird die Ehe rechtskräftig geschieden. M steht Zugewinnausgleich zu.*
>
> Der Vertrag zwischen A und B verstößt gegen § 1365 I BGB und war daher zunächst schwebend unwirksam. Mit Beendigung des Güterstandes durch die Scheidung könnte aber das schwebend unwirksame Rechtsgeschäft konvaleszieren. Das Bedürfnis für das Zustimmungserfordernis durch M könnte mit der Scheidung entfallen sein. Die Konvaleszenz kann aber nur dann bejaht werden, wenn das Geschäft den Anspruch des M auf Zugewinnausgleich auch bei abstrakter Betrachtung nicht ungünstig zu beeinflussen vermag. Dies ist praktisch nie der Fall. Daher kann M auch noch nach der Scheidung die Unwirksamkeit des Vertrages nach § 1368 BGB geltend machen.[350]

2. Vermögen im Ganzen

gesamtes Vermögen

Zustimmungsbedürftig sind nach §§ 1365, 1366 BGB nur Verträge, die das gesamte Vermögen des Ehegatten betreffen. **184**

---

349   BGH, NJW 1989, 1609; TIEDTKE, FamRZ 1988, 1009.

350   BGH, NJW 1984, 609.

e.A:
Gesamttheorie

☐Ein Gesamtvermögensgeschäft ist jedenfalls dann gegeben, wenn sich der Ehegatte zur Verfügung über sein Vermögen im Ganzen (en bloc) verpflichtet. Gegenstand des Vertrages muss dann das gesamte Aktivvermögen des Ehegatten sein. Nach der sog. *Gesamttheorie* ist dies der einzige Anwendungsfall des § 1365 BGB.

h.M.:
Einzeltheorie; Schutzzweck

☐Nach der sog. *Einzeltheorie* fallen aber auch Verträge über einzelne Vermögensgegenstände unter den Anwendungsbereich des § 1365 BGB. Begründet wird diese Ansicht mit dem Schutzzweck der Norm. Danach kann es für die Erhaltung der wirtschaftlichen Grundlage der Familie und der Sicherung des Zugewinnausgleichs keinen Unterschied machen, ob der Ehegatte über sein Vermögen „en bloc" verfügt oder nur einen einzelnen Vermögensgegenstand überträgt, der nahezu sein gesamtes Vermögen darstellt.

bei einzelnem Gegenstand weitere Voraussetzung

Werden nur einzelne Vermögensgegenstände übertragen, so liegt ein Gesamtvermögensgeschäft nach § 1365 BGB nur dann vor, wenn zusätzlich folgende Voraussetzungen erfüllt sind:

a) Nahezu gesamtes Vermögen

nahezu gesamtes Vermögen

Objektiv muss der zu übertragende Gegenstand das ganze oder nahezu das gesamte Vermögen des Ehegatten darstellen. Ob dies der Fall ist, ergibt sich aus einem Wertvergleich zwischen dem übertragenen Vermögen und dem verbleibenden Vermögen des Ehegatten.

185

Bei kleineren Vermögen hat der BGH[351] bei einer Restquote von weniger als 15 % das Geschäft als zustimmungsbedürftig behandelt, bei größeren Vermögen dürfte die Restquote kaum niedriger - etwa bei 10 % - anzusetzen sein.[352]

> *Bsp.: Ehefrau A hat ein Grundstück im Wert von 90.000 € und Bankguthaben von 10.000 €. Sie veräußert das Grundstück ohne Zustimmung ihres Mannes an B gegen Zahlung von 150.000 €.*

Nach der Gesamttheorie läge kein Fall des § 1365 BGB vor, da A nicht ihr Vermögen en bloc veräußert hat.

Nach der Einzeltheorie ist durch einen Vermögensvergleich zu ermitteln, ob ein Gesamtvermögensgeschäft vorliegt. Der Wertvergleich zwischen dem weggegebenen und dem verbleibenden Vermögen ergibt, dass der Ehefrau nur 10 % ihres ursprünglichen Vermögens verbleiben. Bei dem Wertvergleich ist das von A zu erzielende Entgelt nicht zu berücksichtigen.

Maßgeblich ist nur die Verfügung, nicht das Gegengeschäft.[353] Das Gesetz stellt nicht auf eine wirtschaftliche Einbuße ab. Der zustimmungsberechtigte Ehegatte kann daher auch Vermögensumschichtungen kontrollieren.[354]

> **hemmer-Methode:** Verbleibt dem Ehegatten ein Restvermögen von ca. 15 %, dann findet § 1365 BGB in der Regel keine Anwendung. Das Geschäft ist zustimmungsfrei. Das Entgelt, das für den weggegebenen Gegenstand erzielt werden kann, ist beim Vermögensvergleich nicht zu berücksichtigen. Keine Berücksichtigung im Vermögensvergleich als verbleibender Vermögenswert findet das laufende oder zukünftige Arbeitseinkommen.[355]

---

351   BGHZ 77, 293.

352   MEDICUS, BR, Rn. 537.

353   Vgl. Palandt, § 1365, Rn. 5; teilweise werden a. A. vertreten.

354   Vgl. BGHZ 35, 145.

355   BGHZ 101, 225.

Belastung

Fraglich ist die Anwendbarkeit des § 1365 BGB, wenn der praktisch das gesamte Vermögen bildende Gegenstand nicht veräußert, sondern belastet wird.   **186**

Verfügung (+);
Wertaufzehrung notwendig

Auch die Belastung stellt eine Verfügung dar, sodass vom Wortlaut her § 1365 BGB anwendbar sein müsste. Der BGH[356] bejaht dann die Anwendbarkeit des § 1365 BGB, wenn die Belastung den Wert des Vermögensgegenstandes erschöpft (sog. "wertaufzehrende Belastung"). Ist die Belastung geringer, dann sei sie zustimmungsfrei. Nach a.A.[357] ist jede Belastung unabhängig von ihrem Verhältnis zum Wert des Vermögensgegenstandes zustimmungsfrei. Es läge nämlich nur ein Sicherungsrecht vor und die zu sichernde Kreditaufnahme sei kein Fall des § 1365 BGB. Der Zweck des § 1365 BGB, die Substanz zu erhalten, sei nicht berührt.

b) Kenntnis des Erwerbers

h.M.:
<u>*subjektive Kenntnis des Erwerbers*</u>
<u>*notwendig*</u>

Subjektiv muss der Erwerber wissen, dass es sich bei dem Gegenstand des Vertrages um das (nahezu) gesamte Vermögen des Ehegatten handelt. Zumindest müssen ihm die entsprechenden Umstände bekannt sein. Dieses subjektive Element fordert die h.M.[358], um den durch die Einzeltheorie zu weit gezogenen § 1365 I BGB in Grenzen zu halten und dem Grundsatz des § 1364 BGB Geltung zu verschaffen.   **187**

Wird tatsächlich das ganze Vermögen i.S.d. § 311b II BGB erworben, kann auf das subjektive Element verzichtet werden bzw. es ist dann immer gegeben.

Bei einem nur einzelne Vermögensgegenstände betreffenden Geschäft kann der Familienschutz keinen Vorrang vor dem Schutz des Rechtsverkehrs haben, weil sich der Gesetzgeber in § 1364 BGB im Prinzip für die Verfügungsfreiheit jedes Ehegatten entschieden hat.

> *Bsp.: Die A ist in Geldnöten. Daher veräußert sie am 05.10. ihr Grundstück im Wert von 200.000 € an D. Das Restvermögen der A beträgt 10.000 €. Am 08.11. erfährt der Ehemann von dem Geschäft und setzt sich mit D in Verbindung. Jetzt erfährt D, dass A verheiratet ist und das Grundstück das nahezu gesamte Vermögen darstellt. M verweigert seine Zustimmung. Am 05.12. erklären A und D die Auflassung und D wird am 23.12. im Grundbuch eingetragen. M klagt auf Herausgabe und Grundbuchberichtigung.*

maßgeblicher Zeitpunkt

Objektiv liegt ein Gesamtvermögensgeschäft vor. Fraglich ist, ob auch das subjektive Element vorliegt. Im Zeitpunkt des Verpflichtungsgeschäftes hatte D keine Kenntnis, wohl aber im Zeitpunkt des Erfüllungsgeschäftes. Demnach ist zu untersuchen, welcher Zeitpunkt für das subjektive Element maßgebend ist, wann also die Kenntnis gegeben sein muss.

Rspr.:
Verpflichtungsgeschäft

Der BGH[359] sieht in § 1365 I BGB eine Ausnahmevorschrift und entscheidet sich im Interesse der Rechtssicherheit für den Zeitpunkt des Abschlusses des *Verpflichtungsgeschäft*s. Weiß der Vertragspartner zu diesem Zeitpunkt nicht, dass nahezu das gesamte Vermögen betroffen ist, so muss er darauf vertrauen können, durch den Abschluss des Vertrages einen rechtsbeständigen Erfüllungsanspruch zu erwerben. Anderenfalls würde der Schutz des Rechtsverkehrs in einem Maße verkürzt, dass sich das Regel-Ausnahme-Verhältnis zwischen § 1364 BGB und § 1365 BGB umkehren würde. Der Vertragspartner könnte sich nicht auf seinen Kenntnisstand bei Abschluss des Verpflichtungsgeschäftes verlassen.

---

356   BGH, FamRZ 1966, 22.

357   MEDICUS, BR, Rn. 539.

358   Vgl. PALANDT, § 1365, Rn. 9.

359   BGH, MDR 1990, 1004, BGHZ 106, 253.

Er müsste entgegen der Regel des § 1364 BGB jedes bedeutendere Rechtsgeschäft mit einem Ehegatten von der Zustimmung des anderen abhängig machen, da er sonst nicht sicher sein könnte, dass die Verpflichtung auch erfüllt werden muss. Durch die Ausdehnung der mangels Zustimmung bestehenden Unwirksamkeit des Verpflichtungsgeschäfts auf das mit dem gleichen Mangel behaftete Erfüllungsgeschäft, § 1365 I S.2 BGB, ermöglicht das Gesetz dingliche Rückgewähransprüche (§§ 985, 894 BGB) statt des sonst nur gegebenen Bereicherungsanspruchs.

D hatte im Zeitpunkt des schuldrechtlichen Rechtsgeschäfts noch keine Kenntnis vom Gesamtvermögensgeschäft. Der schuldrechtliche Vertrag ist wirksam, denn der Sicherungszweck des § 1365 BGB entfällt. Damit hat D einen Erfüllungsanspruch, § 1365 I S.2 BGB greift nicht ein. Die Kenntnis des D im Zeitpunkt der Erfüllung schadet ihm aus den genannten Gründen nicht mehr.

Somit kann M keine Ansprüche gem. §§ 985, 894 BGB gegen D geltend machen.

3. Einwilligung

Einwilligung des anderen Ehegatten notwendig

188

Liegt ein Gesamtvermögensgeschäft vor, so ist dieses nur wirksam, wenn der andere Ehegatte einwilligt, § 1365 I BGB. Wurde keine Einwilligung erteilt, so kann der Ehegatte nach § 1366 BGB das Geschäft genehmigen. Die fehlende Zustimmung kann aber auch nach § 1365 II BGB durch eine gerichtliche Entscheidung ersetzt werden, wenn das Geschäft den Grundsätzen ordnungsgemäßer Vermögensverwaltung entspricht und der andere Ehegatte die Zustimmung ohne ausreichenden Grund verweigert.

Beachte: Bei Missachtung der Bindung ist eine Klage auf vorzeitigen Zugewinnausgleich möglich, § 1386 II Nr.1 BGB.

III. Rechtsfolgen

wenn (-), Rechtsgeschäft nichtig

189

Fehlt die Einwilligung, Genehmigung oder deren Ersetzung durch das Gericht, dann ist das Gesamtvermögensgeschäft unwirksam. Eine ohne Zustimmung eingegangene Verpflichtung kann nur mit Einwilligung des anderen Ehegatten erfüllt werden, § 1365 I S.2 BGB. Wird jedoch auch ohne Einwilligung verfügt, so ist diese Verfügung *absolut* unwirksam. § 1365 II BGB findet keine Anwendung.[360]

Heilung bei Tod d. Zustimmungsberechtigten

Sofern jedoch der zustimmungsberechtigte Ehegatte stirbt, wird ein schwebend unwirksamer Vertrag voll wirksam, da mit dem Tod der Schutzzweck des § 1365 BGB entfällt. Stirbt allerdings der andere Ehegatte, so bleibt es bei der Genehmigungsbedürftigkeit und -fähigkeit des Vertrages durch den überlebenden Ehegatten, selbst wenn dieser Alleinerbe des Verstorbenen sein sollte.[361]

Die Unwirksamkeit der Verfügung kann nicht nur von dem Verfügenden, sondern gem. § 1368 BGB auch von dessen Ehegatten geltend gemacht werden.

bei Täuschung c.i.c. möglich

Sofern über das Erfordernis bzw. Vorliegen der Einwilligung des anderen Ehegatten getäuscht worden ist, besteht allenfalls ein Anspruch aus § 280 I BGB i.V.m. § 311 II BGB i.H.d. negativen Interesses.[362]

---

360   PALANDT, § 1365, Rn. 14.

361   PALANDT, § 1366, Rn. 19.

362   PALANDT, § 1365, Rn. 16.

N. § 1369 BGB: Verfügungen über Haushaltsgegenstände[363]

I. Allgemeines

bei Haushaltsgegenständen § 1369 BGB

Rechtsgeschäfte (Verpflichtungs- und Verfügungsgeschäfte) über Haushaltsgegenstände sind ohne Einwilligung bzw. Genehmigung des anderen Ehegatten unwirksam, §§ 1369 I, III, 1366 IV BGB. § 1369 BGB enthält wie § 1365 BGB ein absolutes Veräußerungsverbot und somit eine zweite Einschränkung der selbständigen Verwaltungsbefugnis über das eigene Vermögen innerhalb der Ehe. Vom Aufbau her entspricht § 1369 BGB dem § 1365 BGB. Zweck ist in erster Linie der Bestandsschutz für die stoffliche Substanz des Zusammenlebens der Familie und erst in zweiter Linie Sicherung des Zugewinnausgleichsanspruchs.[364]

190

II. Voraussetzungen

Zustimmungsbedürftig sind nach § 1369 BGB Rechtsgeschäfte über Haushaltsgegenstände.

1. Haushaltsgegenstände

Zweckbestimmung maßgeblich f. Haushaltsgegenstände

Haushaltsgegenstände sind alle Sachen, die dem ehelichen Haushalt dienen und für ein hauswirtschaftliches und familiäres Zusammenleben erforderlich sind.[365] Entscheidend für die Frage, ob ein Haushaltsgegenstand im Sinne des § 1369 BGB vorliegt, ist die *Zweckbestimmung* innerhalb der einzelnen Ehe.

191

So bezieht sich § 1369 BGB auch auf Luxusgegenstände, nicht aber auf ererbte und zur Veräußerung bestimmte Gegenstände. Keine Anwendung findet § 1369 BGB auf die für den persönlichen Gebrauch eines Ehegatten bestimmten Sachen, die dieser z.B. für seinen Beruf benötigt.

Eine entsprechende Anwendung des § 1369 BGB auf schuldrechtliche Ansprüche ist nicht möglich. Daher kann ein Ehegatte allein einer Haushaltsgehilfin das Dienstverhältnis oder die angemietete Ehewohnung kündigen.

2. Problem: Eigentum am Haushaltsgegenstand

Wortlaut:
Eigentum des Veräußernden

Seinem Wortlaut nach bezieht sich § 1369 BGB nur auf Haushaltsgegenstände, die dem veräußernden Ehegatten selbst gehören. Fraglich ist, ob § 1369 BGB auch dann zur Anwendung kommt, wenn der Haushaltsgegenstand dem anderen Ehegatten oder einem Dritten gehört.[366]

192

1. Fall: Der Ehegatte veräußert einen *ihm selbst* gehörenden Haushaltsgegenstand.

wenn (+), kein gutgläubiger Erwerb möglich

Hier greift § 1369 BGB ohne die Möglichkeit eines gutgläubigen Erwerbs ein. Die Veräußerung ist ohne Zustimmung des anderen Ehegatten unwirksam.

wenn Eigentum d. Partners, dann regelmäßig § 935 BGB

2. Fall: Ein Ehegatte veräußert einen dem *anderen Ehegatten* gehörenden Haushaltsgegenstand.

---

363   Vgl. dazu auch Hemmer/Wüst, Familienrecht Rn. 141 ff.

364   Palandt, § 1369, Rn. 1.

365   Vgl. Palandt, § 1369, Rn. 4.

366   Vgl. Medicus, BR, Rn. 541 f.

Vom Wortlaut her ist § 1369 BGB in diesem Fall nicht anwendbar. Allenfalls könnte eine Analogie gerechtfertigt sein, um den Ehegatten über § 935 BGB hinaus zu schützen. Aber diese Analogie wird nur selten Bedeutung haben, denn der redliche Erwerb wird häufig daran scheitern, dass der berechtigte Ehegatte den Besitz oder Mitbesitz ohne seinen Willen verloren hat. Dann scheitert ein Erwerb schon an § 935 BGB.

3. Fall: Der Ehegatte veräußert einen Haushaltsgegenstand, der *einem Dritten* gehört.

wenn Eigentum von Dritten Schutzzweck (-)

§ 1369 BGB ist weder vom Wortlaut her noch seinem Schutzzweck nach anwendbar. Den Eheleuten sollen durch § 1369 BGB nur die Haushaltsgegenstände erhalten bleiben, die rechtmäßig zur Haushaltsführung verwendet werden.

Der Dritte hätte ja den Haushaltsgegenstand jederzeit durch Vindikation, § 985 BGB, von den Eheleuten herausverlangen können. Der Erwerber kann also bei Redlichkeit nach §§ 932 ff. BGB vom Nichtberechtigten erwerben.

ähnlich neutralem Geschäft von Minderjährigem

Dieser Fall ist mit dem neutralen Geschäft bei Minderjährigen vergleichbar.[367] Die h.M.[368] hält hier einen redlichen Erwerb für zulässig, wohingegen Medicus[369] durch restriktive Anwendung der Vorschriften des gutgläubigen Erwerbs einen redlichen Erwerb verneint. Die Redlichkeitsvorschriften wollten den Erwerber nur so stellen, wie er bei Richtigkeit seiner Vorstellung stünde. Wäre die Vorstellung des Erwerbers richtig, so könnte er wegen § 1369 BGB aber kein Eigentum erwerben.

3. Ohne Zustimmung

Zum Erfordernis der Zustimmung des anderen Ehegatten gilt das zu § 1365 BGB Gesagte entsprechend.[370]

193

III. Rechtsfolgen

bei fehlender Zustimmung Nichtigkeit

Wird die Zustimmung verweigert, so ist der Vertrag unwirksam. Der veräußerte Gegenstand kann von den Ehegatten gemeinsam oder von einem von ihnen allein herausverlangt werden, §§ 1369 III, 1368, 985 BGB. Dem Erwerber stehen regelmäßig keine Ersatzansprüche aus § 280 I BGB i.V.m. § 311 II BGB zu. Eine solche Haftung würde mittelbar den Normzweck gefährden.[371]

194

O. § 2302 BGB: Unbeschränkbarkeit der Testierfreiheit

I. Anwendungsbereich

§ 2302 BGB

BONIFATINSFAN

Ein Vertrag, durch den sich jemand verpflichtet, eine Verfügung von Todes wegen zu errichten oder nicht zu errichten, eine Verfügung von Todes wegen aufzuheben oder nicht aufzuheben, ist gem. § 2302 BGB nichtig. Die Unwirksamkeit erfasst den ganzen Vertrag, folglich auch die Verpflichtung zur Erbringung der vereinbarten Gegenleistung. Da keine rechtliche Verpflichtung begründet wird, kann aus der Zusage einer testamentarischen Zuwendung grundsätzlich kein Schadensersatzanspruch hergeleitet werden.

195

367 Vgl. HEMMER/WÜST, BGB-AT I, Rn. 124.

368 MÜKO § 107, Rn. 16.

369 MEDICUS, BR, Rn. 542.

370 Vgl. Rn. 188.

371 PALANDT, § 1369, Rn. 10.

   Bsp.: A verspricht der Haushälterin als Gegenleistung für ihre Dienste, sie letztwillig zu bedenken. A stirbt ohne eine letztwillige Verfügung errichtet zu haben.

Umdeutung nichtiger Zusage

- Das Versprechen als solches, H letztwillig zu bedenken, ist unwirksam, § 2302 BGB. Jedoch konnte sich aus dieser Zusage im Wege der Umdeutung, § 140 BGB,[372] ein Anspruch auf Vergütung aufgrund eines Dienstvertrages begründen, § 611 II BGB. Die Höhe der Vergütung könnte sich dabei gem. § 612 II BGB auf die übliche Vergütung belaufen. Jedoch würde dadurch die Funktion des § 612 II BGB unzulässig ausgeweitet: Normzweck ist nur die Ergänzung rechtsgeschäftlicher Vereinbarungen der Parteien, nicht aber der Ausgleich gescheiterter Vertragsverhältnisse. Hier entbehrt jedoch die vertragliche Vereinbarung zwischen A und H nicht nur einer genauen Festlegung der Vergütung, sondern ist wegen § 2302 BGB gänzlich nichtig.

> **hemmer-Methode: Beachten Sie, dass § 612 BGB das Fehlen einer Vergütungsvereinbarung voraussetzt. Die Vorschrift greift also nicht ein, wenn eine solche Vereinbarung zwar getroffen wurde, aber gem. § 2302 BGB nichtig ist.**

- Eine Vergütung der H lässt sich aber aus dem Gesichtspunkt des fehlerhaften Arbeitsverhältnisses herleiten, da die vermeintlich wirksame Vereinbarung zwischen H und A bereits von beiden in Vollzug gesetzt worden war. Eine Abwicklung nach Bereicherungsrecht wird für Dienst- und Arbeitsverhältnisse allgemein als unbillig abgelehnt. Die Höhe des Entgelts bemisst sich beim fehlerhaften Arbeitsvertrag nach § 612 II BGB analog.

Steht die Erbeinsetzung in einem synallagmatischen Verhältnis zu einer Gegenleistung, so greift nicht § 812 I S.2, 2.Alt. BGB, sondern an sich § 812 I S.1, 1.Alt. BGB.

Anders bei Dienstverträgen, da hier nach Invollzugsetzung die Grundsätze des fehlerhaften Arbeitsverhältnisses als Spezialregelungen die § 812 I S.1, 1.Alt. BGB verdrängen.

Wird die Erbeinsetzung dagegen nicht Gegenstand einer Verpflichtung, sondern nur in Aussicht gestellt, so greift § 812 I S.2, 2.Alt. BGB ein, wenn diese Erfolgsabrede enttäuscht wird.

Die Nichtigkeit nach § 2302 BGB bezieht sich auch auf die in einem Testament angeordneten Auflagen an den Begünstigten, seinerseits in bestimmter Weise zu testieren, bzw. nicht zu testieren. Zulässig ist dagegen die Zuwendung unter der Bedingung, einen anderen letztwillig zu bedenken.[373] Hierdurch wird nämlich nicht die Testierfreiheit des anderen eingeschränkt, sondern lediglich die Zuwendung.

II. Ausnahmen

§ 2302 BGB soll die Testierfreiheit schützen. Diese ist vertraglich unbeschränkbar. Eine Bindung der Testierfreiheit kann nur durch Erbvertrag oder gemeinschaftliches Testament erfolgen. Jedoch wird in einem Erbvertrag der Verzicht auf das Rücktritts- oder Aufhebungsrecht (§§ 2294 ff., 2290 ff. BGB) ebenfalls von § 2302 BGB erfasst. Das Gesetz verbietet jede Art der Verpflichtung über letztwillige Verfügungen.

Nicht erfasst von § 2302 BGB und daher wirksam ist die schuldrechtliche Verpflichtung zur Ausschlagung der Erbschaft. Mit dem Erblasser kann dies in der Form des Erbverzichts erfolgen, für einen diesbezüglichen Vertrag mit einem Dritten gilt § 311b IV BGB.

---

372   Für Umdeutungsmöglichkeiten vgl. PALANDT, § 2302, Rn. 7.

373   PALANDT, § 2302, Rn. 3.

WIEDERHOLUNGSFRAGEN: **Randnummer**

1. Welcher konstruktive Unterschied besteht zwischen Einreden und Einwendungen? *1*

2. Führt das Bestehen rechtshindernder Einwendungen immer zur endgültigen Nichtigkeit des Vertrages? Nennen Sie die wichtigsten Heilungsvorschriften. *3*

3. In welcher Reihenfolge sind rechtshindernde und rechtsvernichtende Einwendungen zu prüfen?............... *4*

4. A klagt gegen den B auf Kaufpreiszahlung. In der mündlichen Verhandlung schildern beide Parteien übereinstimmend einen Sachverhalt, nach dem der A den B arglistig getäuscht hat. Darf das Gericht die Klage von sich aus als unbegründet zurückweisen, weil die Voraussetzungen für eine Anfechtung (§ 123 BGB) gegeben sind?
Was wäre ggf. für eine Abweisung der Klage als unbegründet notwendig? *5*

5. Weshalb ist es gerechtfertigt, rechtshemmende Einwendungen als negative Gestaltungsrechte zu bezeichnen?............... *6*

6. A zahlt auf eine verjährte Forderung des B. Kann er das Geld kondizieren?
Wie, wenn gegen die Forderung die Einrede der Arglist (§ 853 BGB) bestand? *7*

7. Grundsätzlich prüft man rechtshindernde vor rechtsvernichtenden Einwendungen. Gibt es auch eine Prüfungsreihenfolge bei rechtsvernichtenden Einwendungen und rechtshemmenden Einreden? Bilden Sie einen Beispielsfall bei dem sich die unterschiedlichen Konsequenzen verdeutlichen. *10*

8. B hat bei einem schweren Verkehrsunfall ein Schädeltrauma erlitten. Bei künstlicher Beatmung und Ernährung liegt er mehrere Jahre im Krankenhaus. Ist B während dieser Zeit geschäftsfähig, wenn er danach als geheilt entlassen werden kann?............... *15*

9. Der chronisch alkoholabhängige A bevollmächtigt den minderjährigen B schriftlich, für ihn bei C Alkohol zu kaufen. B tut dies.
a.) Ist der Vertrag zwischen A und C wirksam zustande gekommen?............... *13, 17*
b.) Denken Sie sich den Fall weiter: Der A hat den Alkohol leergetrunken und kann ihn nicht mehr herausgeben. Kann C von A Wertersatz bzw. von B Schadensersatz verlangen?

10. Welche wesentliche Änderung wurde durch die Einführung des Betreuungsgesetzes vollzogen? Wie ist es aber, wenn der betreute X mit dem V im Vollrausch ein Rechtsgeschäft abschließt? *19, 20*

11. Der Betreuer hat i.R.d. § 1902 BGB die Stellung eines gesetzlichen Vertreters mit Beschränkung im Innenverhältnis. Danach kann er für den Betreuten auch Geschäfte tätigen. Was spricht jedoch bei Betreuung mit Einwilligungsvorbehalt und gleichzeitigem Vorliegen der Voraussetzungen des § 104 Nr.2 BGB auf Seiten des Betreuten gegen die Möglichkeit einer Umdeutung der unwirksamen Einwilligung des Betreuers in eine erneute Abgabe der Willenserklärung?............... *20*

12. Welcher wichtige Unterschied zwischen § 105 I und II BGB besteht in Hinblick auf den Zugang von Willenserklärungen? Bilden Sie dazu ein Beispiel!............... *21*

13. Die Vorschriften über die Willenserklärungen gelten nach h.M. auch für geschäftsähnliche Handlungen. Ein Geschäftsunfähiger kann dementsprechend nicht wirksam mahnen. Gelten diese Grundsätze auch für die Zwecksetzung im Bereicherungsrecht und für Tilgungsbestimmungen i.S.v. § 366 BGB? *22*

14. Der X will seinen reichen Erbonkel O entmündigen lassen. Ist der O im entscheidenden Prozess parteifähig? Wie ist es, wenn für den O eine Betreuung angeordnet werden soll? *23*

15. Welcher konstruktive Unterschied besteht im Hinblick auf die Rechtsfolgen von Erklärungen die zum einen ein Geschäftsunfähiger und zum anderen ein beschränkt Geschäftsfähiger abgibt?............... *26*

16. Der Minderjährige M hat gegen den G eine Forderung über 150 € Kann der G die Forderung ohne die Genehmigung der Eltern erfüllen? Ist eine ausdrückliche Genehmigung der Eltern in Hinblick auf die Empfangszuständigkeit stets notwendig oder kann sie evtl. auch in der Genehmigung des Grundgeschäfts selbst zu erblicken sein? *27*

17. Bei einseitigen Rechtsgeschäften kann der gesetzliche Vertreter grds. nur vorher einwilligen und gerade nicht mehr nachträglich genehmigen.
Welcher Grund besteht für diese Regelung? Gibt es Ausnahmen? *29*

18. V verkauft dem minderjährigen M für zehn Euro ein Fahrrad im Wert von 100 €, weil er annimmt, dass dieser Geburtstag habe. Eine Einwilligung der Eltern liegt noch nicht vor, sie genehmigen jedoch anschließend das Geschäft. Als der V seinen Irrtum bemerkt, beruft er sich darauf, dass der Kaufvertrag ja schon deshalb unwirksam sei, weil sein Kaufangebot dem noch minderjährigen M gar nicht hätte zugehen können. Dies ergebe sich aus dem klaren Wortlaut des § 131 II BGB. Trifft die Ansicht des V zu?.. *31*

19. Der 17-jährige A verlobt sich ohne Wissen der Eltern mit der gleichaltrigen B. Ist dies möglich? Was wird der Standesbeamte sagen, wenn sie zum Standesamt gehen und das Aufgebot bestellen wollen? ....

20. Da A sich Gedanken über ein Leben der B nach seinem Tode macht, erstellt er auch gleich ein handschriftliches Testament, in dem die B als Universalerbe eingesetzt ist. Ist das Testament wirksam? *32*

21. Mit welcher Analogie lässt sich begründen, dass auch rechtlich neutrale Geschäfte für den Minderjährigen ohne Zustimmung der gesetzlichen Vertreter vorgenommen werden können?.............. *32*

22. Der Vater des 16-jährigen M baut ein Haus. Da der Vater knapp bei Kasse ist und sein Sohn eine kräftige Statur hat, beschließt er, den M als billige Arbeitskraft für 3 € die Stunde am Bau arbeiten zu lassen. Ist dies möglich?.. *33*

23. Der minderjährige A bekommt von den Eltern 5 € auf die Hand. Für 1 € soll er sich auf dem Jahrmarkt ein Los kaufen, das restliche Geld soll er zurückgeben. A kauft jedoch gleich 5 Lose. Bei allen Losen macht er einen Gewinn von jeweils 5 €. Von dem Gewinn kauft er anschließend für sich und seine Freunde für 25 € Zuckerwatte und Cola. Welche Probleme des Minderjährigenrechts sind hier genau zu unterscheiden? *36-40*

24. A ist 16 Jahre alt. Mit Genehmigung seiner Eltern hat er eine Lehre als Bürokaufmann begonnen. Von dem Geld, dass er dafür bekommt, will er sich eine Stereoanlage kaufen. Die Eltern widersprechen. Sind sie dazu berechtigt? Wie, wenn nur die Mutter zustimmt? *42*

25. Unter welchen Voraussetzungen ist ein Minderjähriger prozessfähig? *44*

26. A kauft sich entgegen dem Willen der Eltern (Frage 22) doch die Stereoanlage. Dem Verkäufer (VK) erzählt er von den elterlichen Bedenken. Diese haben aber später doch ein Einsehen mit den Bedürfnissen der Jugend, weshalb sie gegenüber dem A den Kauf genehmigen. Einen Tag darauf ruft der VK, der von der Genehmigung der Eltern noch nichts weiß, bei diesen an und fordert sie auf, den Kauf zu genehmigen. Nun überlegen es sich die Eltern doch wieder anders und widerrufen ihre Genehmigung. Ist der Vertrag wirksam zustande gekommen? *46*

27. Wie, wenn der A zwei Wochen später 18 Jahre alt wird und das von den Eltern abgelehnte Geschäft "genehmigt"?.. *47*

28. Welchen Zweck verfolgt das Genehmigungsbedürfnis durch das Familiengericht, §§ 1643, 1821, 1822 BGB? Kann dieser Schutz dadurch umgangen werden, dass die Eltern bestimmte Vermögensgegenstände dem Minderjährigen als Taschengeld zur freien Verfügung überlassen?.. *49*

29. Welche Rechtsfolge tritt ein, wenn die Genehmigung des Familiengerichts fehlt? *51*

30. Inwieweit bestehen jedoch Unterschiede zu § 109 BGB? Welche Möglichkeit der Abstandnahme bleibt dem Geschäftsgegner gegebenenfalls? *51*

31. Gehen Sie noch einmal den Fall zur Vererbung eines Handelsgeschäfts unter Beteiligung eines Minderjährigen unter Rn. 53 durch. Wieso kann bei der Begründung einer OHG zur Fortsetzung der Gesellschaft der Streit i.R.d. fehlerhaften Gesellschaft im Ergebnis dahingestellt sein? *53*

32. A hat ohne Zustimmung seiner Eltern einen Arbeitsvertrag mit dem Fabrikanten G geschlossen. Er arbeitet dort einen Monat. Schließlich verweigert G die Zahlung des vereinbarten Lohns. A erhebt Klage. G verweigert die Zahlung auch weiterhin mit der Begründung, dass der Arbeitsvertrag unwirksam sei. Außerdem wäre die schlechte Arbeit des A wertlos gewesen. Darüber hinaus erhebt er Widerklage (vgl. § 33 ZPO) und verlangt von dem A wegen der schlechten Arbeit noch Schadensersatz. Wie wird das Gericht über Klage und Widerklage entscheiden? *55, 56*

33. In welchem Verhältnis stehen §§ 116 und 117 BGB?
Welches ist der Hauptanwendungsfall des § 116 BGB?.. *57 ff.*

34. Wann ist auch das dissimulierte Geschäft i.S.d. § 117 II BGB unwirksam?.. *60*

35. Vergegenwärtigen Sie sich noch einmal, warum im Fall unter Rn. 60 die Vormerkung nicht wirksam war und weshalb deshalb der Anspruch auf Zustimmung zur Eintragung nach § 888 I BGB nicht gegeben war!... *60*

Die Zahlen verweisen auf die Randnummern des Skripts

hemmer/wüst
Verlagsgesellschaft mbH
Verlagsprogramm 2004

Jura mit den Profis

Liebe Juristinnen und Juristen,

Auch beim Lernmaterial gilt:
„Wer den Hafen nicht kennt, für den ist kein Wind günstig" (Seneca).
Häufig entbehren Bücher und Karteikarten der Prüfungsrealität. Bei manchen Produkten stehen ausschließlich kommerzielle Interessen im Vordergrund. Dies ist gefährlich: Leider kann der Student oft nicht erkennen wie gut ein Produkt ist, weil ihm das praktische Wissen für die Anforderungen der Prüfung fehlt.
Denken Sie deshalb daran, je erfahrener die Ersteller von Lernmaterial sind, um so mehr profitieren Sie. Unsere Autoren im Verlag sind alle Repetitoren. Sie wissen, wie der Lernstoff richtig vermittelt wird. Die Prüfungsanforderungen sind uns bekannt.
Unsere Zentrale arbeitet seit 1976 an examenstypischem Lernmaterial und wird dabei von hochqualifizierten Mitarbeitern unterstützt.
So arbeiteten z.B. ehemalige Kursteilnehmer mit den Examensnoten von 16,0; 15,54; 15,50; 15,25; 15,08; 14,79; 14,7; 14,7; 14,4; 14,25; 14,25; 14,08; 14,04 ... als Verantwortliche an unserem Programm mit. Unser Team ist Garant, um oben genannte Fehler zu vermeiden. Lernmaterial bedarf ständiger Kontrolle auf Prüfungsrelevanz und Verständnis. Wer sonst als derjenige, der sich täglich mit Examensthemen beschäftigt, kann dieses verlangte Anforderungsprofil bestmöglich erfüllen.

Gewinnen Sie, weil

- gutes Lernmaterial Verständnis schafft

- fundiertes Wissen erworben wird

- Sie intelligent lernen

- Sie sich optimal auf die Prüfungsanforderungen vorbereiten

- Jura Spaß macht

und Sie letztlich unerwartete Erfolge haben, die Sie beflügeln werden.

Damit Sie sich Ihre eigene Bibliothek als Nachschlagewerk nach und nach kostengünstig anschaffen können, schlagen wir Ihnen speziell für die jeweiligen Semester Skripten und Karteikarten vor. Bildung soll für jeden bezahlbar bleiben, deshalb der studentenfreundliche Preis.

Viel Spaß und Erfolg beim intelligenten Lernen.

HEMMER Produkte - im Überblick

Grundskripten (ab 1. Semester)

- Skripten für Anfangssemester
- Die wichtigsten Fälle **- neu! -**
- Die Basics
- Musterklausuren für die Zwischenprüfung
- Lexikon, die examenstypischen Begriffe

Skripten für Fortgeschrittene (ab 4. Semester)

- Skripten Zivilrecht
- Skripten Strafrecht
- Skripten Öffentliches Recht
- Die Classics

Skripten für Examenssemester (ab 7. Semester)

- Skripten Wahlfach
- Die Musterklausuren für's Examen

Karteikarten/Sonstiges

- Die Shorties (ab 1. Semester) **- neu! -**
- Der Referendar
- Klausurenblock
- Die Karteikarten (ab 1. Semester)
- Lernkarteikartenbox
- Jurapolis - das Hemmer-Spiel
- Übersichtskarteikarten (ab 1. Semester)
- Life&LAW - die Hemmer-Zeitschrift

Assessor-Skripten/BWL-Skripten

- Assessor-/BWL-Skripten

HEMMER Skripten - Logisch aufgebaut!

Randbemerkung
Zur schnellen Rekapitulation
des Skripts

hemmer-Methode
Zur richtigen Einordnung des Gelernten
in der Klausurlösung

Systematische Verweise
Isoliertes Lernen
vermeiden!
Zusammenhänge
verstehen.
Unsere Skriptenreihe –
der große Fall

Randnummern
Für zielgenaues
Arbeiten mit
Stichwortverzeichnis
und Wieder-
holungsfragen

Schemata
Übersichtliches Lernen

Freiraum
Viel Platz für
eigene
Anmerkungen

Fußnoten
Vertiefende Literatur
und Rechtsprechung

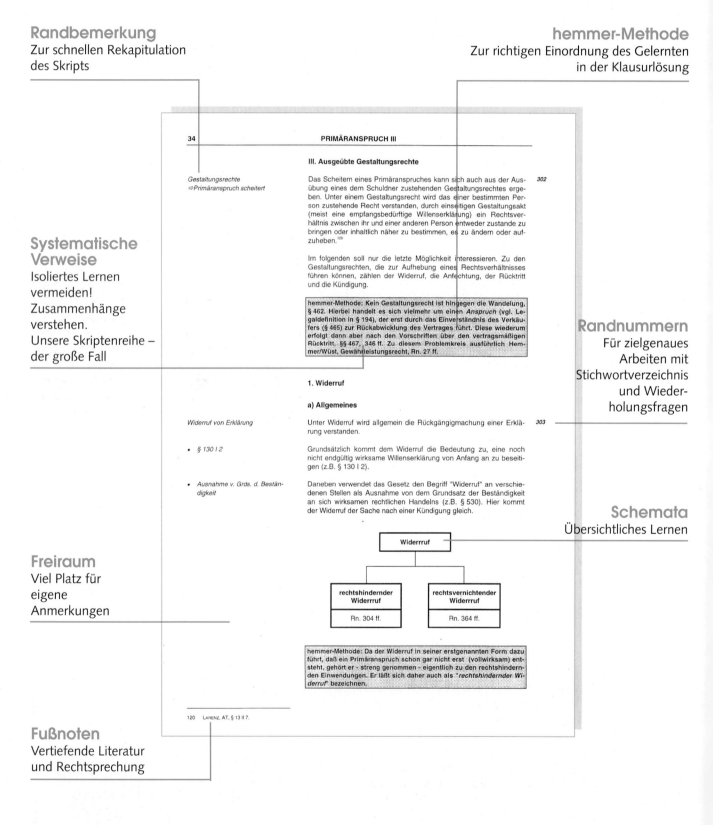

34   PRIMÄRANSPRUCH III

III. Ausgeübte Gestaltungsrechte

Gestaltungsrechte
⇨Primäranspruch scheitert

Das Scheitern eines Primäranspruches kann sich auch aus der Aus-übung eines dem Schuldner zustehenden Gestaltungsrechtes erge-ben. Unter einem Gestaltungsrecht wird das einer bestimmten Per-son zustehende Recht verstanden, durch einseitigen Gestaltungsakt (meist eine empfangsbedürftige Willenserklärung) ein Rechtsver-hältnis zwischen ihr und einer anderen Person entweder zustande zu bringen oder inhaltlich näher zu bestimmen, es zu ändern oder auf-zuheben.[120]

302

Im folgenden soll nur die letzte Möglichkeit interessieren. Zu den Gestaltungsrechten, die zur Aufhebung eines Rechtsverhältnisses führen können, zählen der Widerruf, die Anfechtung, der Rücktritt und die Kündigung.

> hemmer-Methode: Kein Gestaltungsrecht ist hingegen die Wandelung, § 462. Hierbei handelt es sich vielmehr um einen *Anspruch* (vgl. Le-galdefinition in § 194), der erst durch das Einverständnis des Verkäu-fers (§ 465) zur Rückabwicklung des Vertrages führt. Diese wiederum erfolgt dann aber nach den Vorschriften über den vertragsmäßigen Rücktritt, §§ 467, 346 ff. Zu diesem Problemkreis ausführlich Hem-mer/Wüst, Gewährleistungsrecht, Rn. 27 ff.

1. Widerruf

a) Allgemeines

Widerruf von Erklärung

Unter Widerruf wird allgemein die Rückgängigmachung einer Erklä-rung verstanden.

303

• *§ 130 I 2*

Grundsätzlich kommt dem Widerruf die Bedeutung zu, eine noch nicht endgültig wirksame Willenserklärung von Anfang an zu beseiti-gen (z.B. § 130 I 2).

• *Ausnahme v. Grds. d. Bestän-digkeit*

Daneben verwendet das Gesetz den Begriff "Widerruf" an verschie-denen Stellen als Ausnahme von dem Grundsatz der Beständigkeit an sich wirksamen rechtlichen Handelns (z.B. § 530). Hier kommt der Widerruf der Sache nach einer Kündigung gleich.

```
                    ┌──────────────┐
                    │   Widerrruf  │
                    └──────┬───────┘
            ┌──────────────┴──────────────┐
   ┌────────────────┐           ┌────────────────┐
   │ rechtshindernder│          │rechtsvernichtender│
   │    Widerrruf    │          │    Widerrruf    │
   ├────────────────┤           ├────────────────┤
   │   Rn. 304 ff.  │           │   Rn. 364 ff.  │
   └────────────────┘           └────────────────┘
```

> hemmer-Methode: Da der Widerruf in seiner erstgenannten Form dazu führt, daß ein Primäranspruch schon gar nicht erst (vollwirksam) ent-steht, gehört er - streng genommen - eigentlich zu den rechtshindern-den Einwendungen. Er läßt sich daher auch als "*rechtshindernder Wi-derruf*" bezeichnen.

---

120   LARENZ, AT, § 13 II 7.

Für Ihr Jurastudium ist es nötig, sich schnell mit dem notwendigen Basiswissen einen Überblick zu verschaffen. Was aber ist wichtig und richtig? Bei der Fülle der Ausbildungsliteratur kann einem die Lust auf Jura vergehen. Wir beschränken uns in dieser Ausbildungsphase auf das Wesentliche. Weniger ist mehr.

Skripten für die Anfangssemester

Mit den Skripten für die Zwischenprüfung und Anfangssemester wird Jura zu einem kreativen Prozess. Sie lernen frühzeitig das richtige Herangehen an eine Klausur. Dies gilt sowohl für die formale Seite wie Gutachtenstil, Aufbau und Prüfungsreihenfolge als auch für die inhaltliche Seite. Hier geht es insbesondere darum, Wichtiges von Unwichtigem zu unterscheiden, die Schwerpunkte in der Klausur richtig zu setzen und um das richtige Problemverständnis: Problem erkannt, Gefahr gebannt.

Für Sie gilt: Was müssen Sie für die Zwischenprüfung und die kleinen Scheine wissen, und wie erarbeiten Sie sich den notwendigen Stoff. Unsere Erfahrung als Repetitoren in 39 Universitätsstädten kommt Ihnen zugute.

Zivilrecht für Anfangssemester

Dieses Skript vermittelt Ihnen das klausurrelevante Wissen. Wie entsteht die vertragliche Haftung (Primäranspruch)? Welche rechtshindernden oder rechtsvernichtenden Einwendungen bestehen? Machen Sie sich mit dem Bereich des Leistungsstörungsrechts und des Gewährleistungsrechts und den gesetzlichen Schuldverhältnissen vertraut.

Art.Nr.: ZI   *11,80 €*

Strafrecht für Anfangssemester

Der Aufbau für die Strafrechtsklausur muss sitzen. Strafrecht hat im Verhältnis zum Öffentlichen Recht weniger Paragraphen aber mehr Dogmatik. Mit einer guten Technik schreibt man die gute Klausur.
Im Vordergrund steht die Vermittlung des notwendigen Grundwissens des StGB. Zahlreiche Beispielsfälle sollen dem Leser zusätzlich deutlich machen, an welcher Stelle in der Klausur das besprochene Problem zu bearbeiten ist. Der Klausuraufbau wird auf diese Weise automatisch mittrainiert.

Art.Nr.: ZII   *11,80 €*

Öffentliches Recht für Anfangssemester

Machen Sie Sich frühzeitig mit den Grundzügen des Öffentlichen Rechts vertraut. Das erste Kapitel führt Sie in die Grundrechtslehren und wichtigsten Grundrechte ein. Klausurrelevant ist deren Prüfung im Rahmen der Verfassungsbeschwerde. Zum Staatsorganisationsrecht werden Ihnen Staatsziele, Staatsgewalten und die obersten Staatsorgane vorgestellt. Als Einstieg ins Verwaltungsrecht beschäftigen Sie sich mit der Eröffnung des Verwaltungsrechtswegs und mit der wichtigsten Klageart, der Anfechtungsklage. Daneben werden auch die Verpflichtungsklage, die allgemeine Leistungsklage und die Feststellungsklage, aber auch die Normenkontrolle dargestellt.

Art.Nr.: ZIII   *11,80 €*

Die examenstypischen Begriffe/ ZivilR.

Das Grundwerk für die eigene Bibliothek. Alle examenstypischen Begriffe in diesem Nachschlagewerk werden anwendungsspezifisch für Klausur und Hausarbeit erklärt. Das gesammelte Examenswissen ist eine optimale schnelle Checkliste. Zusätzlicher Nutzen: Das große Stichwortverzeichnis. Neben der Einbettung des gesuchten Begriffs in den juristischen Kontext finden Sie Verweisungen auf entsprechende Stellen in unserer Skriptenreihe. Begriffe werden transparenter. Sie vertiefen Ihr Wissen. So können Sie sich schnell und auf anspruchsvollem Niveau einen Überblick über die elementaren Rechtsbegriffe verschaffen.

Art.Nr.: L1   *13,80 €*

Die wichtigsten Fälle

Die vorliegende Fallsammlung ist für Studenten in den ersten Semestern gedacht. **Gerade in dieser Phase ist es wichtig, bei der Auswahl der Lernmaterialien den richtigen Weg einzuschlagen.**

Die Gefahr zu Beginn des Studiums liegt darin, **den Stoff zu abstrakt zu erarbeiten.** Nur ein problemorientiertes Lernen, d.h. ein Lernen am konkreten Fall, führt zum Erfolg. Das gilt für die kleinen Scheine/ die Zwischenprüfung genauso wie für das Examen. In juristischen Klausuren wird nicht ein möglichst breites Wissen abgeprüft, sondern **der Umgang mit konkreten Problemen.** Nur wer gelernt hat, sich die Probleme des Falles aus dem Sachverhalt zu erschließen, schreibt die gute Klausur.

Bei der Anwendung dieser Lernmethode sind wir Marktführer. Profitieren Sie von der fast 30-jährigen Erfahrung des Juristischen Repetitoriums hemmer im Umgang mit Examensklausuren. Diese Erfahrung fließt in sämtliche Skripten des Verlages ein. **Das Repetitorium beschäftigt ausschließlich Spitzenjuristen, teilweise Landesbeste ihres eigenen Examenstermins.** Die so erreichte Qualität in Unterricht und Skripten werden Sie woanders vergeblich suchen. **Lernen Sie mit den Profis!**

Ihre Aufgabe als Jurist wird es einmal sein, konkrete Fälle zu lösen. Diese Fähigkeit zu erwerben ist das Ziel einer guten juristischen Ausbildung. **Nutzen Sie die Chance, diese Fähigkeit bereits zu Beginn Ihres Studiums zu trainieren.** Erarbeiten Sie sich das notwendige Handwerkszeug anhand unserer Fälle. Sie werden feststellen: Wer Jura richtig lernt, dem macht es auch Spaß. **Je mehr Sie verstehen, desto mehr Freude werden Sie haben, sich neue Probleme durch eigenständiges Denken zu erarbeiten.** Wir bieten Ihnen mit unserer juristischen Kompetenz die notwendige Hilfestellung.

Fallsammlungen gibt es viele. Die Auswahl des richtigen Lernmaterials ist jedoch der entscheidende Aspekt. Vertrauen Sie auf unsere Erfahrungen im Umgang mit Prüfungsklausuren. Unser Beruf ist es, alle klausurrelevanten Inhalte zusammenzutragen und verständlich aufzubereiten. Prüfungsinhalte wiederholen sich. Wir vermitteln Ihnen das, worauf es in der Prüfung ankommt - **verständlich - knapp - präzise.**

Achten Sie dabei insbesondere auf die richtige Formulierung. Jura ist eine Kunstsprache, die es zu beherrschen gilt. Abstrakte Floskeln, ausgedehnte Meinungsstreitigkeiten sollten vermieden werden. Wir haben die Fälle daher bewusst kurz gehalten. Der Blick für das Wesentlich darf bei der Bearbeitung von Fällen nie verloren gehen.

Wir hoffen, Ihnen den Einstieg in das juristische Denken mit der vorliegenden Fallsammlung zu erleichtern.

Art.Nr.: DF 1 BGB AT	*11,80 €*
Art.Nr.: DF 2 Schuldrecht AT	*11,80 €*
Art.Nr.: DF 3 Schuldrecht BT *– erhältlich ab 03/2004! –*	*11,80 €*
Art.Nr.: DF 5 Deliktsrecht *– erhältlich ab 03/2004! –*	*11,80 €*
Art.Nr.: DF 6 Verwaltungsrecht	*11,80 €*
Art.Nr.: DF 7 Staatsrecht	*11,80 €*
Art.Nr.: DF 8 Strafrecht AT	*11,80 €*
Art.Nr.: DF 9 Strafrecht BT I *– erhältlich ab 03/2004! –*	*11,80 €*
Art.Nr.: DF 10 Strafrecht BT II *– erhältlich ab 04/2004! –*	*11,80 €*
Art.Nr.: DF 11 Sachenrecht I *– erhältlich ab 03/2004! –*	*11,80 €*

Die „Basics" - Reihe

Die **Klassiker** der hemmer-Reihe. So schaffen Sie die **Universitätsklausuren viel leichter.** Die Basics vermitteln Ihnen Grundverständnis auf anspruchsvollem Niveau, sie sind auch für die Examensvorbereitung ideal. Denn: Wissen wird konsequent unter Anwendungsgesichtspunkten erworben. Die Basics dienen auch der schnellen Wiederholung vor dem Examen oder der mündlichen Prüfung, wenn Zeit zur Mangelware wird.

Basics-Zivilrecht I

BGB-AT/ Vertragliche Schuldverhältnisse mit dem neuen Schuldrecht

Im Vordergrund steht die Vermittlung der Probleme des Vertragsschlusses, u.a. das Minderjährigenrecht und die Stellvertretung. Neben rechtshindernden (z.B. §§ 134, 138 BGB) und rechtsvernichtenden Einwendungen (z.B. Anfechtung) werden auch die Klassiker der Pflichtverletzung nach § 280 BGB wie Unmöglichkeit (§§ 280 I, III, 283), Verzug (§§ 280 I, II, 286) und Haftung bei Verletzung nicht leistungsbezogener Nebenpflichten i.S.d. § 241 II BGB (früher: pVV bzw. c.i.c. jetzt: § 280 I bzw. § 280 I i.V.m. § 311 II BGB) behandelt. Ausführlich wird auf die wichtige Unterscheidung von Schadensersatz nach § 280 I BGB und Schadensersatz statt der Leistung nach §§ 280 I, III, 281-283 bzw. § 311a II BGB eingegangen. Nach Mängelrecht, Störung der GG und Schadensrecht schließt das Skript mit dem nicht zu unterschätzenden Gebiet des Dritten (z.B. Abgrenzung § 278 / § 831 / § 31; § 166; Vertrag mit Schutzwirkung zugunsten Dritter; DriSchaLi) im Schuldverhältnis ab.

Art.Nr.: BI/1   *13,80 €*

Basics-Zivilrecht II

Gesetzliche Schuldverhältnisse, Sachenrecht

Das Skript befasst sich mit dem Recht der GoA, dem Bereicherungsrecht und dem Recht der unerlaubten Handlungen als immer wieder klausurrelevante gesetzliche Schuldverhältnisse. Der Einstieg in das Sachenrecht wird mit der Abhandlung des Besitzrechts und dem Erwerb dinglicher Rechte an beweglichen Sachen erleichtert, wobei der Schwerpunkt auf dem rechtsgeschäftlichen Erwerb des Eigentums liegt. Über das für jede Prüfung unerlässliche Gebiet des EBV gibt das Skript einen ausführlichen Überblick. Eine systematische Aufbereitung des Pfandrechts und des Grundstücksrechts führen zum richtigen Verständnis dieser prüfungsrelevanten Gesetzesmaterie.

ArtNr: BI/2   *13,80 €*

Basics-Zivilrecht III

Familienrecht/ Erbrecht

Die typischen Probleme des Familienrechts: Von der Ehe als Klassiker für die Klausur (z.B. § 1357; GbR; Gesamtschuldner; Gesamtgläubiger; §§ 1365; 1369 BGB) zum ehelichen Güterrecht bis hin zur Scheidung.
Gegenstand des Erbrechts sind die gesetzliche und gewillkürte Erbfolge, die möglichen Verfügungen (Testament bzw. Erbvertrag) des Erblassers und was sie zum Inhalt haben (z.B. Erbeinsetzung, Vermächtnis, Auflage), Annahme und Ausschlagung der Erbschaft sowie neben Fragen der Rechtsstellung des Erben (z.B. im Verhältnis zum Erbschaftsbesitzer) auch das Pflichtteilsrecht und der Erbschein.
Fazit: Das Wichtigste in Kürze für den schnellen Überblick.

ArtNr: BI/3   *13,80 €*

Basics-Zivilrecht IV

Zivilprozessrecht (Erkenntnisverfahren und Zwangsvollstreckungsverfahren)

Wegen fehlender Praxis ist in der Regel die ZPO dem Studenten fremd. Von daher wurde hier besonders auf leichte Verständlichkeit Wert gelegt. Der Schwerpunkt im Erkenntnisverfahren liegt neben den immer wiederkehrenden Problemen der Zulässigkeitsvoraussetzungen (z.B. Zuständigkeit, Streitgegenstand) auf den typischen Problemen des Prozesses, wie z.B. Versäumnisurteil, Widerklage und Klagenhäufung. Die Beteiligung Dritter am Rechtsstreit wird im Hinblick auf die Klausur und die examensrelevante Verortung erklärt.
Das Kapitel der Zwangsvollstreckung befasst sich vor allem mit dem Ablauf der Zwangsvollstreckung und den möglichen Rechtsbehelfen von Schuldner, Gläubiger und Dritten.
Dieses Skript gehört daher zur „Pflichtlektüre", um sich einen vernünftigen Überblick zu verschaffen!

Art.Nr.: BI/4   *13,80 €*

Basics-Zivilrecht V

Handels- und Gesellschaftsrecht

Im Vordergrund steht: Wie baue ich eine gesellschaftsrechtliche Klausur richtig auf. Häufig geht es um die Haftung der Gesellschaft und der Gesellschafter. Eine systematische Aufbereitung führt durch das Recht der Personengesellschaften, also der GbR und OHG, sowie der KG. Das Recht der Körperschaften, wozu der rechts- und nichtrechtsfähige Verein, die GmbH sowie die AG zählen, wird ebenso im Überblick dargestellt.
Auf dem Gebiet des Handelsrechts als Sonderrecht des Kaufmanns dürfen typische Problemkreise wie Kaufmannseigenschaft, Handelsregister, Wechsel des Unternehmensträgers und das kaufmännische Bestätigungsschreiben nicht fehlen. Abschließend befasst sich das Skript mit den Mängelrechten beim Handelskauf, der auch häufig die Schnittstelle zu BGB-Problemen darstellt.

Art.Nr.: BI/5   *13,80 €*

Basics-Zivilrecht VI

Arbeitsrecht

Das Arbeitsrecht gehört in den meisten Bundesländern zum Pflichtprogramm in der Examensvorbereitung. Hier tauchen immer wieder die gleichen Fragestellungen auf, die in diesem Skript knapp, präzise und klausurtypisch aufbereitet werden, wie die Zulässigkeit der Kündigungsschutzklage, Kündigungsschutz nach dem KSchG, innerbetrieblicher Schadensausgleich, fehlerhafter Arbeitsvertrag und die Reaktionsmöglichkeiten des Arbeitnehmers auf Änderungskündigungen. Ferner bildet auch das Recht der befristeten Arbeitsverhältnisse nach dem TzBfG einen Schwerpunkt.

Art.Nr.: BI/6   *13,80 €*

Basics-Strafrecht

Je besser der Einstieg, umso besser später die Klausuren. Weniger ist häufig mehr. Alle klausurwichtigen Probleme und Fragestellungen des materiellen Strafrechts auf einen Blick: Vom StGB-AT bis hin zum StGB-BT finden Sie all das dargestellt, was als Grundlagenwissen im Strafrecht angesehen wird. Außerdem werden die wichtigsten Aufbaufragen zur strafrechtlichen Klausurtechnik - an denen gerade Anfänger häufig scheitern - in einem eigenen Kapitel einfach und leicht nachvollziehbar erläutert.

Art.Nr.: BII   *13,80 €*

Basics-Öffentliches Recht I
Verfassungsrecht/ Staatshaftungsrecht

Materielles und prozessuales Verfassungsrecht bilden zusammen mit wichtigen Problemstellungen des Staatshaftungsrechts die Grundlage für dieses Skript. Öffentlich-rechtliches Wissen wird konsequent unter Anwendungsgesichtspunkten erworben.

Art.Nr.: BIII/1   *13,80 €*

Basics-Öffentliches Recht II
Verwaltungsrecht

Grundfragen des allgemeinen und besonderen Verwaltungsrechts werden im Rahmen der wichtigsten Klagearten der VwGO verständlich und einprägsam dargestellt. Zusammen mit dem Skript Ö-Recht I werden Sie sich in der öffentlich rechtlichen Klausur sicher fühlen.

Art.Nr.: BIII/2   *13,80 €*

Basics-Steuerrecht

Die Basics im Steuerrecht für einen einfachen, aber instruktiven Einstieg in das materielle Einkommensteuer- und Steuerverfahrensrecht. Die notwendigen Bezüge des Einkommensteuerrechts zum Umsatz- und Körperschaftssteuerrecht werden dargestellt sowie auf examens- und klausurtypische Konstellationen hingewiesen. Ein ideales Skript für alle, die sich erstmals mit der Materie befassen und die Grundstrukturen verstehen wollen. Es wird der Versuch unternommen, den Einstieg so verständlich wie möglich zu gestalten. Dazu werden immer wieder kleine Beispiele gebildet, die das Erlernen des abstrakten Stoffs vereinfachen sollen.

Art.Nr.: BIV   *13,80 €*

Basics-Europarecht

Neben unserem Hauptskript nun die Basics zum Europarecht. Verständlicher Einstieg oder schnelle Wiederholung der wesentlichen Probleme? Für beides sind die Basics ideal. Wer in die Tiefe gehen möchte, kann dies mit unserem Klassiker, dem Hauptskript Europarecht. In Verbindung mit den Classics Europarecht und der Fallsammlung auf Examensniveau sind Sie somit gerüstet für die Prüfung in Ausbildung und Examen. Vernachlässigen Sie dieses immer wichtiger werdende Prüfungsgebiet nicht!

Art.Nr.: BV   *13,80 €*

Musterklausuren für die Zwischenprüfung

Exempla docent - an Beispielen lernen. Die Fälle zu den Basics! Nur wer so lernt, weiß was in der Klausur verlangt wird. Die Fallsammlungen erweitern unsere Basics und stellen die notwendige Fortsetzung für das Schreiben der Klausur dar. **Genau das, was Sie für die Scheine brauchen** - nämlich exemplarisch dargestellte Falllösungen. Wichtige, immer wiederkehrende Konstellationen werden berücksichtigt. Profitieren Sie von der seit 1976 bestehenden Klausurerfahrung des Juristischen Repetitoriums hemmer. Über 1000 Klausuren wurden für die Auswahl der Musterklausuren auf ihre „essentials" analysiert

Musterklausur für die Zwischenprüfung Zivilrecht

Ein Muss: Klassiker wie die vorvertragliche Haftung (c.i.c.), die Haftung bei Pflichtverletzungen im Schuldverhältnis (§ 280), Vertrag mit Schutzwirkung, Drittschadensliquidation, Mängelrecht, EBV, Bereicherungs- und Deliktsrecht werden klausurtypisch aufbereitet. Auf „specials" wie Saldotheorie, Verarbeitung, Geldwertvindikation, Vorteilsanrechnung und Nebenbesitz wird eingegangen. So entsteht wichtiges Grundverständnis.

Art.Nr.: F1   *13,80 €*

Musterklausur für die Scheine Strafrecht

Auch hier wieder prüfungstypische Fälle mit genauen Aufbauhilfen. Die immer wiederkehrenden „essentials" der Strafrechtsrechtsklausur werden in diesem Skript abgedeckt: Von der Abgrenzung von dolus eventualis und bewusster Fahrlässigkeit über die Irrtumslehre bis hin zu Problemen der Täterschaft und Teilnahme, u.v.m. Wer sich die Zeit nimmt, diese Musterfälle sorgfältig durchzuarbeiten, besteht jede Grundlagenklausur.

Art.Nr.: F2   *13,80 €*

Musterklausur für die Zwischenprüfung Öffentliches Recht

Dieses Skript enthält die wichtigsten, in der Klausur immer wiederkehrenden Problemkonstellationen für die Bereiche Verfassungs- und Verwaltungsrecht. Im Verfassungsrecht werden die Zulässigkeitsvoraussetzungen von Verfassungsbeschwerden, Organstreitverfahren sowie abstrakter und konkreter Normenkontrolle erörtert. Im Rahmen der Begründetheitsprüfung werden die klausurrelevanten Grundrechte ausführlich erläutert. Gleichzeitig werden auch staatsorganisationsrechtliche Problemfelder aufbereitet. Die Klausuren zum Verwaltungsrecht zeigen die optimale Prüfung von Anfechtungs-, Verpflichtungs- und Fortsetzungsfeststellungsklagen sowie von Widerspruchsverfahren. Standardprobleme wie die Rücknahme oder der Widerruf eines Verwaltungsaktes und die Behandlung von Nebenbestimmungen eines VA sind u.a. Gegenstand der Begründetheitsprüfung.

Art.Nr.: F3   *13,80 €*

Sie sind Jurastudent in den mittleren Semestern und wollen die großen Scheine unter Dach und Fach bringen. Wenn Sie sich in dieser Phase mit tausend Meinungen beschäftigen, besteht die Gefahr, sich im Detail zu verlieren. Wir empfehlen Ihnen, schon jetzt das Material zu wählen, welches Sie nicht nur durch die Scheine, sondern auch durch das Examen begleitet.

Skripten Zivilrecht BGB-AT I-III

Die Aufteilung der Unwirksamkeitsgründe nach den verschiedenen Büchern des BGB (z.B. BGB-AT, Schuldrecht AT usw.) entspricht nicht der Struktur des Examensfalls. Wegen der klassischen Einteilung wird der Begriff BGB-AT/ Schuldrecht AT beibehalten. Unsere Skripten BGB-AT I - III unterscheiden entsprechend der Fallfrage in Klausur und Hausarbeit (Anspruch entstanden? Anspruch untergegangen? Anspruch durchsetzbar?) zwischen wirksamen und unwirksamen Verträgen, zwischen rechtshindernden, rechtsvernichtenden und rechtshemmenden Einwendungen. Damit stellen sich diese Skripten als großer Fall dar und dienen auch als Checkliste für Ihre Prüfung. Schon das Durchlesen der Gliederung schafft Verständnis für den Prüfungsaufbau.

BGB-AT I
Entstehen des Primäranspruchs
Besteht der Vertrag, so kann der Anspruchsteller Erfüllung, z.B. Übereignung, Überlassung der Mietsache etc. verlangen. Dies setzt unter anderem Rechtsfähigkeit der Vertragspartner, eine wirksame Willenserklärung, Zugang und ggf. Bevollmächtigung voraus. Nur wenn ein wirksamer Vertrag vorliegt, entsteht die Leistungspflicht des Schuldners und deren Folgeproblematik wie Rücktritt und Schadensersatz. Konsequent befasst sich das Skript daher auch mit den Problemkreisen der Stellvertretung sowie der Einbeziehung von AGB'en.

Art.Nr.: 1   *13,80 €*

BGB-AT II
Scheitern des Primäranspruchs
Scheitert der Vertrag von vornherein, so entfallen Erfüllungsansprüche. Die Unwirksamkeitsgründe sind im Gesetz verstreut, wie z.B. § 125,§ 134, § 2301. Als konsequentes Rechtsfolgenskriptum sind alle klausurtypischen rechtshindernden Einwendungen zusammengefasst. Lernen Sie frühzeitig, die im BGB verstreuten Unwirksamkeitsgründe richtig einzuordnen.

Art.Nr.: 2   *13,80 €*

BGB-AT III
Erlöschen des Primäranspruchs
Der Primäranspruch (bzw. Leistungs- oder Erfüllungsanspruch) kann nachträglich wegfallen, z.B. durch Erfüllung, Aufrechnung, Anfechtung, Unmöglichkeit. Nur wer Unwirksamkeitsgründe im Kontext des gescheiterten Vertrags einordnet, lernt richtig. Die rechtshemmenden Einreden (z.B. Verjährung, § 214 BGB) bewirken, dass der Berechtigte sein Recht nicht (mehr) geltend machen kann.

Art.Nr.: 3   *13,80 €*

Die klassischen Rechtsfolgeskripten zum Schadensersatz - „klausurtypisch!"

Schadensersatzrecht I
Das Skript Schadensersatzrecht I erfasst neben Allgemeinem zum Schadensersatzrecht zunächst den selbstständigen Garantievertrag als Primäranspruch auf Schadensersatz. Daneben wird die gesetzliche Garantiehaftung behandelt. Ebenfalls enthalten sind die Sachmängelhaftung im Kauf- und Werk-, Miet- und Reisevertragsrecht sowie die Rechtsmängelhaftung.

Art.Nr.: 4   *13,80 €*

Schadensersatzrecht II
Behandelt die Klassiker wie Unmöglichkeit, Verzug, pVV, c.i.c. von der Rechtsfolge her.

Art.Nr.: 5   *13,80 €*

Schadensersatzrecht III
Befasst sich schwerpunktmäßig mit dem Anspruchsinhalt, d.h. mit der Frage des Umfangs der Ersatzpflicht, also dem „wie viel" eines dem Grunde nach bereits bestehenden Anspruchs. Drittschadensliquidation, Vorteilsausgleichung und hypothetische Schadensursachen dürfen nicht fehlen.

Art.Nr.: 6   *13,80 €*

Intelligentes Lernen
knapp & präzise

Schuldrecht

Die Reihe Schuldrecht orientiert sich an der Klausurrelevanz des Schuldrechts. In nahezu jeder Klausur ist nach Schadensersatzansprüchen des Gläubigers bei Leistungsstörungen des Schuldners, nach bereicherungsrechtlichen Ansprüchen oder nach der deliktischen Haftung gefragt. Die Schuldrechtsskripten eignen sich hervorragend sowohl zur erstmaligen Aneignung der Materie als auch zur aufgrund der Schuldrechtsreform notwendigen Neustrukturierung bereits vorhandenen Wissens.

Die Schuldrechtsreform

Das Grundlagenskript zur Schuldrechtsreform. Knapp und präzise wird altes und neues Schuldrecht gegenübergestellt: Ein zeitraubendes Neulernen lässt sich vermeiden, wenn man die systematisch richtige Verortung alt bekannter Probleme im neuen Gesetz verstanden hat.

Art.Nr.: 50 (S1)   *14,80 €*

Schuldrecht I

Das allgemeine Leistungsstörungsrecht war schon immer äußerst klausurrelevant. Dies hat sich durch die Schuldrechtsreform in erheblichem Maße verstärkt, zumal das Besondere Schuldrecht nun häufig Rückverweisungen auf die §§ 280 ff. BGB vornimmt (z.B. § 437 BGB). Entsprechend der Gesetzessystematik ist das Skript von der Rechtsfolge her aufgebaut: Welche Art des Schadensersatzes verlangt der Gläubiger? Schwerpunkte bilden das Unmöglichkeitsrecht, der allgemeine Anspruch aus § 280 I BGB (auch vorvertragliche Haftung und Schuldnerverzug), die Ansprüche auf Schadensersatz statt der Leistung, Rücktritt und Störung der Geschäftsgrundlage.

Art.Nr.: 51   *13,80 €*

Schuldrecht II

Die Klassiker im Examen! Kauf- und Werkvertrag in allen prüfungsrelevanten Varianten. Dies gilt insbesondere beim Kauf, dessen spezielles Gewährleistungsrecht abgeschafft und stattdessen auf die §§ 280 ff. BGB Bezug genommen wurde. Das Skript setzt sich mit den kaufspezifischen Fragestellungen wie Sachmangelbegriff, Nacherfüllung, Rücktritt, Minderung und Schadensersatz, Versendungs- und Verbrauchsgüterkauf auseinander. Ferner wird das - dem Kauf nun weitgehend gleichgeschaltete - Werkvertragsrecht behandelt.

Art.Nr.: 52   *13,80 €*

Schuldrecht III

Umfassend werden die klausurrelevanten Probleme der Miete, Pacht, Leihe, des neuen Darlehensrechts (samt Verbraucherwiderruf nach §§ 491 ff. BGB), des Leasing- und Factoringrechts abgehandelt. Die äußerst wichtigen Fragestellungen aus dem Bereich Bürgschaft („Wer bürgt, wird erwürgt") Reise- und Maklervertrag kommen ebenfalls nicht zu kurz.

Art.Nr.: 53   *13,80 €*

Sonderheft Schuldrechtsreform

Das Sonderheft zur Schuldrechtsreform gibt Ihnen praktische Fälle, Übersichten und Schemata zur Hand. In Kürze werden die Neuerungen durch die Schuldrechtsreform vorgestellt. Anhand von Fällen erfassen Sie, welche Problemkomplexe durch die Änderungen entfallen oder neu entstanden sind. Verschaffen Sie Sich durch dieses Sonderheft einen Überblick über das neue Leistungsstörungsrecht, Gewährleistungsrecht und Verjährungsrecht.

Art.Nr.: 54   *13,80 €*

Bereicherungsrecht

Die §§ 812 ff. sind regelmäßig die Folge unwirksamer Verträge. Abgrenzungsprobleme gibt es dabei u.a. zum Wegfall der Geschäftsgrundlage (z.B. Rückabwicklung bei der nichtehelichen Lebensgemeinschaft) und §§ 987 ff. Die hemmer-Methode versteht sich als Gebrauchsanweisung für die erfolgreiche Bewältigung des anspruchsvollen Rechtsgebiets Bereicherungsrecht. Ohne Verständnis für dieses Rechtsgebiet bleibt der Zusammenhang im Zivilrecht im Dunkeln.

Art.Nr.: 8   *13,80 €*

Deliktsrecht I

Eine umfassende Einführung in das deliktische Haftungssystem. Da die deliktische Haftung gegenüber jedermann besteht, können die §§ 823 ff BGB. in jede Klausur problemlos eingebaut werden. Neben einer umfassenden Übersicht über die Haftungstatbestände werden sämtliche klausurrelevanten Problemfelder der §§ 823 ff BGB. umfassend behandelt (z.B. Probleme der haftungsbegründenden und -ausfüllenden Kausalität).
§ 823 I BGB ist als elementarer, strafrechtsähnlicher Grundtatbestand leicht erlernbar. Auch § 823 II und §§ 824 - 826 BGB sollten nicht vernachlässigt werden. Neben § 831 BGB (Vorsicht beim Entlastungsbeweis!), der Haftung für Verrichtungsgehilfen, befasst sich der erste Band auch mit der Mittäterschaft, Teilnahme und Beteiligung gem. § 830 BGB.

Art.Nr.: 9   *13,80 €*

Deliktsrecht II

Deliktsrecht II vervollständigt das deliktische Haftungssystem mit besonderem Schwerpunkt auf der Gefährdungshaftung und der Haftung für vermutetes Verschulden. Zum einen erfolgt eine ausführliche Erörterung der im BGB integrierten Haftungsnormen. Zum anderen vermittelt das Skript ein umfassendes Wissen in den klausurrelevanten Spezialgesetzen wie dem StVG, dem ProdHaftG und dem UmweltHaftG. Abgerundet werden die Darstellungen durch den wichtigen Beseitigungs- und Unterlassungsanspruch des § 1004 BGB.

Art.Nr.: 10   *13,80 €*

Sachenrecht I-III:

Sachenrecht ist durch immer wiederkehrende examenstypische Problemfelder gut ausrechenbar. Anders als das Schuldrecht ist es ein klar strukturiertes Rechtsgebiet. In der Regel besteht deswegen eine feste Vorstellung, wie der Fall zu lösen ist. Deshalb gilt es gerade hier, mit der hemmer-Methode den Ersteller der Klausur als imaginären Gegner zu erfassen. Es gilt, Begriffe wie z.B. Widerspruch und Vormerkung in ihrer rechtlichen Wirkung zu begreifen und in den Kontext der Klausur einzuordnen.

Sachenrecht I

Zu Beginn werden die allgemeinen Lehren des Sachenrechts (Abstraktionsprinzip, Publizität, numerus clausus etc.) behandelt, die für den Einstieg und ein grundlegendes Verständnis der Materie unabdingbar sind. Im Vordergrund stehen dann das Besitzrecht und das Eigentümer-Besitzer-Verhältnis. Gerade das EBV ist klausurrelevant. Hier dürfen Sie keinesfalls auf Lücke lernen. Schließlich geht es auch um den immer wichtiger werdenden (verschuldensunabhängigen) Beseitigungs- bzw. Unterlassungsanspruch aus § 1004 BGB.

Art.Nr.: 11   *13,80 €*

Sachenrecht II

Sachenrecht II behandelt den Erwerb dinglicher Rechte an beweglichen Sachen. Neben dem Erwerb kraft Gesetzes ist Schwerpunkt hier natürlich der rechtsgeschäftliche Erwerb des Eigentums. Bei dem Erwerb vom Berechtigten und den §§ 932 ff. BGB müssen Sie sicher sein, insbesondere, wenn wie im Examensfall regelmäßig Dritte (Besitzdiener, Besitzmittler, Geheißpersonen) in den Übereignungstatbestand eingeschaltet werden. Daneben geht es um die klausurrelevanten Probleme beim Pfandrecht, bei der Sicherungsübereignung und beim Anwartschaftsrecht des Vorbehaltsverkäufers.

Art.Nr.: 12   *13,80 €*

Sachenrecht III

Gegenstand des Skripts Sachenrecht III ist das Immobiliarsachenrecht, wobei die Übertragung des Eigentums an Grundstücken im Vordergrund steht. Weitere Schwerpunkte bilden u.a. Erst- und Zweiterwerb der Vormerkung, die Hypothek und Grundschuld -Gemeinsamkeiten und Unterschiede-, Übertragung sowie der Wegerwerb von Einwendungen und Einreden bei diesen.

Art.Nr.: 12A   *13,80 €*

Kreditsicherungsrecht

Der Clou! Wettlauf der Sicherungsgeber, Verhältnis Hypothek zur Grundschuld, Verlängerter Eigentumsvorbehalt und Globalzession/Factoring sind häufig Prüfungsgegenstand. Lernen Sie das, was zusammen gehört, als zusammengehörend zu betrachten. Alle examenstypischen Sicherungsmittel im Überblick: Wie sichere ich neben dem bestehenden Rückzahlungsanspruch einen Kredit? Unterschieden

werden Personalsicherheiten (z.B. Bürgschaft, Schuldbeitritt), Mobiliarsicherheiten (z.B. Sicherungsübereignung, Sicherungsabtretung, Eigentumsvorbehalt und Pfandrecht) sowie Immobiliarsicherheiten (Grundschuld und Hypothek). Nur wer die Unterscheidung zwischen akzessorischen und nichtakzessorischen Sicherungsmitteln wirklich verstanden hat, geht unbesorgt in die Prüfung.

Art.Nr.: 13   *13,80 €*

Nebengebiete

Familienrecht

Das Familienrecht wird häufig in Verbindung mit anderen Rechtsgebieten geprüft. So sind z.B. §§ 1357, 1365, 1369 BGB Schnittstelle zum BGB-AT und nur in diesem Kontext verständlich. Die sog. Ehestörungsklage hat ihre Bedeutung bei §§ 823 und 1004 BGB. Da nur der geschädigte Ehegatte einen eigenen Schadensersatzanspruch gegen den Schädiger hat, stellen sich Probleme der Vorteilsanrechnung (vgl. § 843 IV BGB) und Fragen beim Regress. Von Bedeutung sind bei der Nichtehelichen Lebensgemeinschaft Bereicherungsrecht und, wie bei Eheleuten auch, familienrechtliche Bestimmungen sowie das Recht der BGB-Gesellschaft. Die typischen Problemkreise des Familienrechts sind berechenbar und leicht erlernbar.

Art.Nr.: 14   *13,80 €*

Erbrecht

„Erben werden geboren, nicht gekoren." oder „Erben werden gezeugt, nicht geschrieben." deuten auf germanischen Einfluß mit seinem Sippengedanken. Das Prinzip der Universalsukzession und die Testamentidee sind römischrechtliche Tradition. Die Spannung zwischen individualistischem (der Erbe steht im Vordergrund) und kollektivistischem Ansatz (die Sippe ist privilegiert) ist auch für die Klausur von großer praktischer Relevanz, z.B. gewillkürte oder gesetzliche Erbfolge, Formwirksamkeit des Testaments (auch gemeinschaftliches Testament und Erbvertrag), Widerruf und Anfechtung, Bestimmung durch Dritte, Vor- und Nach- sowie Ersatzerbschaft, Vermächtnis, Pflichtteilsrecht, Erbschaftsbesitz, Miterben, Erbschein. Auch die dingliche Surrogation, z.B. bei § 2019 BGB, und das Verhältnis des Erbrechts zum Gesellschaftsrecht sollte als prüfungsrelevant bekannt sein.

Art.Nr.: 15   *13,80 €*

Zivilprozessrecht I

Versäumnisurteil, Erledigung, Streitverkündung, Berufung (ZPO I, sog. Erkenntnisverfahren) sind mit der hemmer-Methode leicht verständlich für die Klausuranwendung aufbereitet. Von den vielen Bestimmungen der ZPO sind insbesondere diejenigen, die mit materiellrechtlichen Problemen verknüpft werden können, klausurrelevant. ZPO-Probleme werden nur dann richtig erfasst und damit auch für die Klausur handhabbar, wenn man den praktischen

Hintergrund verstanden hat. Dies erleichtert Ihnen die hemmer-Methode. Die klausurrelevanten Neuerungen der ZPO-Reform sind selbstverständlich eingearbeitet.

Art.Nr.: 16   *13,80 €*

Zivilprozessrecht II

Zwangsvollstreckungsrecht - mit diesem Skript halb so wild: Grundzüge, allgemeine und besondere Vollstreckungsvoraussetzungen, sowie die klausurrelevanten Rechtsbehelfe wie §§ 771 BGB (und die Abgrenzung zu § 805), 766 und 767 BGB werden wie gewohnt übersichtlich und gut verständlich für die Anwendung in der Klausur aufbereitet. Dann werden auch gefürchtete Zwangsvollstreckungsklausuren leicht.

Art.Nr.: 17   *13,80 €*

Arbeitsrecht

Arbeitsrecht ist stark von Richterrecht geprägt und hat sich auch, wie z.B. im Streikrecht, praeter legem entwickelt. Entsprechend häufig sind die Neuerungen. Gleichwohl ist die Arbeitsrechtsklausur im Regelfall standardisiert: Kündigungsschutz (Feststellungsklage) und Lohnzahlung (Leistungsklage) bilden häufig das Grundgerüst. Eingestreut sind regelmäßig Probleme wie z.B. Gratifikationen, Urlaubsabgeltungsanspruch, faktische Bindung und Anwendbarkeit der Grundrechte. Verständnis entsteht, so macht Arbeitsrecht Spaß. Das Standardwerk! Ausgehend von einem großen Fall wird das gesamte Arbeitsrecht knapp und prägnant erklärt.

Art.Nr.: 18   *13,80 €*

Handelsrecht

Handelsrecht verschärft wegen der Sonderstellung der Kaufleute viele Bestimmungen des BGB (z.B. §§ 362, 377 HGB). Auch Vertretungsrecht wird modifiziert (z.B. § 15 HGB, Prokura), ebenso die Haftung (§§ 25 ff HGB). So kann eine Klausur ideal gestreckt werden. Deshalb sind Kenntnisse im Handelsrecht unerlässlich, alles in allem aber leicht erlernbar.

Art.Nr.: 19 A   *13,80 €*

Gesellschaftsrecht

Ein Problem mehr in der Klausur: die Gesellschaft, insbesondere BGB-Gesellschaft, OHG, KG und GmbH. Zu unterscheiden ist häufig zwischen Innen- und Außenverhältnis. Die Haftung von Gesellschaft und Gesellschaftern muss jeder kennen. In der examenstypischen Klausur sind immer mehrere Personen vorhanden (Notendifferenzierung!), so dass sich zwangsläufig die typischen Schwierigkeiten der Mehrpersonenverhältnisse stellen (Zurechnung, Gesamtschuld, Ausgleichsansprüche etc.).

Art.Nr.: 19 B   *13,80 €*

Sonderskripten

Regelmäßig ist die sog. Herausgabeklausur („A verlangt von B Herausgabe. Zu Recht?") Prüfungsgegenstand. Der Rückgriff kann als Zusatzfrage jede Klausur abschließen. Klausurtypisch werden diese Problemkreise in zwei Bänden zusammengefasst. **Ein Muss für jeden Examenskandidaten!**

Herausgabeansprüche

Der Band setzt das Rechtsfolgesystem bisheriger Skripten fort. Die Anspruchsgrundlagen, die in den verschiedenen Rechtsgebieten verstreut sind, werden in einem eigenen Skript klausurtypisch konzentriert behandelt, §§ 285, 346, 546, 604, 812, 861, 985, 1007 BGB. Die ideale Checkliste für die Herausgabeklausur. Wer konsequent von der Fallfrage her lernt, lernt richtig.

Art.Nr.: 31   *13,80 €*

Rückgriffsansprüche

Der Regreß ist examenstypisch. Dreiecksbeziehungen sind nicht nur im wirklichen Leben problematisch, sondern auch im Recht. Der Band gibt unsere Erfahrungen mit den verschiedenen Examenskonstellationen wieder. Beispielhaft ist die Begleichung einer Schuld durch einen Dritten und der Regreß beim Schuldner. In Betracht kommen häufig GoA, Gesamtschuld und Bereicherungsrecht.

Art.Nr.: 32   *13,80 €*

Skripten Strafrecht

Eine zweistellige Punktezahl ist im Strafrecht immer im Bereich des Möglichen. Gerade im Strafrecht ist es wichtig, die Klassiker genau zu kennen. Im Strafrecht/ Strafprozessrecht wird Ihre Belastbarkeit getestet: innerhalb relativ kurzer Zeit müssen viele Problemkreise „abgehakt" werden.

Strafrecht AT I

Für das Verständnis im Strafrecht unabdingbar sind vertiefte Kenntnisse des Allgemeinen Teils. Der Aufbau eines vorsätzlichen Begehungsdelikts wird ebenso vermittelt wie der eines vorsätzlichen Unterlassungsdelikts bzw. eines Fahrlässigkeitsdelikts. Darin eingebettet werden die examenstypischen Probleme erläutert und anhand der hemmer-Methode Lernverständis geschaffen. Um die allgemeine Strafrechtssystematik besser zu verstehen, beinhaltet dieses Skript zudem Ausführungen zur Garantiefunktion des Strafrechts, zum Geltungsbereich des deutschen Strafrechts sowie einen Überblick über strafrechtliche Handlungslehren.

Art.Nr.: 20   *13,80 €*

Strafrecht AT II

Dieses Skript vermittelt Ihnen anwendungsorientiert die Problemkreise Versuch (insbesondere Rücktritt vom Versuch), Täterschaft und Teilnahme (z.B. Täter hinter dem Täter), die Irrtumslehre (z.B. aberratio ictus), sowie das Wichtigste zu den Konkurrenzen.Grundbegriffe werden erläutert und zudem in den klausurtypischen Zusammenhang gebracht. Auch Sonderfälle wie die „actio libera in causa" werden in fallspezifischer Weise erklärt.

Art.Nr.: 21   *13,80 €*

Strafrecht BT I

Bei den Klassikern wie u.a. Diebstahl, Betrug einschließlich Computerbetrug, Raub, Erpressung, Hehlerei, Untreue (BT I) sollte man sich keine Fehltritte leisten. Mit der hemmer-Methode wird der verständnisvolle Umgang mit Fällen, die im Grenzbereich eines oder mehrerer Tatbestände liegen, eingeübt. Auf klausurtypische Fallkonstellationen wird hingewiesen.

Art.Nr.: 22   *13,80 €*

Strafrecht BT II

Immer wieder in Hausarbeit und Klausur: Totschlag, Mord, Körperverletzungsdelikte, Aussagedelikte, Urkundsdelikte, Straßenverkehrsdelikte. In aller Regel werden diese Delikte mit Täterschaftsformen des Allgemeinen Teils kombiniert, und dadurch die Problematik klausurtypisch gestreckt.

Art.Nr.: 23   *13,80 €*

Strafprozessordnung

Strafprozessrecht hat auch im Ersten Juristischen Staatsexamen deutlich an Bedeutung gewonnen: In fast jedem Bundesland ist mittlerweile verstärkt mit StPO-Zusatzfragen im Examen zu rechnen. Begriffe wie z.B. Legalitätsprinzip, Opportunitätsprinzip und Akkusationsprinzip dürfen keine Fremdworte bleiben. Lernen Sie spielerisch die Abgrenzung von strafprozessualem und materiellem Tatbegriff. Auf alle klausurtypischen Probleme wird eingegangen.

Art.Nr.: 30   *13,80 €*

Skripten Verwaltungsrecht

Auch die Verwaltungsrechtsskripten sind klausur- und hausarbeitsorientiert und damit als großer Fall zu verstehen. **Trainieren Sie Verwaltungsrecht mit uns klausurorientiert.** Lernen Sie mit der hemmer-Methode die richtige Einordnung. Im Öffentlichen Recht gilt: wenig Dogmatik - viel Gesetz. Gehen Sie deshalb mit dem sicheren Gefühl in die Prüfung, die Dogmatik genau zu kennen und zu wissen, wo Sie was zu prüfen haben.

Verwaltungsrecht I

Wie in einem großen Fall sind im Verwaltungsrecht I die klausurtypischen Probleme der Anfechtungsklage als zentrale Klageart der VwGO dargestellt. Entsprechend der Reihenfolge in einer Klausur werden Fragen der Zulässigkeit, vom Vorliegen eines VA bis zum Vorverfahren, und der Begründetheit, von der Ermächtigungsgrundlage bis zum Widerruf und der Rücknahme von VAen, klausurorientiert aufbereitet.

Art.Nr.: 24   *13,80 €*

Verwaltungsrecht II

Die richtige Einordnung der Prüfungspunkte im Rahmen der Zulässigkeit und Begründetheit von Verpflichtungs-, Fortsetzungsfeststellungs-, Leistungs- und Feststellungsklage sowie Normenkontrolle unter gleichzeitiger Darstellung typischer Fragestellungen der Begründetheit sind Gegenstand dieses Skripts. Sie machen es zu einem unentbehrlichen Hilfsmittel zur Vorbereitung auf Zwischenprüfung und Examina.

Art.Nr.: 25   *13,80 €*

Verwaltungsrecht III

Profitieren Sie von unserer jahrelangen Erfahrung als Repetitoren und unserer Sachkenntnis von Prüfungsfällen. Widerspruchsverfahren, vorbeugender und vorläufiger Rechtsschutz, Rechtsmittel sowie Sonderprobleme aus dem Verwaltungsprozess- und allgemeinen Verwaltungsrechts sind anschließend für Sie keine Fremdwörter mehr.

Art.Nr.: 26   *13,80 €*

Skripten Staatsrecht

Stoffauswahl und Schwerpunktbildung von Verfassungsrecht (Staatsrecht I) und Staatsorganisationsrecht (Staatsrecht II) orientieren sich am praktischen Bedürfnis von Klausur und Hausarbeit. Da in diesem Bereich häufig nach dem Prinzip „terra incognita" gelernt wurde, gilt es Lücken zu schließen. **Wer Staatsrecht richtig gelernt hat, kann sich jedem Fall stellen.** Es gilt der Wahlspruch der Aufklärung: „sapere aude" (Wage, Dich Deines Verstandes zu bedienen.), Kant, auf ihn Bezug nehmend Karl Popper (Beck´sche Reihe, „Große Denker").

Öffentliches Recht - bundeslandspezifische Skripten

Wesentliche Bereiche des Öffentlichen Rechts - Kommunalrecht, Sicherheitsrecht, Bauordnungsrecht - sind aufgrund der Kompetenzverteilung des Grundgesetzes Landesrecht. Hier müssen Sie sich im Rahmen einer sinnvollen Examensvorbereitung mit den jeweiligen **landesrechtlichen Besonderheiten** auseinandersetzen. Skripten, die die Problematik „verallgemeinernd" auf Bundesebene darstellen, helfen meist nicht weiter!

Staatsrecht I

Die Grundrechte sind das Herzstück der Verfassung. Zulässigkeit und Begründetheit der Verfassungsbeschwerde geben jedem Klausurersteller die Möglichkeit, Grundrechtsverständnis abzuprüfen. Die einzelnen Grundrechte werden im Rahmen der Begründetheit der Verfassungsbeschwerde umfassend erklärt. Lernen Sie mit der hemmer-Methode den richtigen Fallaufbau, auf den gerade im Öffentlichen Recht besonders viel Wert gelegt wird.

Art.Nr.: 27   *13,80 €*

Staatsrecht II

Speziell hier gilt: Die wenigen Klassiker, die immer wieder in der Klausur eingebaut sind, muss man kennen.
Dies sind im Prozessrecht: Organstreitigkeiten, abstrakte und konkrete Normenkontrolle und föderale Streitigkeiten (Bund- / Länderstreitigkeiten). Das materielle Recht beinhaltet Staatszielbestimmungen (Art. 20 GG), Finanzverfassung, daneben auch oberste Staatsorgane, Gesetzgebungskompetenz und -verfahren, Verwaltungsorganisation ebenso wie politische müssen Sie sich im Rahmen einer sinnvollen Examensvorbereitung mit den jeweiligen landesrechtlichen Besonderheiten auseinandersetzen. Skripten, die die Problematik „verallgemeinernd" auf Bundesebene darstellen, helfen meist nicht weiter!

Art.Nr.: 28   *13,80 €*

Europarecht

Immer auf dem neusten Stand! Unser Europarecht hat sich zum Klassiker entwickelt. In Zeiten unüberschaubarer Normenflut ermöglicht dieses Skript die zum Verständnis notwendige Orientierung und Vereinfachung. Anschaulich und klar strukturiert erspart es Zeit und dient dem Allgemeinverständnis für dieses in Zukunft immer wichtiger werdende Prüfungsgebiet. Zusammen mit der Fallsammlung Europarecht Garant für ein erfolgreiches Abschneiden in der Prüfung! Die hohe Nachfrage gibt dem Skriptum recht.

Art.Nr.: 29   *13,80 €*

Baurecht/Bayern
Baurecht/Nordrhein-Westfalen

Bauplanungs- und Bauordnungsrecht werden in klausurtypischer Aufarbeitung so dargestellt, dass selbst ein Anfänger innerhalb kürzester Zeit die Systematik des Baurechts erlernen kann. Vertieft werden darüber hinaus alle wichtigen Spezialprobleme des Baurechts wie gemeindliches Einvernehmen, Vorbescheid, Erlass von Bebauungsplänen etc. behandelt - Ein Muss für jeden Examenskandidaten!

Art.Nr.: 33 BauR Bayern   *13,80 €*

Art.Nr.: 33 BauR NRW   *13,80 €*

Polizei- und Sicherheitsrecht/ Bayern
Polizei- und Sicherheitsrecht/ Nordrhein-Westfalen

Gerade das Polizei- und/oder Sicherheitsrecht stellt sich von Bundesland zu Bundesland unterschiedlich dar: Hier kommt die Stärke der landesrechtlichen Skripten voll zur Geltung! Lernen Sie im jeweils regionalen Kontext die Begriffe Primär- und Sekundärmaßnahme, Konnexität, Anscheins- und Putativgefahr usw. Der Aufbau des Skripts orientiert sich an der typischen Systematik einer Polizeirechtsklausur.

Art.Nr.: 34 Polizei-/SR Bayern   *13,80 €*

Art.Nr.: 34 Polizei-/SR NRW   *13,80 €*

Kommunalrecht/ Bayern
Kommunalrecht/ NRW

In vielen Bundesländern ist Kommunalrecht das Herz der verwaltungsrechtlichen Klausur, da es sich mit den meisten anderen Bereichen des Verwaltungsrecht-BT hervorragend kombinieren lässt: Begriffe wie eigener und übertragener Wirkungskreis, Kommunalaufsicht, Verbands- und Organkompetenz, Befangenheit von Gemeinderäten, Kommunale Verfassungsstreitigkeit, gemeindliche Geschäftsordnung und vieles mehr werden in gewohnt fallspezifischer Art dargestellt und erklärt.

Art.Nr.: 35 KomR. Bayern   *13,80 €*

Art.Nr.: 35 KomR. NRW   *13,80 €*

Skripten Classics

In den Classics haben wir für Sie **die wichtigsten Entscheidungen** der Obergerichte, denen Sie während Ihres Studiums immer wieder begegnen, ausgewählt und anschaulich aufbereitet. Bestimmte Entscheidungen müssen bekannt sein. In straffer Form werden der Sachverhalt, die Entscheidungssätze und die Begründung dargestellt. Die hemmer-Methode ordnet die Rechtssprechung für die Klausuren ein. **Rechtsprechung wird so verständlich,** Seitenfresserei vermieden. Hiermit bereiten Sie sich auch gezielt auf die **mündliche Prüfung** vor.

BGH-Classics Zivilrecht

Rechtskultur und Verständnis des Gesetzes werden in weiten Teilen von der Rechtsprechung geprägt. Die wegweisenden Entscheidungen müssen Student, Referendar und Anwalt bekannt sein. Auf leicht erfaßbare, knappe, präzise Darstellung wird Wert gelegt. Die hemmer-Methode sichert den für die Klausur und Hausarbeit notwenigen „background" ab.

Art.Nr.: C1 13,80 €

BGH-Classics Strafrecht

Auch die Entscheidungen im Strafrecht in ihrer konkreten Aufbereitung führen zur richtigen Einordnung der jeweiligen Problematik, ob AT oder BT. Es wird dabei die Interessenslage der Rechtsprechung miterklärt, nämlich allzu dogmatische Entscheidungen zu vermeiden und vielmehr Einzelfallgerechtigkeit walten zu lassen.
Effizient, und damit in den wesentlichen Punkten knapp und präzise, wird die Entscheidung selbst wiedergegeben. So sparen Sie sich Zeit und erleiden nicht den berühmten Informationsinfarkt. Sowohl in der Examensvorbereitung, als auch in Klausur und Hausarbeit dienen die Classics als schnelles Lern- und Nachschlagewerk.

Art.Nr.: C2 13,80 €

Classics Öffentliches Recht

Das Skript umfasst die Dauerbrenner aus den Bereichen der Rechtsprechung zu den Grundrechten, zum Staatsrecht, Verwaltungsrecht AT und BT sowie zum Europarecht. Neben der inhaltlichen Darstellung der Entscheidung werden mit Hilfe knapper Anmerkungen Besonderheiten und Bezüge zu anderen Problematiken hergestellt und somit die Fähigkeit zur Verknüpfung geschärft.

Art.Nr.: C3 13,80 €

Classics Europarecht

Anders als im amerikanischen Recht gibt es bei uns kein reines „case-law". Gleichwohl hat die Rechtsprechung für Rechtsentwicklung und -fortbildung eine große Bedeutung. Gerade im Europarecht kommt man ohne festes Basiswissen in der europäischen Rechtsprechung nur selten zum Zuge. Auch für das Pflichtfach ein unbedingtes Muss!

Art.Nr.: C4 13,80 €

In der letzten Phase sollten Sie sich mit voller Kraft auf das Examen vorbereiten. Besonders wichtig ist das Klausuren-training und die gezielte Vorbereitung ihrer Wahlfachgruppe. Es gilt aber auch hier, je früher umso besser. Konfronierten Sie sich frühzeitig mit dem, was Sie im Examen erwartet. Rechtzeitiges Klausurentraining zahlt sich spätestens im Examen aus.

Skripten Wahlfachgruppen

Auch im Bereich der Wahlfachgruppen können Sie auf die gewohnte und bewährte Qualität der Hemmer-Skrip-ten zurückgreifen. Wir ermöglichen Ihnen, das Gebiet Ihrer Wahlfachgruppe **effektiv** und **examenstypisch** zu erschließen. Die Zusammenstellung der Skripten orientiert sich am examensrelevanten Stoff und den wich-tigsten Problemkreisen.

Kriminologie

Das Skript Kriminologie umfasst sämtliche, für die Wahlfach-gruppe relevanten Bereiche: Kriminologie, Jugendstrafrecht und Strafvollzug. Im Mittelpunkt stehen insbesondere die Erscheinungsformen und Ursachen von Kriminalität, der Täter, aber auch das Opfer und die Kontrolle und Behand-lung des Straftäters. Durch die Behandlung vieler strafrecht-licher Grundbegriffe ist das Skriptum auch für den Studen-ten geeignet, der diese Wahlfachgruppe nicht gewählt hat.

Art.Nr.: P1   *16,80 €*

Völkerrecht

Die Probleme im Völkerrecht sind begrenzt. Der Band ver-mittelt den Einstieg in die Rechtsmaterie und stellt die wich-tigsten Probleme des Völkerrechts dar. Ergänzt durch Beispielfälle und die Judikatur des IGH ist dieses Skript ein unverzichtbares Hilfsmittel. Erschließen Sie sich mit Hilfe dieses Skripts die Problemkreise der völkerrechtlichen Ver-träge, über die Personalhoheit bis hin zum Interventions-verbot.

Denken Sie daran: Seit das Europarecht Prüfstoff des Ers-ten und Zweiten Juristischen Staatsexamens geworden ist, hat die Attraktivität der Wahlfachgruppe Völkerrecht/ Europarecht stark zugenommen.

Art.Nr.: P2   *16,80 €*

Internationales Privatrecht

In der Praxis wird der Jurist von morgen nicht darum her-umkommen, sich mit IPR zu beschäftigen. Internationale Verflechtungen gewinnen an Bedeutung und den nationa-len Scheuklappen wird entgegen gewirkt. Das Skript ist fall-orientiert und ermöglicht den leichten Einstieg.

Die Anwendung des Internationalen Einheitsrechts, staats-vertraglicher Kollisionsnormen sowie des autonomen Kollisionsrechts werden hier erläutert. Auch werden die Rechte der natürlichen Person auf internationaler Ebene vom Vertragsrecht bis hin zum Sachenrecht behandelt.

Art.Nr.: P3   *16,80 €*

Kapitalgesellschaftsrecht

Im Skript Kapitalgesellschaftsrecht werden die Gründung der Kapitalgesellschaften und deren Organisations-verfassung dargestellt. Es beinhaltet danebst die Rechts-stellung der Gesellschafter, die Finanzordnung der Gesell-schaften und die Stellung der Gesellschaften im Rechtsver-kehr. Abschließend erfolgt ein Überblick über das Konzern-recht und Sonderformen der Kapitalgesellschaften.

Art.Nr.: P4   *16,80 €*

Immaterialgüterrecht

Aus dem Bereich des Immaterialgüterrechts wird zunächst das Markenrecht näher betrachtet, etwa der Unterlassungs- und Schadensersatzanspruch wegen Markenverletzung aus § 14 V, VI MarkenG. Das Patentrecht mit dem Patenter-teilungsverfahren und Unterlassungs- und Schadensersatz-ansprüchen aus § 139 I, II PatG schließt sich an. Ebenso erfasst ist das Urheberrecht, insbesondere dessen Verlet-zung.

Art.Nr.: P5   *16,80 €*

Wettbewerbs- und Kartellrecht

Im Rahmen des Rechts des unlauteren Wettbewerbs findet die Generalklausel des § 1 UWG besondere Beachtung. Aus dem Bereich des Kartellrechts wird das Verbot horizontaler Wettbewerbsbeschränkungen nach § 1 GWB und vertika-ler Wettbewerbsbeschränkungen nach § 14 ff. GWB be-handelt, ebenso wie die Missbrauchsaufsicht, das Fusions-kontrollrecht und das europäische Kartellrecht.

Art.Nr.: P6   *16,80 €*

Rechtsgeschichte I

Gegenstand des Skripts ist die Rechtsgeschichte des frühen Mittelalters bis hin zur Rechtsgeschichte des 20. Jahrhun-derts. Inhaltlich deckt es die Bereiche Verfassungsrechts-geschichte, Privatrechtsgeschichte und Strafrechtsgeschichte ab. Hauptsächlich soll das Skript zur Vorbereitung auf rechts-geschichtliche Klausuren, sowohl „große" Examens-klausuren als auch „kleine" Grundlagenklausuren dienen. Ideal auch zur Vorbereitung auf die mündliche Prüfung.

Art.Nr.: P7   *16,80 €*

Steuererklärung leicht gemacht

Das Skript gibt alle erforderlichen Anleitungen und geldwerte Tipps für die selbstständige Erstellung der Ein-kommensteuererklärung von Studenten und Referendaren. Zur Verdeutlichung sind Beispielfälle eingebaut, deren Lö-sungen als Grundlage für eigene Erklärungen dienen kön-nen. Für jeden, der sich Geld verdienen muss, ein Muss!

Art.Nr.: 38   *13,80 €*

Abgabenordnung

Die Abgabenordnung als das Verfahrensrecht zum gesamten Steuerrecht hält viele Besonderheiten bereit, die Sie sowohl im Rahmen der Pflichtfachklausur im 2. Examen, wie auch in der Wahlfachklausur beherrschen müssen. Hierbei hilft zwar Systemverständnis im allgemeinen Verwaltungsrecht, das wir Ihnen mit unseren Skripten Verwaltungsrecht I - III vermitteln. Jedoch ist auch eine detaillierte Auseinandersetzung mit abgabenordnungs-spezifischen Problemen unverzichtbar. Im Ersten gleichsam wie im Zweiten Examen stellen verfahrensrechtliche Fragen regelmäßig zwischen 25 und 30 % des Prüfungsstoffes der Steuerrechtsklausur dar. Hier zeigt sich immer wieder, dass das Verfahrensrecht zu wenig beachtet wurde. Eine gute Klausur kann aber nur dann gelingen, wenn sowohl die einkommensteuerrechtliche als auch die verfahrensrechtliche Problematik erfasst wurde.

Art.Nr.: 42   *16,80 €*

Einkommensteuerrecht

Der umfassende Überblick über das Einkommensteuerrecht! Der gesamte examensrelevante Stoff sowohl für die Wahlfachgruppe als auch für die Pflichtklausur im 2. Examen: Angefangen bei den einkommensteuerlichen Grundfragen der subjektiven Steuerpflicht und den Besteuerungstatbeständen der sieben Einkommensarten, über die verschiedenen Gewinnermittlungsmethoden, bis hin zur Berechnung des zu versteuernden Einkommens orientiert sich das Skript streng am Klausuraufbau und stellt so absolut notwendiges Handwerkszeug dar. Das Skript eignet sich sowohl für den Einstieg, als auch für die intensive Auseinandersetzung mit dem Einkommensteuerrecht. Auch für jeden „Steuerzahler" empfehlenswert! Dabei wurde insbesondere bei den examensrelevanten Problematiken ein Schwerpunkt gesetzt, wobei die Darstellung teils auf höchstem Niveau stattfindet, ohne dabei die jeweiligen Basics aus dem Auge zu verlieren.

Art.Nr.: 43   *21,80 €*

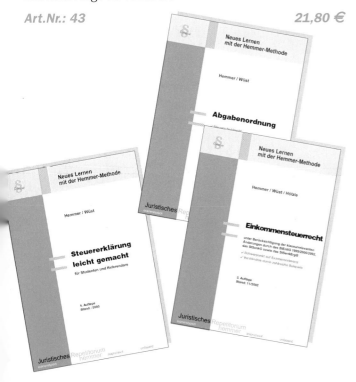

Musterklausuren Examen Zivilrecht

Das Repetitorium hemmer ist für seine Trefferquote bekannt. Das zeigt sich auch in den Musterklausuren: Teilweise wurden die ausgewählten Fälle später zu nahezu identischen Originalexamensfällen. Die Themenkreise sind weiter hochaktuell. Examensklausuren haben eine eigene Struktur. Der Ersteller konstruiert Sachverhalt und Lösung nach bestimmten Regeln, die es zu erfassen gilt. Jede Klausur beinhaltet objektive und subjektive Merkmale. Objektiv muss die Klausur wegen der Notendifferenzierung anspruchsvoll, aber lösbar sein, eine Vielzahl von Problemen beinhalten und bei der Lösung ein einheitliches Ganzes ergeben. Subjektives Merkmal ist, wie der Ersteller die objektiven Merkmale gewichtet hat. Hier zeigt sich sein Ideengebäude, welches zu erfassen die wesentliche Aufgabe bei der Klausurbewältigung ist.

Art.Nr.: F4   *13,80 €*

Musterklausuren Examen Strafrecht

Wenig Gesetz, viel Dogmatik. Gerade im Strafrecht gilt: „Streit erkannt, Gefahr gebannt!" Strafrecht ist regelmäßig ein Belastungstest: Strafrechtliche Klausuren bestehen aus einer Vielzahl von Problemen aus dem Allgemeinen Teil, dem Besonderen Teil, bzw. aus beiden. Routine beim „Abhaken" der Problemkreise zahlt sich aus. Frühzeitiges Klausurentraining schafft Sicherheit im Examen.

Art.Nr.: F5   *13,80 €*

Musterklausuren Examen Steuerrecht

Steuerrechtliche Klausuren zeichnen sich durch immer wiederkehrende Einzelkonstellationen aus, die zu einem großen Fall zusammengebastelt sind. Es ist leicht eine gute Note zu schreiben, wenn man die Materie kennt. Auf der Grundlage von original Examensklausuren aus den letzten Jahren werden die klassischen Problemfelder aus dem materiellen Recht wie aus dem Verfahrensrecht examenstypisch aufbereitet und vermittelt.

Art.Nr.: F6   *13,80 €*

Musterklausur Examen Europarecht

Europarecht ist ohne Fälle nicht fassbar. Erleichtern Sie sich das Verständnis , indem Sie anwendungsspezifisch und fallorientiert lernen. Nachdem das Europarecht auch als Pflichtfach immer größere Bedeutung erlangt, stellt diese Fallsammlung als Erweiterung des Lernmaterials zum Europarecht eine unerlässliche Hilfe bei der Examensvorbereitung dar.

Art.Nr.: F7   *13,80 €*

HEMMER Karteikarten -
Logisch und durchdacht aufgebaut!

Einleitung
führt zur Fragestellung hin und verschafft Ihnen den schnellen Überblick über die Problemstellung

Frage oder zu lösender Fall
konkretisiert den jeweiligen Problemkreis

II. Verschulden bei Vertragsverhandlungen

Vorvertragliche Sonderverbindung

§ SchR-AT I
hemmer Karte 22

Die c.i.c. setzt ein vorvertragliches Vertrauensverhältnis voraus. Dieses entsteht nicht durch jeden gesteigerten sozialen Kontakt, sondern nur durch ein Verhalten, das auf den Abschluss eines Vertrages oder die Anbahnung geschäftlicher Kontakte abzielt. Ob es später tatsächlich zu einem Vertragsschluss kommt, ist dagegen unerheblich. Der Vertragsschluss ist nur erheblich für die Abgrenzung zwischen §§ 280 I, 241 II BGB (pVV) und §§ 280 I, 311 II, 241 II BGB (c.i.c.): Fällt die Pflichtverletzung in den Zeitraum vor Vertragsschluss, sind ohne Rücksicht auf den späteren Vertragsschluss die §§ 280 I, 311 II, 241 II BGB richtige Anspruchsgrundlage.

A macht einen Stadtbummel. Aus Neugier betritt er ein neues Geschäft, um das Warenangebot näher kennen zu lernen. Dazu kommt es aber nicht. Er rutscht kurz hinter dem Eingang auf einer Bananenschale aus und bricht sich ein Bein.

Hat A Ansprüche aus c.i.c.?

Abwandlung: A betritt das Geschäft nur, weil es gerade zu regnen angefangen hat. Er hat keinerlei Kaufinteresse.

Juristisches Repetitorium
examenstypisch · anspruchsvoll · umfassend **hemmer**

---

1. Grundfall:

Fraglich ist, ob ein vorvertragliches Schuldverhältnis vorliegt. Dieses entsteht insbesondere erst durch ein Verhalten, das auf die Aufnahme von Vertragsverhandlungen (§ 311 II Nr. 1 BGB), die Anbahnung eines Vertrags (§ 311 II Nr. 2 BGB) oder eines geschäftlichen Kontakts (§ 311 II Nr. 3 BGB) abzielt. Hier hat A das Geschäft zwar ohne konkrete Kaufabsicht, aber doch als potentieller Kunde in der Absicht, sich über das Warensortiment zu informieren, um später möglicherweise doch etwas zu kaufen. **Sein Verhalten ist somit auf die Anbahnung eines Vertrags gerichtet, bei welchem der A im Hinblick auf eine etwaige rechtsgeschäftliche Beziehung dem Geschäftsinhaber die Möglichkeit zur Einwirkung auf seine Rechte, Rechtsgüter und Interessen gewährt oder ihm diese anvertraut, vgl. § 311 II Nr. 2 BGB.**

Der Geschäftsinhaber hat die Pflicht, alles Zumutbare zu unternehmen, um seine Kunden vor Schäden an Leben und Gesundheit zu schützen. Diese Pflicht wurde hier verletzt. Im Hinblick auf die Darlegungs- und Beweislast zum Vertretenmüssen ist von § 280 I 2 BGB auszugehen. Ausreichend ist daher von Seiten des Geschädigten der Nachweis des objektiv verkehrsunsicheren Zustands im Verantwortungsbereich des Schuldners, hier durch die Bananenschale. Der Schuldner, also der Geschäftsinhaber muss dann nachweisen, dass er und seine Erfüllungsgehilfen alle zumutbaren Maßnahmen zur Vermeidung des Schadens ergriffen haben. Das wird regelmäßig nicht gelingen. **Von Vertretenmüssen ist daher auszugehen,** gegebenenfalls ist dem Geschäftsinhaber das *Verschulden der Erfüllungsgehilfen (z.B. Ladenangestellten)* nach § 278 BGB zuzurechnen. Die **Pflichtverletzung war ursächlich für den Schaden des A. A kann somit Schadensersatz aus §§ 280 I, 311 II Nr. 2, 241 II BGB verlangen** (u.U. gekürzt um einen *Mitverschuldensanteil*).

2. Abwandlung:

In der Abwandlung hat A von vornherein keinerlei Kaufabsicht. Sein **Verhalten ist nicht auf die Anbahnung eines Vertrags gerichtet**. Das bloße Betreten eines Ladens genügt jedoch nicht, um ein gesteigertes Vertrauensverhältnis zu begründen. **Daher scheiden Ansprüche aus §§ 280 I, 311 II Nr. 2, 241 II BGB aus.** *Es kommen lediglich deliktische Schadensersatzansprüche in Betracht.*

> hemmer-Methode: Bei dauernden Geschäftsbeziehungen, innerhalb derer sich ein Vertrauensverhältnis herausgebildet hat, ist eine Haftung aus c.i.c. auch für Handlungen, die nicht unmittelbar auf die Anbahnung eines Vertrages gerichtet sind, gerechtfertigt, sofern die Handlung in engem Zusammenhang mit der Geschäftsbeziehung steht.

Antwort
informiert umfassend und in prägnanter Sprache

hemmer-Methode
ein modernes Lernsystem, das letztlich erklärt, was und wie Sie zu lernen haben. Gleichzeitig wird „background" vermittelt. Die typischen Bewertungskategorien eines Korrektors werden miterklärt. So lernen Sie Ihre imaginären Gegner (Ersteller und Korrektor) besser einzuschätzen und letztlich zu gewinnen. Denken macht Spass und Jura wird leicht.

---

examenstypisch - anspruchsvoll - umfassend

Die Shorties- in 20 Stunden zum Erfolg

Die elementaren Begriffe und Themenkreise
werden anwendungsspezifisch erklärt.
Knapper geht es nicht.
Die „sounds" der Juristerei (super learning) grafisch
aufbereitet - in Kürze zum Erfolg.

- als Checkliste
zum schnellen Erfassen des jeweiligen Rechtsgebiets.

- zum Rekapitulieren
mit dem besonderen Gedächtnistraining schaffen Sie Ihr
Wissen ins Langzeitgedächtnis.

- vor der Klausur

- vor der mündlichen Prüfung

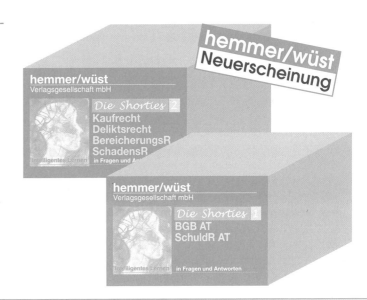

– erhältlich ab 03/2004! –

So lernen Sie richtig mit der Hemmer-Box:

Art.Nr.: SH 1	
BGB AT, Schuldrecht AT	*21,80 €*
Art.Nr.: SH 2	
KaufR, DeliktsR, BereicherungsR, SchadensR	*21,80 €*
Art.Nr.: SH 3	
Sachenrecht, Erbrecht, Familienrecht	*21,80 €*
Art.Nr.: SH 4	
ZPO, ArbeitsR, HGB	*21,80 €*
Art.Nr.: SH 5	
Strafrecht AT I/II	*21,80 €*
Art.Nr.: SH 6	
Öffentliches Recht	*21,80 €*

1. Verstehen: Haben Sie den gelesenen Stoff verstanden, wandert die Karte auf Stufe 2., Wiederholen am nächsten Tag.

2. Wiederholen: Haben Sie den Stoff behalten, wandert er von Stufe 2. zu Stufe 4.

3. kleine Strafrunde: Konnten Sie den Inhalt von 2. nicht exakt wiedergeben, arbeiten Sie die Themen bitte noch einmal durch.

4. fundiertes Wissen: Wiederholen Sie die hier einsortierten Karten nach 1 Woche noch einmal. Konnten Sie alles wiedergeben? Dann können Sie vorrücken zu Stufe 5.

5. Langzeitgedächtnis: Wiederholen Sie auf dieser Stufe das Gelernte im Schnelldurchlauf nach einem Monat. Sollten noch Fragen offen bleiben, gehen sie bitte eine Stufe zurück.

Das ideale Geschenk für Juristen!

Der Referendar
24 Monate zwischen Genie und Wahnsinn
Das gesamte nicht-examensrelevante Wissen über Trinkversuche, Referendarsstationen, Kolleginnen, Schönfelder-Nachlieferungen und Vorstellungsgespräche von Autor und Jurist Jörg Steinleitner.
Humorvoll und sprachlich spritzig!
250 Seiten im Taschenbuchformat

Art.Nr.: S1	*8,90 €*

Orig. Klausurenblock
DinA 4, 80 Blatt, Super praktisch

- Wie in der Prüfung wissenschaftlicher Korrekturrand, 1/3 von links
- Seitenklebung mit Lochleiste
- Keine Einzelblätter
- Praktisches Blättern während der Klausur
- Klausur schreiben, rausreißen, fertig

Art.Nr.: KL 1	*1,99 €*

Basic-Karteikartensätze

Lernen Sie die Karteikarten intelligent mit der 5-Schritt-Methode.

Weniger ist mehr. Die Karteikarten haben sich auf dem Markt durchgesetzt. Zum schnellen Frage- und Antwortspiel, aber trotzdem nicht oberflächlich. Mit der hemmer-Methode wird der Gesamtzusammenhang leichter verständlich. So nehmen wir es Ihnen ab, das Wesentliche vom Unwesentlichen zu unterscheiden. **Ideal für die AG und Ihre Lerngruppe, wiederholen mit Karteikarten und dem Hemmer-Spiel „Jurapolis".** Lernen Sie so frühzeitig auf Fragen knapp und präzise zu antworten.

Wissenschaftlich ist erwiesen, dass von dem Gelernten in der Regel **innerhalb von 24 Stunden bis zu 70% wieder vergessen wird.** Daher ist es wichtig, das Gelernte am nächsten Tag zu wiederholen, bevor Sie sich neue Karteikarten vornehmen.

Mit den Karteikarten können Sie leicht kontrollieren, wie viel Sie behalten haben.

Über die Strukturierung der Karteikarte gelingt es Ihnen, mehr Informationszusammenhänge abzuspeichern. Karteikarten bieten die Möglichkeit, knapp, präzise und zweckrational zu lernen. Im Hinblick auf das Examen werden die wichtigsten examenstypischen Problemfelder vermittelt. Das Karteikartensystem entspricht modernen Lernkon-zepten und führt zum „learning just in time" (Lernen nach Bedarf). Da sie kurz und klar strukturiert sind, kann mit ihnen in kürzester Zeit ein relativ weites Spektrum an Lernstoff eingearbeitet oder vertieft werden.

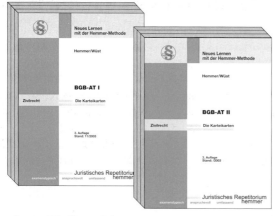

Basics - Zivilrecht

Das absolut notwendige Grundwissen vom Vertragsabschluß bis zum EBV. Alles was Sie im Zivilrecht wissen müssen. Die Grundlagen müssen sitzen.

Art.Nr.: BK1   *11,80 €*

Basics - Strafrecht

Karteikarten Basics-Strafrecht bieten einen Überblick über die wichtigsten Straftatbestände wie z.B.: Straftaten gegen Leib und Leben sowie Eigentumsdelikte und Straßenverkehrsdelikte, sowie verschiedene Deliktstypen, wichtige Probleme aus dem allgemeinen Teil, z.B. Versuch, Beteiligung Mehrerer, usw.

Art.Nr.: BK2   *11,80 €*

Basics - Öffentliches Recht

Anhand der Karten Basics-Öffentliches Recht erhalten Sie einen breitgefächerten Überblick über Staatsrecht, Verwaltungs-, und Staatshaftungsrecht. So lassen sich die verschiedenen Rechtsbehelfe optimal in ihrer Zulässigkeits- und Begründetheitsstation auf die Grundlagen hin erlernen.

Art.Nr.: BK3   *11,80 €*

BGB-AT I

Die BGB-AT I Karteikarten beinhalten das, was zum Wirksamwerden eines Vertrages beiträgt (Wirksamwerden der WE, Geschäftsfähigkeit, Rechtsbindungswille, usw.) bzw. der Wirksamkeit hindernd entgegensteht (Willensvorbehalte, §§ 116 ff., Sittenwidrigkeit, u.v.m.). Die Problemfelder der Geschäftsfähigkeit, insbesondere das Recht des Minderjährigen, dürfen bei dieser Möglichkeit zu lernen nicht fehlen.

Art.Nr.: KK1   *13,80 €*

BGB-AT II

Die BGB-AT II Karteikarten stellen in bekannt knapper und präziser Weise dar, was auf dem umfangreichen Gebiet der Stellvertretung von Ihnen erwartet wird. Die unerlässlichen Kenntnisse der Probleme der Anfechtung, der AGB-Bestimmungen und des Rechts der Einwendungen und Einreden können hiermit zur Examensvorbereitung wiederholt bzw. vertieft werden.

Art.Nr.: KK2   *13,80 €*

Schuldrecht AT I

Im bekannten Format werden hier die Grundbegriffe des Schuldrechts dargestellt. Dazu gehören der Inhalt und das Erlöschen des Schuldverhältnisses (z.B. durch Erfüllung, Aufrechnung oder auch Rücktritt). Insbesondere die verschiedenen Probleme in Zusammenhang mit der Haftung im vorvertraglichen Schuldverhältnis nach §§ 280 I, 311 II, 241 II BGB (c.i.c.), das Verhältnis des allgemeinen Leistungsstörungsrechts zu anderen Vorschriften und die Formen und Wirkungen der Unmöglichkeit werden behandelt.

Art.Nr.: KK3   *13,80 €*

Schuldrecht AT II

Klassiker wie Verzug, Abtretung, Schuldübernahme, Vertrag zugunsten oder mit Schutzwirkung zugunsten Dritter und Drittschadensliquidation gehören hier genauso zum Stoff der Karteikarten wie die Gesamtschuldnerschaft und das Schadensrecht (§§ 249 ff. BGB), das umfassend von Schadenszurechnung bis hin zu Art, Inhalt und Umfang der Ersatzpflicht dargestellt wird.

Art.Nr.: KK4   *13,80 €*

Schuldrecht BT I

Bei diesen Karteikarten steht das Kaufrecht als examensrelevante Materie im Vordergrund. Die Schwerpunkte bilden aber auch Sachmängelrecht und die Probleme rund um den Werkvertrag.

Art.Nr.: KK5   *13,80 €*

Schuldrecht BT II

Die Karteikarten Schuldrecht BT II behandeln nach Kaufrecht im Karteikartensatz Schuldrecht BT I, die restlichen Vertragstypen. Dazu gehören vor allem das Mietrecht, der Dienstvertrag, die Bürgschaft und die GoA. Auch Gebiete wie z.B. Schenkung, Leasing, Schuldanerkenntnis und Auftrag kommen nicht zu kurz.

Art.Nr.: KK6 (41) 13,80 €

Bereicherungsrecht

Die §§ 812 ff. BGB sind regelmäßig die Folge unwirksamer Verträge. Abgrenzungsprobleme gibt es u.a. zum Wegfall der Geschäftsgrundlage (z.B. Rückabwicklung bei der nicht-ehelichen Lebensgemeinschaft) und §§ 987 ff. BGB. Der Karteikartensatz versteht sich als Gebrauchsanweisung für die erfolgreiche Bewältigung des anspruchsvollen Rechtsgebiets Bereicherungsrecht. Ohne Verständnis für dieses Rechtsgebiet bleibt der Zusammenhang im Zivilrecht im Dunkeln.

Art.Nr.: KK8 13,80 €

Deliktsrecht

Thematisiert werden im Rahmen dieser Karteikarten schwerpunktmäßig die §§ 823 I und 823 II BGB. Verständlich und präzise wird auch auf die Probleme der §§ 830 ff. eingegangen, wobei besonders auf den Verrichtungsgehilfen und die Gefährdungshaftung geachtet wird. Neben einem Einblick in das Staatshaftungsrecht wird auch die Haftung aus dem StVG, ProdHaftG und die negatorische/ quasinegatorische Haftung behandelt.

Art.Nr.: KK 9 13,80 €

Sachenrecht I

Mit den Karteikarten zum Sachenrecht können Sie ein so komplexes Gebiet wie dieses optimal wiederholen und Ihr Wissen trainieren.Das Sachenrecht mit EBV, Anwartschaftsrecht und Pfandrechten ist für jeden Examenskandidaten ein Muss.

Art.Nr.: KK 11 13,80 €

Sachenrecht II

Auch auf einem so schwierigen Gebiet wie dem Grundstücksrecht und den damit verbundenen Pfand- und Sicherungsrechten geben die Karteikarten nicht nur eine zügige Wissensvermittlung, sondern reduzieren die Komplexität des Immobiliarsachenrechts auf das Wesentliche und erleichtern somit die eigene Systematik, z.B. des Hypothek- und Grundschuldrechts, zu verstehen. Begriffe wie die Vormerkung und das dingliche Vorkaufsrecht müssen im Examen beherrscht werden.

Art.Nr.: KK 12 13,80 €

Kreditsicherungsrecht

Die Karteikarten als Ergänzung zum Skript Kreditsicherungsrecht ermöglichen Ihnen, spielerisch mit den einzelnen Sicherungsmitteln umzugehen, und die Unterschiede zwischen akzessorischen und nichtakzessorischen Sicherungsmitteln genauso wie ihre Besonderheiten zu beherrschen.

Art.Nr.: KK13 13,80 €

Familienrecht

Die wichtigsten Problematiken dieses Gebietes werden hier im Überblick dargestellt und erleichtern Ihnen den Umgang mit Ehe, Sorgerecht, Vormundschaft, aber auch dem Familienprozessrecht.

Art.Nr.: KK 14 13,80 €

Erbrecht

Die Grundzüge des Erbrechts mit den einzelnen Problematiken der gewillkürten und gesetzlichen Erbfolge, des Pflichtteilrechts und der Erbenhaftung gehören ebenso zum Examensstoff wie die Annahme und Ausschlagung der Erbschaft und die Problematik mit dem Erbschein. Die Grundlagen zu beherrschen ist wichtiger als einzelne Sonderprobleme.

Art.Nr.: KK 15 13,80 €

ZPO I

ZPO taucht zunehmend in den Examensklausuren auf und darf nicht vernachlässigt werden. Nutzen Sie die Möglichkeit, sich durch die knappe und präzise Aufbereitung in den Karteikarten mit dem Prozessrecht vertraut zu machen, um im Examen eine ZPO-Klausur in Ruhe angehen zu können.

Art.Nr.: KK 16 13,80 €

ZPO II

Die Karteikarten ZPO II führen Sie quer durch das Recht der Zwangsvollstreckung bis hin zu den verschiedenen Rechtsbehelfen in der Zwangsvollstreckung. Dabei können Rechtsbehelfe wie die Vollstreckungsgegenklage oder die Drittwiderspruchsklage den Einstieg in eine BGB-Klausur bilden.

Art.Nr.: KK 17 13,80 €

Handelsrecht

Im Handelsrecht kehren oft bekannte Probleme wieder, die mittels der Karteikarten optimal wiederholt werden können. Auch für das umfassende Schuld- und Sachenrecht des Handels, in dem auch viele Verknüpfungen zum BGB bestehen, bieten die Karteikarten einen guten Überblick.

Art.Nr.: KK 18 (191) 13,80 €

Gesellschaftsrecht

Die Personengesellschaften, Körperschaften und Vereine haben viele Unterschiede, weisen aber auch Gemeinsamkeiten auf. Um diese mit allen wichtigen Problemen optimal vergleichen zu können, eignen sich besonders die Karteikarten im Überblicksformat.

Art.Nr.: KK 19 (192) 13,80 €

Strafrecht-AT I

Das vorsätzliche Begehungsdelikt mit all seinen Problemen der Kausalität, der Irrtumslehre bis hin zur Rechtfertigungsproblematik und Schuldfrage ist hier umfassend, aber in bekannt kurzer und übersichtlicher Weise dargestellt.

Art.Nr.: KK 20 13,80 €

Strafrecht-AT II

Die Karteikarten Strafrecht AT II decken die restlichen Problemkreise Versuch (insbesondere Rücktritt vom Versuch), Täterschaft und Teilnahme, das Fahrlässigkeitsdelikt und die oft vernachlässigten Konkurrenzen ab.

Art.Nr.: KK 21   *13,80 €*

Strafrecht-BT I

Ergänzend zum Skript werden Ihnen hier die Vermögensdelikte in knapper und übersichtlicher Weise veranschaulicht. Besonders im Strafrecht BT, wo es oft zu Abgrenzungsproblematiken kommt (z.B. Abgrenzung zwischen Raub und räuberischer Erpressung) ist eine Darstellung auf Karteikarten sehr hilfreich.

Art.Nr.: KK 22   *13,80 €*

Strafrecht-BT II

Die Strafrecht BT II - Karten befassen sich mit den Nichtvermögensdelikten. Besonderes Augenmerk wird hierbei auf die Körperverletzungsdelikte sowie die Urkundendelikte und die Brandstiftungsdelikte gelegt.

Art.Nr.: KK 23   *13,80 €*

StPO

In fast jeder StPO-Klausur werden Zusatzfragen auf dem Gebiet des Strafprozessrechts gestellt. Es handelt sich hierbei meist um Standardfragen, aber gerade diese sollten Sie sicher beherrschen. Die Karteikarten decken alle Standardprobleme ab, von Prozessmaximen bis hin zu den einzelnen Verfahrensstufen.

Art.Nr.: KK 24   *13,80 €*

Verwaltungsrecht I

Ob allgemeines oder besonderes Verwaltungsrecht - die einzelnen Probleme der Eröffnung des Verwaltungsrechtsweges werden Ihnen immer wieder begegnen. Wiederholen Sie hier auch Ihr Wissen rund um die Anfechtungsklage, welche die zentrale Klageart in der VwGO darstellt.

Art.Nr.: KK 25   *13,80 €*

Verwaltungsrecht II

Von der Verpflichtungsklage über die Leistungsklage bis hin zum Normenkontrollantrag sowie weitere Bereiche, mit deren jeweiligen Sonderproblemen werden alle verwaltungsrechtlichen Klagearten dargestellt.

Art.Nr.: KK 26   *13,80 €*

Verwaltungsrecht III

Mittels Karteikarten können die Spezifika der jeweiligen Rechtsgebiete umfassend aufbereitet und verständlich erklärt werden. Thematisiert werden im Rahmen dieser Karten das Widerspruchsverfahren, der vorläufige sowie der vorbeugende Rechtsschutz und das Erheben von Rechtsmitteln.

Art.Nr.: KK 27   *13,80 €*

Staatsrecht

Karteikarten eignen sich besonders gut, die einzelnen Grundrechte, Verfassungsrechtsbehelfe und Staatszielbestimmungen darzustellen, da gerade die einschlägigen Rechtsbehelfe zum Bundesverfassungsgericht sehr klaren und eindeutigen Strukturen folgen, innerhalb derer eine saubere Subsumtion notwendig ist. Das Gesetzgebungsverfahren und die Aufgaben der obersten Staatsorgane können hierbei gut wiederholt werden. Auch wird ein kurzer Einblick in die auswärtigen Beziehungen und die Finanzverfassung gegeben.

Art.Nr.: KK 28   *13,80 €*

Europarecht

Nutzen Sie die Europarechtskarteikarten, um im weitläufigen Gebiet des Europarechts den Überblick zu behalten. Vom Wesen und den Grundprinzipien des Gemeinschaftsrechts über das Verhältnis von Gemeinschaftsrecht zum mitgliedstaatlichen Recht bis hin zu den Institutionen wird hier übersichtlich alles dargestellt, was Sie als Grundlagenwissen benötigen. Hinzu kommen die klausurrelevanten Bereiche des Rechtsschutzes und der Grundfreiheiten.

Art.Nr.: KK 29   *13,80 €*

Lern-Karteikartenbox

Die praktische Lernbox zum intelligenten Lernen

- vor Beschädigung sichere, aufgefaltete Anlieferung
- Maße der Lernbox mit Deckel:
  je 160 mm x 65 mm x 120 mm
- Ausführung: weiße, abwischbare Pappe
- für alle Karteikarten, auch für die Übersichtkarteikarten
- inclusive Lernreiter als Sortierhilfe:
  In 5 Schritten zum Langzeitgedächtnis:

Art.Nr.: LB 1   *1,99 €*

Jurapolis - das Hemmer-Spiel zu den Karteikarten

Mit Jurapolis lernen Sie Jura spielerisch.

Sie trainieren im Spiel Ihre für die mündliche Prüfung so wichtige rhetorische Fähigkeiten. Vergessen Sie nicht, auch im Mündlichen wird entscheidend gepunktet.

Super für AG und Lerngruppe!

Inklusive Karteikartensatz (ohne Übersichtskarteikarten und Shorties) nach Wahl, bitte bei Bestellung angeben!

Art.Nr.: JuPol   *30,00 €*

Übersichtskarteikarten

Die wichtigsten Problemfelder im Zivil-, Straf- und Öffentlichen Recht sind **knapp, präzise** und **übersichtlich** dargestellt. Sie erfassen effektiv auf einen Blick das Wesentliche. Die grafische Aufbereitung auf der Vorderseite erleichtert den schnellen Zugriff. Die Kommentierung mit der hemmer-Methode auf der Rückseite schafft die Einordnung für die Klausur. Nutzen Sie die Übersichtskarten auch als Checkliste zur Kontrolle.

BGB im Überblick I

Mit den Übersichtskarteikarten verschaffen Sie sich einen schnellen und effizienten Überblick über die wichtigsten zivilrechtlichen Problemkreise des BGB-AT, Schuldrecht AT und BT sowie des Sachenrecht AT und BT.
Knapp und teilweise graphisch aufbereitet vermitteln Ihnen die Übersichtskarten das Wesentliche. Aufbauschemata helfen Ihnen bei der Subsumtion. Für den Examenskandidaten sind die Übersichtskarten eine „Checkliste", für den Anfänger eine Möglichkeit zum ersten Einblick.

Art.Nr.: ÜK I   *30,00 €*

BGB im Überblick II

Diese Karteikarten bieten einen Überblick der Gebiete Erbrecht, Familienrecht, Handelsrecht, Arbeitsrecht und ZPO. Für den Examenskandidaten sind die Übersichtskarteikarten eine „Checkliste", für den Anfänger eine Möglichkeit zum ersten Einblick.

Art.Nr.: ÜK II   *30,00 €*

Strafrecht im Überblick

Die Übersichtskarten leisten eine Einordnung in den strafrechtlichen Kontext. Im Hinblick auf das Examen werden so die wichtigsten examenstypischen Problemfelder vermittelt. Behandelt werden die Bereiche Strafrecht AT I und II wie auch BT I und II und StPO. Im Strafrecht BT ist bekanntlich fundiertes Wissen der Tatbestandsmerkmale mit ihren Definitionen gefragt, was sich durch Lernen mit den Übersichtskarten gezielt und schnell wiederholen lässt.

Art.Nr.: ÜK III (02)   *30,00 €*

Öffentliches Recht im Überblick

Verschaffen Sie sich knapp einen Überblick über das Wesentliche der Gebiete Staatsrecht und Verwaltungsrecht. Die verwaltungs- und staatsrechtlichen Klagearten, Staatszielbestimmungen und die wichtigsten Vorschriften des Grundgesetzes werden mit den wichtigsten examenstypischen Problemfeldern verknüpft und vermindern in der gezielten Knappheit die Datenflut.

Art.Nr.: ÜK IV   *16,80 €*

ÖRecht im Überblick / Bayern

Mit dem zweiten Satz der Übersichtskarteikarten im Öffentlichen Recht können Sie Ihr Wissen nun auch auf den Gebiete Baurecht, Kommunalrecht und Polizei- und Sicherheitsrecht überprüfen und auffrischen. Die wichtigsten Probleme werden im klausurspezifischen Kontext dargestellt, z.B. die Besonderheiten von Kommunalverfassungsstreitigkeiten im Kommunalrecht oder Fortsetzungsfeststellungsklagen im Polizeirecht.

Art.Nr.: ÜK V   *16,80 €*

Life&Law - die Hemmer-Zeitschrift

Die Life&Law ist ein monatlich erscheinendes Ausbildungsheft. In jeder Ausgabe werden aktuelle Entscheidungen im Bereich des Zivil- , Straf-und Öffentlichen Rechts vorgestellt, erläutert, und - wichtig - in den korrekten klausurentechnischen Kontext eingeordnet. Darüber hinaus finden sich regelmäßig Aufsätze und Backgroundinformationen im Heft, die sich mit dem Thema rund um die Ausbildung und prüfungsrelevanten Problemen beschäftigen - natürlich alles aus der Feder von Profis!
Der „Life"-Teil soll dem Leser Wissenswertes und Interessantes rund um die Juristerei bescheren, und dient damit einer gewissen Auflockerung und Horizonterweiterung. Dabei steht allerdings nicht der Ausbildungserfolg im Vordergrund...

Als hemmer-Kursteilnehmer/in (auch ehemalige) erhalten Sie die Life&LAW zum Vorzugspreis von 5,- € monatlich.
Bitte senden Sie uns per Post, Fax oder eMail (Scan) eine Teilnahme-Bestätigung. Bis zum Nachweis der Kursteilnehmereigenschaft buchen wir den vollen Betrag ab.

Art.Nr.: AboLL (ehem. Kurs-Teilnehmer)   *5,00 €*

Art.Nr.: AboLL (nicht Kurs-Teilnehmer)   *6,00 €*

Skripten Assessor-Basics

Die Gebrauchsanweisung für das Assessorexamen

Die Assessor-Basics basieren auf unserer langjährigen Erfahrung mit dem 2. Staatsexamen. Trainieren Sie mit uns genau das, was Sie im 2. Staatsexamen erwartet. **Profitieren Sie auch davon, was unsere Topjuristen für Sie als das Wichtigste ansehen.** Die Themenbereiche der Assessor-Basics sind alle examensrelevant. So günstig erhalten Sie nie wieder eine kleine Bibliothek über das im 2. Staatsexamen relevante Wissen. Die Skripten dienen als Nachschlagewerk, sowie als Anleitung zum Lösen von Examensklausuren.

Theoriebände

Die Zivilrechtliche Anwaltsklausur/Teil 1:
Arbeitstechnik und Formalia
Art.Nr.: A IV   *16,00 €*

Das Zivilurteil
Art.Nr.: A VII   *16,00 €*

Die Strafrechtsklausur im Assessorexamen
Art.Nr.: A VIII   *16,00 €*

Klausurentraining (Fallsammlung)

Zivilurteile (früher: Zivilprozess)
Art.Nr.: A I   *16,00 €*

Arbeitsrecht
Art.Nr.: A II   *16,00 €*

Strafprozess
Art.Nr.: A III   *16,00 €*

Zivilrechtliche Anwaltsklausuren/Teil 2:
Musterklausuren
Art.Nr.: A V   *16,00 €*

Öffentlichrechtl. u. strafrechtl. Anwaltsklausuren
Art.Nr.: A VI   *16,00 €*

Skripten für BWL'er, WiWi und Steuerberater

Profitieren Sie von unserem know-how.

Seit mehr als 21 Jahren arbeiten wir als Repetitoren und bilden mit Erfolg aus. Grundwissen im Recht ist auch im Wirtschaftsleben heute eine Selbstverständlichkeit, die **prüfungstypischen Standards,** die so oder in ähnlicher Weise immer wiederkehren, üben wir mit den Skripten mit Ihnen ein. Durch unsere jahrelange Erfahrung wissen wir, mit welchen Anforderungen zu rechnen sind und welche Aspekte der Ersteller einer juristischen Prüfungsklausur der Falllösung zu Grunde legt. Das Prüfungs- und praxisrelevante Wissen wird umfassend und gleichzeitig in der bestmöglichen Kürze dargestellt. Der Zugang zur „Fremdsprache Recht" wird damit erleichtert. Unsere Erfahrung - Ihr Profit. Die richtige Investition in eine gute Ausbildung garantiert den Erfolg.

Privatrecht für BWL´er, WiWi & Steuerberater
Art.Nr.: W1   *13,80 €*

Ö-Recht für BWL´er, WiWi & Steuerberater
Art.Nr.: W2   *13,80 €*

Musterklausuren für´s Vordiplom/PrivatR
Art.Nr.: W3   *13,80 €*

Musterklausuren für´s Vordiplom/ÖRecht
Art.Nr.: W4   *13,80 €*

Intelligentes Lernen mit der hemmer-Methode

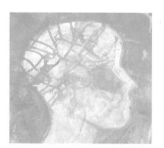
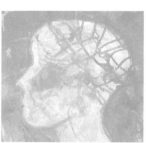

Bestellen Sie:

per Fax: 09 31/79 78 234

per e-Shop: www.hemmer-shop.de

per Post: hemmer/wüst Verlagsgesellschaft mbH Mergentheimer Str.44, 97082 Würzburg

Bestellungen bitte mit Angabe der kompletten Adresse, Bankverbindung und Einzugsermächtigung

Der Jahreskurs

Würzburg - Augsburg - Bayreuth - Berlin-Dahlem - Berlin-Mitte - Bielefeld - Bochum - Bonn - Bremen - Dresden - Düsseldorf - sErlangen - Frankfurt/M - Frankfurt/Oder - Freiburg - Gießen - Göttingen - Greifswald - Halle - Hamburg - Hannover - Heidelberg - Jena - Kiel - Köln - Konstanz - Leipzig Mainz - Mannheim - Marburg - München - Münster - Osnabrück - Passau - Potsdam - Regensburg - Rostock - Saarbrücken - Stuttgart - Trier - Tübingen

Unsere Jahreskurse beginnen jeweils im Frühjahr (März) und im Herbst (September).

In allen Städten ist im Kurspreis ein Skriptenpaket integriert:

Bereits mit der Anmeldung wählen Sie 12 Produkte (Skripten oder Karteikarten) kursbegleitend:

- ✔ daher frühzeitig anmelden!
- ✔ sich einen Kursplatz sichern
- ✔ mit den Skripten / Karteikarten lernen
- ✔ Life&Law im Kurspreis integriert
- ✔ keine Kündigungsfristen

Juristisches Repetitorium
examenstypisch **hemmer** anspruchsvoll   umfassend

Karl Edmund Hemmer / Achim Wüst

Gewinnen Sie mit der „HEMMER-METHODE"!

Wer in vier Jahren sein Studium erfolgreich abschließen will, kann sich einen Irrtum im Hinblick auf Examensvorbereitung und Ausbildungsmaterial nicht leisten!

Ihr Ziel: Sie wollen ein gutes Examen:

Stellen Sie frühzeitig die Weichen richtig. Trainieren Sie unter professioneller Anleitung das, was Sie im Examen erwartet. Dazu hat Ihre Ausbildung den Ansprüchen des Examens zu entsprechen. Um das Examen sicher zu erreichen, müssen Sie wissen, mit welchem Anforderungsprofil Sie im Examen zu rechnen haben.

Die Kunst, eine gute Examensklausur zu schreiben, setzt voraus:

Problembewusstsein

„Problem erkannt, Gefahr gebannt". Ein zentraler Punkt ist das Prinzip, an authentischen Examensproblemen zu lernen. Anders als im wirklichen Leben gilt: „Probleme schaffen, nicht wegschaffen".

Juristisches Denken

Dazu gehört die Fähigkeit,

- ✔ komplexe Sachverhalte in ihre Bestandteile zu zerlegen (assoziative Textauswertung),
- ✔ die notwendigen rechtlichen Erörterungen anzuschließen,
- ✔ Einzelprobleme zueinander in Beziehung zu setzen,
- ✔ zu einer schlüssigen Klausurlösung zu verbinden und
- ✔ durch ständiges Training wiederkehrende examenstypische Konstellationen zu erfassen.

Grundlegende Fehler werden so vermieden.

Abstraktionsvermögen

Die Gesetzessprache ist abstrakt. Der Fall ist konkret. Nur wer über das notwendige Abstraktionsvermögen verfügt, ist in der Lage, die für die Falllösung erforderliche Transformationsleistung zu erbringen. Diese Fähigkeit wird geschult durch methodisches Lernen.

Sprachsensibilität

Damit einhergehend ist Genauigkeit und Klarheit in der Darstellung, Plausibilität und Überzeugungskraft erforderlich.

Was macht das Juristische Repetitorium Hemmer so erfolgreich?

In allen drei Rechtsgebieten gilt: Examenstypisches, umfassendes und anspruchsvolles Lernsystem.

1. Kein Lernen am einfachen Fall:

Grundfall geht an Examensrealität vorbei!

Hüten Sie sich vor Übervereinfachung beim Lernen! Unterfordern Sie sich nicht. Die Theorie des einfachen Grundfalles nimmt zwar als psychologischer Aspekt die Angst vor Falllösungen, die Examensreife kann aber so nicht erlangt werden. Es fehlt die Einbindung des gelernten Teilwissens in den Kontext des großen Falls. Ein vernetztes Lernen findet nicht statt. Außerdem: Für den Grundfall brauchen Sie kein Repetitorium. Sie finden ihn in jedem Lehrbuch. Die Methode der Reduzierung juristischer Sachverhalte auf den einfachen Grundfall bzw. das Schema entspricht weder in der Klausur noch in der Hausarbeit der Examensrealität. Sie müssen sich folglich das notwendige Anwendungswissen für das Examen selbst aneignen. Schablonenhaftes Denken ist im Examen gefährlich. Viele lernen nur nach dem Prinzip „Aufschieben und Hinauszögern" von zu erledigenden Aufgaben. Dies erweist sich als Form der Selbstsabotage. Wer sich überwiegend mit Grundfällen und dem Auswendiglernen von Meinungen beschäftigt, dem fehlt am Schluss die Zeit, Examenstypik einzutrainieren.

2. Kein Lernen am Rechtsprechungsfall mit Literaturmeinung

Rechtsprechungsfall entspricht nicht der Vielschichtigkeit des Examensfalls

Zwar ermöglicht dies Einzelprobleme leichter als durch Lehrbücher zu erlernen, es fehlt aber eine den Examensarbeiten entsprechende Vielschichtigkeit.

Außerdem besteht die Gefahr des Informationsinfarkt. Viel Wissen garantiert noch lange nicht, auch im Examen gut abzuschneiden. Maßgeblich ist die Situationsgebundenheit des Lernens. Wer sich examenstypisch am großen Fall Problemlösungskompetenz unter Anleitung erarbeitet, reduziert die Informationsmenge auf das Wesentliche.

Durch richtiges Lernen mit einem ausgesuchten, am Examen orientierten Fallmaterial verschaffen Sie sich mehr Freizeit. Nur wer richtig lernt, erspart sich auch Zeit. Weniger ist häufig mehr!

Die Examensklausuren und noch mehr die Hausarbeiten sind so konstruiert, dass die notwendige Notendifferenzierung ermöglicht wird. Die Examensrealität ist damit in der Regel anders als der einfache Rechtsprechungsfall. Examensfälle sind anspruchsvoll.

3. hemmer-Methode: Lernen am examenstypischen „großen" Fall

Wir orientieren uns am Niveau von Examensklausuren, weil sich gezeigt hat, dass traditionelle Lehr- und Lernkonzepte den Anforderungen des Examens nicht entsprechen. Der Examensfall und damit der große Fall ist eine konstruierte Realität, auf die es sich einzustellen gilt.

Examen ist eine konstruierte Realität

Die „HEMMER-ME-THODE" ist eine neue Lernform und holt die Lernenden aus ihrer Passivität heraus. Mit gezielten, anwendungsorientierten Tipps unterstützen wir vor allem die wichtige Sachverhaltsaufbereitung und damit Ihre Examensvorbereitung.

Jura ist ein Sprachspiel

Denken Sie daran, Jura ist ein Spiel und zuallererst ein *Sprachspiel*, auch im Examen.

Es kommt auf den richtigen Gebrauch der Worte an.

Lernen Sie mit uns einen genauen und reflektierten Umgang mit der juristschen Sprache. Dies heißt immer auch, genau denken zu lernen. Profitieren Sie dabei von unserem Erfahrungswissen. Die juristische Sprache ist erlernbar. Wie Sie sie sinnvoll erlernen, erfahren Sie in unseren Kursen. Statt reinem Faktenwissen erhalten Sie Strategie- und Prozesswissen. „Schach dem Examen!."

Spaß mit der Arbeit am Sachverhalt

Die genaue Arbeit am Sachverhalt bringt Spaß und hat sich als sehr effizient für das juristische Verständnis von Fallkonstellationen herausgestellt. Dabei ist zu beachten, dass die juristische Sprache eine Kunstsprache ist. Wichtig wird damit die Transformation:

So erklärt der Laie in der Regel in der Klausur nicht: „Ich fechte an, ich trete zurück", sondern „Ich will vom Vertrag los".

Lernen Sie, den Sachverhalt richtig zu lesen. Steigern Sie Ihre Leseaufmerksamkeit. Gehen Sie deshalb gründlich und liebevoll mit dem Sachverhalt um, und verlieren Sie sich dabei nicht in Einzelheiten. Letztlich geht es um die Wahrnehmungsfähigkeit: Was ist im Sachverhalt des Examensfalles angelegt und wie gehe ich damit um („Schlüssel-Schloß- Prinzip"). Der Sachverhalt gibt die Problemfelder vor. Entgehen Sie der Gefahr, dass Sie „ein Weihnachtsgedicht zu Ostern vortragen."

Trainieren von denselben Lerninhalten in verschiedenen Anwendungssituationen

Juristerei setzt eine gewisse Beweglichkeit voraus, d.h. jeder Fall ist anders, manchmal nur in Nuancen. Akzeptieren Sie: Jeder Fall hat einen experimentellen Charakter. Trainieren Sie Ihr bisheriges Wissen an neuen Problemfeldern. Dies verhindert, dass das Gelernte auf einen bestimmten Kontext fixiert wird. Trainieren Sie, dieselben Lerninhalte in verschiedene Anwendungssituationen einzubetten und aus unterschiedlichen Blickwinkeln zu betrachten. Denn wer einen Problemkreis von mehreren Seiten her kennt, kann damit auch flexibler umgehen. Verbessern Sie damit Ihre Transferleistung. Über das normale additive Wissen hinaus vermitteln wir sog. metabegriffliches Wissen, d.h. bereichsübergreifendes Wissen.

Modellhaftes Lernen

Modellhaftes Lernen schafft Differenzierungsvermögen, ermöglicht Einschätzungen und fördert den Prozess der Entscheidungsfindung. Seien Sie kritisch gegenüber Ihren Ersteinschätzungen. Eine gewisse Veränderungsbereitschaft gehört zum Lernprozess. Überprüfen Sie Ihr Wertungssystem auch im Hinblick auf das Ergebnis des Falles.

Hüten Sie sich vor zu starkem Routinedenken und damit vor automatisierten Mustern. Fragen Sie sich stets, ob Sie mit Ihren Annahmen den Fall weiterlösen können oder ob Sie in eine Sackgasse geraten.

Assoziationsmethode als erste „Herangehensweise": Hypothesenbildung

Mit der Assoziationsmethode lehren wir in unseren mündlichen Kursen, wie Sie die zentralen Probleme des Falles angehen und ausdeuten. Dabei wird die Bedeutung nahezu aller Worte untersucht. Durch frühe Hypothesenbildung werden alle für die Falllösung möglichen Problemkonstellationen durchgespielt. Die spätere gezielte Selektion führt dazu, dass die für den konkreten Sachverhalt abwegigen Varianten ausscheiden (Prinzip der Retardation bzw. der negativen Evidenz). Die übriggebliebenen Hypothesen bestimmen die Lösungsstrategie.

Wichtigste Arbeitsphase = Problemaufriss

Die erste Stunde, der Problemaufriss, ist die wichtigste Stunde. Es werden die Weichen für die spätere Niederschrift gestellt. Wenn Sie die Klausur richtig erfassen (den „roten Faden"/die „main street"), sind Sie zumindest auf der sicheren Seite und schreiben nicht an der Klausur vorbei.

4. Ersteller als „imaginärer" Gegner

Dialog mit dem Klausurersteller

Der Ersteller des Examensfalles hat auf verschiedene Problemkreise und ihre Verbindung geachtet. Der Ersteller als Ihr „imaginärer Gegner" hat, um Notendifferenzierungen zu ermöglichen, verschiedene Problemfelder unterschiedlicher Schwierigkeit versteckt. Der Fall ist vom Ersteller als kleines Kunstwerk gewollt. Diesen Ersteller muss der Student als imaginären Gegner bei seiner Falllösung berücksichtigen. Er muss also versuchen, sich in die Gedankengänge, Annahmen und Ideen des Erstellers hineinzudenken, und dessen Lösungsvorstellung wie im Dialog möglichst nahe zu kommen. Je ideenreicher Ihre Ausbildung verläuft, desto mehr Möglichkeiten erkennen Sie im Sachverhalt. Die Chance, eine gute Klausur zu schreiben, wird größer.

Wir fragen daher konsequent bei der Falllösung:

- ✔ *Was will der Ersteller des Falles („Sound")?*
- ✔ *Welcher „rote Faden" liegt der Klausur zugrunde („main-street")?*
- ✔ *Welche Fallen gilt es zu erkennen?*
- ✔ *Wie wird bestmöglicher Konsens mit dem Korrektor erreicht?*

Die Falllösung wird dann nicht durch falsches Schablonendenken geprägt, vielmehr zeigen Sie, dass Sie gelernt haben, mit den juristischen Begriffen umzugehen, dass es nicht nur auswendig gelernte Begriffe sind, sondern dass Sie sich darüber im Klaren sind, dass der Begriff immer erst in der konkreten Anwendung seine Bedeutung gewinnt.

Unterfordern Sie sich nicht! Lernen Sie nicht auf zu schwachem Niveau. Zwar ist „der Einäugige unter den Blinden König". Die Einäugigkeit rächt sich aber spätestens im Examen. Ziel jeden guten Unterrichts muss eine realistische Selbsteinschätzung der Hörer sein.

Problemorientiertes Lernen, unterstützt durch Experten Wichtig ist, mit der Assoziationsmethode im richtigen sozialen Kontext zu lernen, denn gemeinsames Lernen in Gruppen ist nicht nur motivierend, sondern auch effektiv. Nehmen Sie an einer Atmosphäre teil, in der Sie sinnvoll Erfahrungsaustausch, Meinungsvielfalt und Kontakt mit Experten erfahren. Maßgeblich ist die gezielte Unterstützung. Wir geben das Niveau vor. Achten Sie stets darauf, dass die Lernsituation anwendungsbezogen bleibt und der Vielschichtigkeit des Examens entspricht. Unser Repetitorium spricht den Juristen an, der sich am Prädikatsexamen orientiert. Insoweit profitieren Sie auch vom Interesse und Wissensstand der anderen Kursteilnehmer.

Gefahr bei Kleingruppen Hüten Sie sich vor sog. „Kleingruppen". Dort besteht die Gefahr, dass Schwache und Nichtmotivierte den Unterricht allzusehr mitbestimmen: „Der Schwächste bestimmt das Niveau!" Wichtig ist doch für Sie, auf welchem Niveau (was und wie) die Auseinandersetzung mit der Juristerei stattfindet. Wer nur

auf vier Punkte lernt, landet leicht bei drei Punkten!
Soviel ist klar: <u>Wie</u> Sie lernen, beeinflusst Ihr Examen. Weniger bekannt ist, dass das Fehlen bestimmter Informationen das Examen verschlechtert.
Glauben Sie an die eigene Entwicklungsfähigkeit, schöpfen Sie ihr Potential aus.

5. Spezielle Ausrichtung auf Examenstypik

Im Trend des Examens Dies hat weiterhin den Vorteil, dass wir voll im Trend des Examens liegen. Die Thematik der Examensfälle ist bei uns auffällig häufig vorher im Kurs behandelt worden. Auch in Zukunft ist damit zu rechnen, dass wir mit Ihnen innerhalb unseres Kurses die Themen durchsprechen, die in den nächsten Prüfungsterminen zu erwarten sind.

6. „Gebrauchsanweisung"

Vertrauen Sie auf unsere Expertenkniffe. Die **„HEMMER-METHODE"** setzt richtungsweisende Maßstäbe und ist Gebrauchsanweisung für Ihr Examen.

Der Erfolg gibt uns recht!

Examensergebnisse Die Examenstermine zeigen, dass **unsere Kursteilnehmer** überdurchschnittlich abschneiden; z.B. Würzburg, Ergebnisse **1991-2003:**
15,08 (Landes**bester**); 14,79*; 14,7* (**Beste** des Termins 98 I); 14,3* (Landes**bester**); 14,16* (**Beste** des Termins 2000 II), 14,08* (**Beste** des Termins in Würzburg 96 I); 14,08 (Landes**bester**); 14,04* (**Bester** des Termins 94 II); 13,87; 13,8*; 13,75* (**Bester** im Termin 99/II in Würzburg); 13,75*; 13,7 (7. Semester, **Bester** des Termins in Würzburg 95 II); 13,7 (7. Semester); 13,66* (**Bester** des Termins 97 I, 7. Semester); 13,6*; 13,54*, 13,41*, 13,4*; 13,3* (**Beste** des Termins 93 I in Würzburg); 13,3* (**Bester** des Termins 91 I in Würzburg), 13,29*, ;13,2*(**Bester** des Termins 2001 I in Würzburg, letzter Termin); 13,2; 13,12; 13,08* (**Bester** des letzten Termins 2002 I in Würzburg), 13,04*; 13,02* (**Bester** des Termins 95 I in Würzburg); 13,0; 12,91*, 2 x 12,87* (7. Semester); 12,8; 12,8*; 12,75*; 12,62; 12,6; 12,6*; 12,6; 12,58*; 12,58*; 12,54*; 12,54*, 12,5*; 12,5*; 12,41; 12,37*(7. Semester); 12,3*; 12,25*; 12,2; 12,2*; 12,2*; 12,18; 12,12*; 12,12; 12,1;

12,08; 12,08*; 12,06; 12,04*(**Beste** des Termins 98 II; Ergebnis Februar '99); 12,0*; 12,0*; 12,0*; 12,0*; 12,0*; 12,0*; 11,83; 11,8; 11,8; 11,79*; 11,75*; 11,75; 11,75; 11,6; 11,58*; 11,54*; 11,5*; 11,5;...
*(*hemmer-Mitarbeiter bzw. ehemalige hemmer-Mitarbeiter)*

Ziel: solides Prädikatsexamen Lassen Sie sich aber nicht von diesen „Supernoten" verschrecken. Denn unsere Hauptaufgabe sehen wir nicht darin, nur Spitzennoten zu produzieren: Wir streben ein solides Prädikatsexamen an. So erreichten z.B. schon im ersten Durchgang unsere Kursteilnehmer in Leipzig (Termin 1994 II) bereits nach dem Schriftlichen einen Schnitt von 8,6 Punkten, wobei der Gesamtdurchschnitt aller Kandidaten nur 5,46 Punkte betrug (Quelle: Fachschaft Jura Leipzig, »Der kleine Advokat«, April 1995). Aber am allerwichtigsten für uns ist: Unsere Durchfallquote ist äußerst gering!
Regelmäßiges Training an examenstypischem Material zahlt sich also aus.

Spitzennoten von Mitarbeitern Dies zeigt sich auch z.B. bei unseren Verantwortlichen: In jedem Rechtsgebiet arbeiteten Juristen mit, die ihr Examen mit **„sehr gut"** bestanden haben.
Professionelle Vorbereitung zahlt sich aus. Noten unserer Kursleiter (ehemalige Kursteilnehmer in Würzburg) im bayerischen Staatsexamen, wie **13,5, 13,4** und **12,9** und andere mit „gut" sind Ihr Vorteil. Nur wer selbst gut ist, weiß auf was es im Examen ankommt. Nur so wird gutes Material erstellt.
Die Ergebnisse unserer Kursteilnehmer im Ersten Staatsexamen können auch Vorbild für Sie sein. Motivieren Sie sich durch Ihre guten Mitkursteilnehmer/innen. Lassen Sie sich daher nicht von unseren Supernoten verschrecken, sehen Sie dieses Niveau als Anreiz für Ihr Examen. „Wer nur in der C-Klasse spielt, bleibt in der C-Klasse."

Wir sind für unser Anspruchsniveau bekannt.